世界哲學家叢書

湯 用 彤

孫 尚 揚 著

1996

東 大 圖 書 公 司 印 行

國立中央圖書館出版品預行編目資料

湯用彤／孫尙揚著. -- 初版. -- 臺北
市：東大發行：三民總經銷，民85
　　面：　　公分. --(世界哲學家叢書)
參考書目：面
含索引
ISBN 957-19-1904-7 (精裝)
ISBN 957-19-1905-5 (平裝)

1.湯用彤-學術思想-哲學

128.6　　　　　　　　　　　　85004052

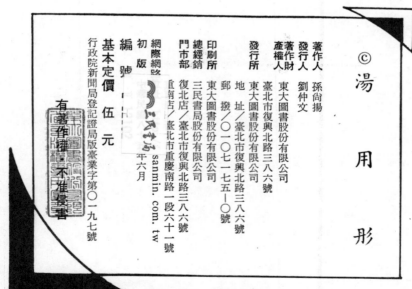

© 湯用彤

著作人　孫尙揚
發行人　劉仲文
著作財產權人　東大圖書股份有限公司
發行所　東大圖書股份有限公司
　　　　地址／臺北市復興北路三八六號
　　　　郵撥／○一○七一七五一○號
印刷所　東大圖書股份有限公司
總經銷　三民書局股份有限公司
門市部　復北店／臺北市復興北路三八六號
　　　　重南店／臺北市重慶南路一段六十一號
初版　中華民國八十五年六月
編　號　E 12102
基本定價　伍元
行政院新聞局登記證局版臺業字第○一九七號

網際網路位址 http://sanmin.com.tw

ISBN 957-19-1905-5 (平裝)

「世界哲學家叢書」總序

本叢書的出版計畫原先出於三民書局董事長劉振強先生多年來的構想，曾先向政通提出，並希望我們兩人共同負責主編工作。一九八四年二月底，偉勳應邀訪問香港中文大學哲學系，三月中旬順道來臺，即與政通拜訪劉先生，在三民書局二樓辦公室商談有關叢書出版的初步計畫。我們十分贊同劉先生的構想，認為此套叢書（預計百冊以上）如能順利完成，當是學術文化出版事業的一大創舉與突破，也就當場答應劉先生的誠懇邀請，共同擔任叢書主編。兩人私下也為叢書的計畫討論多次，擬定了「撰稿細則」，以求各書可循的統一規格，尤其在內容上特別要求各書必須包括（1）原哲學思想家的生平；（2）時代背景與社會環境；（3）思想傳承與改造；（4）思想特徵及其獨創性；（5）歷史地位；（6）對後世的影響（包括歷代對他的評價），以及（7）思想的現代意義。

作為叢書主編，我們都了解到，以目前極有限的財源、人力與時間，要去完成多達三、四百冊的大規模而齊全的叢書，根本是不可能的事。光就人力一點來說，少數教授學者由於個人的某些困難（如筆債太多之類），不克參加；因此我們曾對較有餘力的簽約作者，暗示過繼續邀請他們多撰一兩本書的可能性。遺憾的是，此刻在政治上整個中國仍處於「一分為二」的艱苦狀態，加上馬列教條

的種種限制，我們不可能邀請大陸學者參與撰寫工作。不過到目前
為止，我們已經獲得八十位以上海內外的學者精英全力支持，包括
臺灣、香港、新加坡、澳洲、美國、西德與加拿大七個地區；難得
的是，更包括了日本與大韓民國好多位名流學者加入叢書作者的陣
容，增加不少叢書的國際光彩。韓國的國際退溪學會也在定期月刊
《退溪學界消息》鄭重推薦叢書兩次，我們藉此機會表示謝意。

原則上，本叢書應該包括古今中外所有著名的哲學思想家，但
是除了財源問題之外也有人才不足的實際困難。就西方哲學來說，
一大半作者的專長與興趣都集中在現代哲學部門，反映著我們在近
代哲學的專門人才不太充足。再就東方哲學而言，印度哲學部門很
難找到適當的專家與作者；至於貫穿整個亞洲思想文化的佛教部門，
在中、韓兩國的佛教思想家方面雖有十位左右的作者參加，日本佛
教與印度佛教方面卻仍近乎空白。人才與作者最多的是在儒家思想
家這個部門，包括中、韓、日三國的儒學發展在內，最能令人滿意。
總之，我們尋找叢書作者所遭遇到的這些困難，對於我們有一學術
研究的重要啟示（或不如說是警號）：我們在印度思想、日本佛教
以及西方哲學方面至今仍無高度的研究成果，我們必須早日設法彌
補這些方面的人才缺失，以便提高我們的學術水平。相比之下，鄰
邦日本一百多年來已造就了東西方哲學幾乎每一部門的專家學者，
足資借鏡，有待我們迎頭趕上。

以儒、道、佛三家為主的中國哲學，可以說是傳統中國思想與
文化的本有根基，有待我們經過一番批判的繼承與創造的發展，重
新提高它在世界哲學應有的地位。為了解決此一時代課題，我們實
有必要重新比較中國哲學與（包括西方與日、韓、印等東方國家在
內的）外國哲學的優劣長短，從中設法開闢一條合乎未來中國所需

求的哲學理路。我們衷心盼望，本叢書將有助於讀者對此時代課題的深切關注與反思，且有助於中外哲學之間更進一步的交流與會通。

最後，我們應該強調，中國目前雖仍處於「一分為二」的政治局面，但是海峽兩岸的每一知識分子都應具有「文化中國」的共識共認，為了祖國傳統思想與文化的繼往開來承擔一分責任，這也是我們主編「世界哲學家叢書」的一大旨趣。

傅偉勳　韋政通

一九八六年五月四日

自 序

　　或許可以說，「求新」乃是現代中國思想、學術之重要特徵，所謂「新學」、「新文學」、「新文化」之發生推展，莫不顯示出吾國學人力圖革新以求發展與進步之精神。蓋百年以來民族文化之衰頹與世界思潮之激盪，使封閉與守舊日顯其顢頇與無力，騖新乃蔚然成風。然而，日日口宣「新」字者，並不能確保其出產品之生命力。蓋求新並非進道之不二法門，新且精方可提供生命力之保證。綜觀本世紀（尤其是上半葉）之中國思想史、學術史，似可立論曰：學術成果中凡能歷久彌醇或有長青不謝之生命力者，皆貴在既能融化新知，亦能於吾國思想與學術傳統中取精用弘而昌明之。

　　本書傳主湯用彤先生就是吾國現代學術史上少數幾位能鎔鑄古今，會通中西的思想、學術大師之一。他「幼承庭訓，早覽乙部」，於史籍深造有得；早年又赴美哈佛大學深造，研習梵文、巴利文，攻讀西方與印度哲學，接受白璧德之新人文主義，所受訓練既系統又嚴格且深入；更以畢生之精力徹底全面地深研漢譯佛典與僧傳，兼及魏晉士子僧徒之玄學論著，造詣深廣，其能奉獻歷久彌醇之不朽之作，豈非必然哉！僅以其《漢魏兩晉南北朝佛教史》一書而論，其規模之恢弘，結構之精美，材料之豐富，考證之精審，問題提出之敏銳深刻，剖析解釋之詳密，會通中西宗教與哲學思想之圓融，

立論之宏通平正，在在皆令人心折。自其於 1938 年出版以來，一直都是專業學人之必備經典著作，堪為「昌明國故，融化新知」之楷模。

然則，用彤先生之學不唯不限於漢魏兩晉南北朝佛教史與魏晉玄學，而兼及隋唐佛教史、西方哲學、印度哲學、更以恢宏之國際視野關注吾國文化與外來文化之關係，關注吾國之新文化建設。故本書之宗旨一在深探其文化哲學思想發展變遷之跡，揭示其社會文化之背景及其思想中之合理內核，二在展示，紹述其在以上各領域之具體成就，以示吾人治學之軌則，三在剖析其治學之方法論，昭示此種方法論中之哲學內蘊。至於首章之敘其生平，考其學術思想之淵源，示其道德人格之風範，則旨在幫助讀者全面瞭解這位現代學術思想大師之為人與為學。

筆者心中常有一比，以為用彤先生之學適足為吾國現代學術思想史上一座雄關，當今學人固當以超越此座雄關為目標，然吾人決不可繞過這座雄美而浪言超越。也許只有在充分領略其雄偉壯觀之後，才可能再造輝煌。

是為序。

孫尚揚

1996,3,20 於暢春園

湯用彤

目　次

第一章 生平與思想、學術歷程

一、東山俊秀

鄂東黃梅，舊屬黃州府，這裏人傑地靈，自古為人文薈萃之地，宗教文化尤為發達。自東晉高僧支遁於黃梅山首建頂峰寺後，佛教各宗先後競相在黃梅設壇講經說法。淨土宗創始人慧遠在主持廬山東林寺時，與陶淵明為友，曾下山渡至僅有一江之隔的黃梅建柘林寺；梁武帝時，印度高僧菩提流支與菩提達摩來中國後，在黃梅建菩提寺，黃梅成為中國佛教禪宗的發祥地。

唐宋兩代，黃梅佛教文化臻於鼎盛時期。禪宗五祖弘忍設壇於東禪寺，並於唐高宗龍朔元年（661年）傳衣鉢於慧能，自此，禪宗分為南北二宗。以慧能為代表的南派與以神秀為代表的北派兩不相容，前者大倡「不立文字，直指人心，見性成佛」的「教外別傳」，即所謂「頓門」。這場宗教革命的歷史活劇正是在黃梅上演的。而弘忍本人在密授衣鉢於慧能後，又於高宗咸亨三年（672年）轉至馮茂山（即東山）， 建法雨寺，後名五祖寺。東山法門自此香火日旺，延續不絕，成為中國禪佛教的中心之所在。至今仍有絡繹不絕的遊人或朝山者前來延續這不絕的文化血脈。

　　黃梅自古以來就彌漫著濃厚的宗教氛圍，梵宇琳宮，居高山幽邃之中；善男信女，行虔誠禮拜之儀。而歷代文人墨客的銘文碑記更以其宗教體悟和妙思，展示了黃梅東山何以會成為主頓悟的禪宗重鎮。宋李綱寫道：東山佛寺背「倚白蓮峰，下瞰九江，前揖廬阜，清靜爽塏，具勝妙景。而水鳥林巒，熾然常說，牆壁瓦礫，咸助法機。妙法宣明，不假開示。」李氏的奇思妙悟旨在說明東山的佳妙之景頗能引發頓門之人的哲思慧想，並能不假開示，宣明妙法，從而解脫言語「文字空相」，於不言中頓悟成佛❶。

　　無獨有偶，本書的傳主湯用彤（字錫予）也是一位深解語言與思想之關係的現代哲人，這也許是故鄉黃梅那悠久的歷史文化遺產對他的厚賜罷。雖然他並非禪宗傳人，甚至不是佛教徒，但他對中國佛教文化的全面、系統的爬梳、整理，對佛教思想的深刻領悟、闡發，和「同情默應」，則可謂前無古人，來者難逾。這與黃梅的佛教文化的薰染亦不無關聯。

　　湯用彤，祖籍黃梅孔壟鎮湯大墩，1893年農曆6月21日生於甘肅省渭源縣。他的出生地和自幼在故鄉以外的求學經歷似乎割斷了他與黃梅的血脈關係。實則不然。用彤之父湯霖，字雨三，晚號頤園老人，自幼即薰沐在地道的黃梅文化之中，通漢易、佛學，從而使佛學成為湯族家學❷。光緒十五年，湯霖成進士，二十三年（1897年），即戊戌變法前一年知甘肅渭源。任上頗有政績，次年丟官，先後設館於蘭州、北京。1911年，意欲歸隱黃梅，然歸後不久，即卒於故里。

---

❶　見《黃梅縣志》上卷，第432頁，湖北人民出版社，1985年12月版。

❷　賀麟與湯用彤為同事，熟知其家學淵源，稱佛學為湯用彤之家學。見賀著《五十年來的中國哲學》，遼寧教育出版社，1989年新版。

用彤之兄用彬，字冠愚，又名頗公。由附貢生應光緒壬寅年(1902年)順天鄉試，後畢業於騰錄譯學館，獎舉人，升入國立分科大學畢業，授文學士。主要從事軍政活動，歷任陸軍部主事，湖北省參議會秘書長，第一、二屆眾議院議員、國史館協修、國務院國史編纂處處長等職，1949年鬱鬱病逝。用彬還是一位頗有名氣的文人，著有《燕塵拾遺》、《新學名迹考》等書。曾任北京《群治日報》主筆，1917年，馮國璋竊取總統寶座，用彬發表檄文〈竊國璋〉痛斥之，一時轟動京城，觸怒當道。頗公被迫辭職，報社亦遭查封。頗公亦好寫詩，字裏行間洋溢著對黃梅老家的眷念和贊美之情，舉凡宅後湖松、渡口夕照、荷田花市，無不為其狀景抒情之對象。有〈廬阜錦屏〉一首，詩序曰：「東坡云：『不識廬山真面目，只緣身在此山中。』真閱歷之言。孔東前瞰匡廬，天氣清朗時，望之如錦屏然。惜坡老未見之也。」❸

湯家乃黃梅世家，在隔江相望的廬山牯嶺，湯家關有一處別墅，是湯家的避暑之地。用彤成年後，常攜母避暑於此，又多次回黃梅老家省親。繼承家傳佛學、稍長即好讀內典的少年用彤一定曾登臨白蓮峰，佇立講經臺，遊覽五祖寺，深入授法洞，在那裏參悟佛理，發思古之幽情。

故鄉文人的佳詞妙文更是他愛不釋手的精神食糧，鄉人蔣酉泉的《青燈淚傳奇》就是他竭力與友人共賞的奇文。初試寫作的用彤曾這樣寫道：「無道德者不能工文章，無道德之文章，或可期於典雅，而終為靡靡之音；無卓識者不能工文章，無識力之文章，或可眩其華麗，而難免堆砌之譏……吾鄉蔣酉泉先生所著《青燈

---

❸　《黃梅縣志》上卷，第422頁。

淚傳奇》，僅詞典中未顯著之一種耳，亦僅吾鄉人士得而知之，得而讀之，得而賚之。然先生作是書時，一腔情懷，正與蒲松齡著《聊齋志異》時同……雖寫美人薄命，然寓意實在名士懷才不遇……信乎立言之難而為三不朽也。」❹湯家人均頗鍾愛《青燈淚》，以致各人都能背誦其一部。用彤更是賞玩有加，一唱三嘆。在〈談助〉一文中，他曾不厭其煩地抄錄了其中五曲唱詞。這裏僅錄其最後一曲：

> 來無來，去不拘，那管他迅樓船什殺了三國江東虎，亂刀兵滅了六代淮南鼠，奔烟塵逼走了兩宋崖鹿。俺只曉靠蓬窗，散蘭槳，唱一曲望江南；俺只曉，喚清風，呼明月，長作湖山主。❺

僅《青燈淚傳奇》就使用彤對故土文化眷念不捨，低徊長吟，更不用說那令他終身神遊冥想於其中的佛教文化了。1916年初，在用彤歸省之前，摯友吳宓（字雨僧）以詩文〈送錫予歸省〉相贈，詩曰：

> 一卷青燈淚，斑斕著墨痕。
> 囑君慎取擇，與世共臨存。
> 古黌名山闕，斯文吾道尊。
> 平生鉛槧業，敢復怨時繁。

---

❹　見湯用彤《理學·佛學·玄學》，第47—48頁，北京大學出版社，1991年2月第1版。

❺　同❹。

《青燈淚傳奇》，錫予鄉人蔣公作，聞名有年矣。❻

　　凡此種種，均說明少年用彤自幼即浸染在故土文化的濃郁芳香之中，且竭力播揚之。父兄的影響，多次歸省，均使他與黃梅文化建立了割不斷的聯繫。故土的文化氛圍和精神氣質哺育了他，塑造了他幼時的心靈。然則，用彤決非對故鄉的文化不慎加取擇，這位「心冷不為塵世熱，淚多思向古人漣」❼的少年不過是以對故土文化的眷念表達他對歷史文化的沈思罷了。當他的視野漸開，不再偏於一隅時，人們將會驚於這位東山俊秀對中國乃至世界文化歷史的鈎沈哲思。

二、幼承庭訓

　　用彤自幼聰慧過人，有過耳不忘之能力。彼時兩三公雖獲科舉功名，且躋身仕宦之林，但甲午風雲之後，滿清的天朝帝國已陷入全面的內外交困之中。值此大廈將傾之際，兩三公豈能以個人之小得為喜。故嘗終日吟誦《桃花扇》之〈哀江南〉及庾信之〈哀江南賦〉，以寄託其亡國殷憂和憂世傷時之情。不料忽一日，年僅三歲、尚未識字的用彤竟一字不差地背出父親常誦的那幾段詞曲：

　　〔北新水令〕

　　山松野草帶花挑，猛抬頭秣陵重到。殘軍留廢壘，瘦馬臥空

---

❻　吳學昭〈吳宓與湯用彤〉，載《國故新知：中國傳統文化的再詮釋》,北京大學出版社，1993年8月第1版。

❼　同❻。

壕；村郭蕭條，城對著夕陽道。

〔離亭宴帶歇指煞〕

俺曾見金陵玉殿鶯啼曉，秦淮水榭花開早，誰知道容易冰消。
眼看他起朱樓，眼看他宴賓客，眼看他樓塌了。這青苔碧瓦
堆，俺曾睡風流覺，將五十年興亡看飽。那烏衣巷不姓王，
莫愁湖鬼夜哭，鳳凰臺棲梟鳥。殘山夢最真，舊境丟難掉，
不信這輿圖換稿。諑一套〈哀江南〉，放悲聲唱到老。（按，
引文中略）

「一套〈哀江南〉」，寄託了身為亡國奴的作者孔尚任多少銘心
刻骨的亡國恨！我們很難想像，詞中那蒼涼的意象（如殘軍、廢壘、
瘦馬、空壕等），那「放悲聲唱到老」的激越情懷，還有那鬱積難
纏的家仇國恨，會在用彤幼小的心靈引起何種回應，也不知道會給
他烙下什麼樣的印痕。但他那稚嫩的黃梅鄉音卻使嚴慈大異之。雨
三公由此而早啟用彤之蒙，隨後更令其入教館修學。用彤由此而得
以「幼承庭訓，早覽乙部」。

湯家幾世又都好庾信之〈哀江南賦〉。據說，雨三公之好吟此
賦，除寄託其哀時情懷之外，更另有深意，即希望孩子們能暢述家
風，因為賦中有言曰：「潘岳之文采，始述家風；陸機之辭賦，先
陳世德。」❽雨三公之厚望，蓋亦成為用彤用力勤學之鞭策。

雨三公在德行方面的教誨，更為用彤珍納於懷。辛亥年農曆6
月13日，雨三公門人之宦京者二十餘人促用彬、用彤為頤園老人在
萬牲園（今北京動物園）置酒祝壽（時年六十有一），其門人固原

---

❽ 參見湯一介〈鎔鑄古今，會通中西〉，《中國哲學史》（季刊），1993年
第2期。

吳本鈞更繪以「頤園老人生日讌遊圖」。兩三公題詞於上，以「窮年矻矻，學不足以成名，官不足以立業」為憾。又以「事不避難，義不逃責，素位而行，隨適而安」等「立身行己之大要」，示諸兒輩及門人。更預料「時事遷流，今後不可預測」，特囑兒輩及門人「要當靜以應之，徐以俟之。毋戚戚於功名，毋孜孜於逸樂。」用彤終身珍藏此圖，二十年代在金陵古城執教時，曾請名士及友人歐陽竟無、柳詒徵等人題詩於上，後又以此圖傳次子一介。

1938年，在出版成名之作《漢魏兩晉南北朝佛教史》時，用彤在該書之跋中還感念地憶及兩三公的教誨：

> 彤幼承庭訓，早覽乙部。先父兩三公教人，雖諄諄於立身行己之大端，而啟發愚蒙，則常述前言往行以相告誡。彤稍長，寄心於玄遠之學，居恆愛讀內典。顧亦頗喜疏尋往古思想之脈絡，宗派之變遷。❾

從用彤的感念中，足見家學對其影響之深。那些令其蕩氣迴腸的詩文，或許培養了他尚友千古，對古人同情默應的態度；而兩三公「常述前言往行以相告誡」的教子之法，則潛移默化為用彤「淚多思向古人連」，於前言往行中求取立身行己以安世之大端的古典人文主義情懷；「早覽乙部」使其自幼即奠定了厚實的國學素養；承續家傳佛學，居恆愛讀內典則成為其後勤治佛教史的學養基礎；「寄心於玄遠之學」的為學傾向使其日後能迥出眾流，從形而上的終極關懷上疏尋、闡發古哲慧思。大概也正是後一傾向使用彤日後對兩

---

❾　《漢魏兩晉南北朝佛教史》下冊，第634頁，中華書局，1988年新版第2版。

三公所好之漢易有所捨棄，因為漢易繁瑣，缺乏形而上的深意，這大概是雨三公所望傳承家風之中唯一為用彤所未述者，雖然他對漢易有相當熟稔、深入之了解。而雨三公的德行教化更使用彤成為淡泊功名、心意專一、持之以恆的一代醇儒。

三、清華學苑多英傑

新舊世紀之交正是新舊國運交替之時。上個世紀以來的頹敗、萎頓使國人從天朝帝國的迷夢中驚醒，思變之心帶來本世紀初國人的思想和行動革命，亦引起制度的變革。1905年，延續了一千多年的科舉制度退出了歷史舞臺，士大夫科舉致仕的老路自此走到盡頭。新式學堂的興起宣告中國教育制度變革的開始。雨三公雖為舊時代的底層官僚，卻能與時俱進，將愛子用彤的前途維繫在新式教育之上。用彤自隨雨三公從蘭州移教館於北京後，於1908年結束了在父親教館中的傳統教育，進入北京順天學堂，接受新式教育。

順天學堂為當時北京水平較高的中學，地處地安門東大街。用彤入戊班，同時在該校學習的有梁漱溟（丙班）、張申府（丁班）、李繼侗和鄭天挺（庚班），一個班為一個年級❿。用彤在該校曾與高一班的梁漱溟共同研習印度哲學，此為二人交遊之始，亦為用彤治印度哲學之始。

接踵而至的辛亥革命將普遍王權賴以維繫的帝制送進了歷史博物館。在山雨欲來之際，用彤於這年春天從順天學校考入清華學校；也是在這一年，吳宓從西安宏道學校考入清華。二人後成摯友，

---

❿ 見任繼愈〈湯用彤先生治學的態度和方法〉，《燕園論學集》，第29頁，北京大學出版社，1984年版。

交誼甚深。

　　清華學校是清朝政府利用美國總統羅斯福（Theodore Roo-sevelt）退還庚子賠款的一部分，於辛亥年初創建的一所留美預備學校。其師資、教材、學制多採自美國，合格的畢業生一般都具備足夠的外國語文及其他學科知識，因而能經選拔後直接進入美國本土各大學之三年級學習。用彤入清華後不久，適逢周治春主長清華，這是清華形成校風、擴展校務的關鍵時期。周氏引進美國名牌大學耶魯大學之精神，建樹新校風——讀書認真、工作負責、處事有條理、決不懈怠草率⓫。

　　置身於這樣的洋化學校之中，用彤一方面勤習外文，如飢似渴地吸收西學新知，如西洋文學、史學、生物學、心理學等，並接受進化論等新潮觀念。另一方面則逐漸形成其特立獨行的治學風格，並在水清木華的校園裏培育其雖不成熟卻頗具獨立性的文化理念，同時還以寫作和組織學會的方式表述、踐履這些文化理念。

　　美雨新知的洗禮似乎並未淨除用彤對國故的偏好，相反，它不過以中西新舊相逼的背景造就了用彤比較觀照的粗淺思路。當與他同一世代的新青年開始醞釀更為激烈的思想文化革命的大潮，裏挾著青年學人趨時騖新時，用彤卻依然割捨不斷對國故的眷念。據吳宓記載，「自1911年至1913年，清華學校把國文較好、愛讀國學書籍的學生七、八人選出，特開一班，派學問淵博，有資格、有名望的國文教員姚茫父、饒麓樵諸先生來講授。」自幼即沈吟於國文典籍之中的用彤列入該班之中，其他學生還有何傳驄、劉樸、吳宓、聞一多等。該班學生一時「互相督促、切磋，共同勤讀」⓬。

⓫　參見顏尚文〈湯用彤的漢唐佛教史研究〉，《國故新知》，第45頁。
⓬　同❻。

此種歷時三年的系統學習，無疑使用彤如虎添翼，打下了更為紮實的國學基礎，更培養了他在洋化氛圍中獨立自尊的人格和自由選擇的治學精神。

用彤與吳宓由同窗而為形影不離的好友，二人常在課餘飯後徜徉於寧靜優美的清華園，暢談人生、學問和社會。二人都好文學，均有很高的修養和鑒賞力。用彤屢屢向吳宓道及那部《青燈淚傳奇》的文章之佳妙，致使吳宓「渴思讀之多年，而終不能得。」二人既有相似之情趣，又有共同之人生道德理想，乃思共同創作小說。1912年暑假，二人著手合著長篇章回體小說《崆峒片羽錄》。每日必記的吳宓為我們提供了一份詳細的記錄：

八月四日：晚及湯君用彤議著長篇章回體小說。議決明日著手編輯。

八月五日：與湯君議著小說事，定名為《崆峒片羽錄》。全書三十回。因先擬定前十五回之內容。午後余為緣起回，湯則為第一回。未成一日而已盡矣。

八月六日：是日上午，余緣起回告成。湯君第一回至晚亦竣。每回十頁，以後作法皆由余等二人共擬大綱，然後由湯君著筆編述，余為之潤詞。於是數日來遂純以此為二人之事。

八月七日：是日為《崆峒片羽錄》第二回，成。

八月八日：是日為《崆峒片羽錄》第三回，幾於成矣。

十多年後，吳宓還曾憶及此事，其言曰：「民國元年暑假，予居清華，與湯君錫予用彤合撰長篇章回體小說，名《崆峒片羽錄》，已成約三萬餘言。楔子為予撰作，略仿韓愈《毛穎傳》，藉

毛先生之議論以說明著作小說之原理及方法。以下則由錫予屬草，而予為之潤詞。……全書大旨，在寫吾二人之經歷，及對人生道德之感想。書中主人，為黃毅兄弟及其妹黃英，皆理想人物。此稿從未刊布。……不幸1923年10月，予由南京鼓樓北二條巷，移寓保泰街，家人不慎，致將《崆峒片羽錄》原稿一冊遺失。每一念及，極為痛恨。蓋少年心境，創作始基，終無由得見。其損失豈千金而已哉。」❸

　　吳宓之珍視這部未完稿，其原因盡在其言中。吳宓家人的不慎使我們永遠無緣得見表述在該書中的二人之人生道德理想，幸有「心熱而行篤」的吳宓為我們提供了另一重要記錄，使我們得以窺見二人人生道德理想之大端。1915年冬，用彤與吳宓不再滿足於以小說表現其思想、情感，進思以組織學會之形式，聯合志同道合之友，共同推行其理想，乃於清華組織「天人學會」。該會最初由黃華（叔巍）發起，由用彤命名。吳宓對會名的解釋是：「天者天理，人者人情。此四字實為古今學術政教之本，亦吾人方針所向。至以人力挽回天運，以天道啟悟人生，乃會之責任也。」吳宓又在致友人吳芳吉書中言：「此會用意，即欲得若干性情德智學術事功之朋友，相助相慰，誼若兄弟，以共行其所志。」「會之大旨，除共事犧牲、益國益群而外，則欲融合新舊，攝精立極，造成一種學說，以影響社會，改良群治。又欲以我輩為起點，造成一種光明磊落、仁心俠骨之品格，以期道德與事功合一，公義與私情並重，為世俗表率，而蔚成一時之風尚。」❹

　　「天人學會」可謂理想甚高，感情甚真，志氣甚盛。雖然稍後

---

❸　同❻。

❹　同❻。

因骨幹人員相繼赴美而解散，但其理想卻成為後來《學衡》雜誌宗旨的濫觴，亦成為《學衡》諸公的為學宗旨。

「融合新舊，擷精立極，造成一種學說，以影響社會，改良群治」的共同理想成為用彤與吳宓之深厚友情的紐帶。愛好寫詩的吳宓常形諸文字，以詩文表達他與用彤之間的默契和互勉，茲僅摘錄其中一首：

> 示錫予　作於1913年
> 風霜廿載感時遷，憔悴潘郎髮白先。
> 心冷不為塵世熱，淚多思向古人漣。
> 茫茫苦海嘗憂樂，滾滾橫流笑蟻羶。
> 醉舞哀歌咸底事，滄桑砥柱勵他年。**⑮**

從吳宓的詩文中，我們可以知道：常年神遊冥想於國故新知之中的用彤，甫及弱冠即已因勤讀深思而早生華髮。吳宓的記載還告訴我們，清華時期的用彤曾向吳宓吐露心機：立志獻身於佛學研究。

然而，如果認為用彤之立志純出於述家風、怡性情，或僅出於滿足一己之愛好，那麼，我們對他的理解就失之太淺。事實上，這一時期的湯用彤決非一躲在象牙塔中的傳統書生，他對時代脈搏的劇烈跳動決非無動於衷。作為一名矢志於學術研究的青年學子，他誠然不會也不可能效仿上一世代的康梁之流，於經術中求取治術；也不會匯入「新青年」造就的大潮，從文化革命邁入行動革命的陣營。他所感興趣的是，思考自上個世紀以來，由中西新舊激盪沖撞而產生的一系列重大的時代課題，並尋求自己的答案。而他反思的

---

⑮ 同**⑥**。

視角則是哲學的、文化學的，與當時流行的社會學方法大異其趣。

　　或許是因為受兩三公喜漢學之影響，用彤入清華後，仍有一段時間頗惡理學，甚且譏笑某理學先生。但此種厭惡、譏笑與稍後的新文化運動健將們咒罵理學為「吃人」之惡魔則大為不同，它不過是有清一代漢學壓倒宋學的乾嘉之風在用彤思想中的延續。不過，此種延續為時不長。1914年9月，即第一次世界大戰開始後不久，關心時事，常懷千歲之憂的用彤撰寫了一篇長達兩萬三千餘字的論文──〈理學譫言〉，分十七次連載在《清華週刊》上。針對戰禍給歐洲文明帶來毀滅性災難，用彤從感性事實出發，立論以為精械利兵不足以救國；又據自上世紀以來，中國輸入西洋科學，卻仍未能擺脫積貧積弱的現狀，得出科學不足以救國的結論。其言曰：

> 自西方各國以物質文明致富強，物質後進之中國，乃遂欲急起直追，救國於積溺之中，而所謂理化算數日灌輸於全國人之腦中。行之四十年，而其弱如故，且又甚焉。則因理化算數者，無堅固之良知盾其後，適足為亡國之利器也。❶

從以上兩個否定性前提中，用彤必然會推導出只有道德能救國、文化能救國的結論。因為他認為只有救心才能救身、救國。在他看來，他先前厭惡的理學適足為救心救國之良藥：「理學者，中國之良藥也，中國之針砭也，中國四千年之真文化真精神也。」❷因為理學是關於心的，是形而上之學，能幫助人馭心以馭身。由此可見，在用彤的文化守成主義之雛形中，其形而上的玄學傾向是非常明顯

---

❶　〈理學譫言〉，見《理學·佛學·玄學》，第4頁。

❷　同上書，第1頁。

的，而其文化決定論中的非批判性色彩也是很鮮明的。其中的一些哲學意蘊，我們將在下章詳述。

無獨有偶，本世紀另一位自稱「平生為不古不今之學，思想囿於咸豐同治之世，議論近乎曾湘鄉張南皮之間」的學術大師陳寅恪，在三十年之後（1943年），亦以其深宏難測的史識作出了與清華時期的湯用彤頗為相似的斷言：

> 吾國近年之學術，如考古、歷史、文藝及思想史等，以世局激盪及外緣薰習之故，咸有顯著之變遷。將來所止之境，今固未敢斷論。惟可一言蔽之曰，宋代學術之復興，或新宋學之建立是已。華夏民族之文化，歷數千載之演進，造極於趙宋之世。後漸衰微，終必復振。❽

而陳氏斷論之前提則又完全與用彤一致，即「救國經世，尤必以精神之學問（謂形而上學）為根基」❾。陳氏與用彤持相同之結論，又都使之立基於相同的前提上，此決非偶然巧合。考慮到他們二人在現代中國學術上的崇高地位，我們不能不承認其守成主義的文化理念實為其學術成就之重要動力之一，雖然不必為絕對的決定性條件。此為另一問題，茲不贅述。

令人感興趣的是，用彤在清華時期選擇和確定的「不古不今」的佛學研究領域，究竟與其文化守成主義有何關係？解決此一問題，

---

❽　以上引語分別見陳寅恪《金明館叢稿二編》，第252、245頁，上海古籍出版社，1982年第2版。

❾　吳學昭《吳宓與陳寅恪》，第9頁，清華大學出版社，1992年12月第2版。

仍需求助於他在這一時期給我們留下的心路之迹。

如上所述，用彤所闡發「理學救國」的文化理念，乃是針對世局激盪、外緣薰習的大背景所作的文化取向。在另一篇短評中（寫於1916年），他曾寫到：「中國現處精神物質過渡時代，外洋科學之法則、機械之勢力均漸輸入。吾人或將為此新潮之重要人物，自不可不明其利害。」❷然而，僅僅振臂一呼是絕難使人人明其利害的，歷史意識濃厚的國人也許只有從國史中的中外文化交流的歷史經驗中，才能真正「明其利害」。 用彤之選擇治佛教史，其深意或許正在於此。此一初衷將會在其日後的學術生涯中得到更明確的表述。

清華時期的用彤不僅認定只有救心救德才能救身救國，更思以推行新進之觀念以達到救心救德之目的。在〈快樂與痛苦〉一文中，用彤立論以為「古今中外恆無寧日」，「生存競爭之事烈」，都是因為「快樂及痛苦觀之所驅使也」。因此，在他看來，「苦樂者萬善之動機也，亦萬惡之所以出也。」就人類文化之發生發展而言，苦樂觀適足為其心理動因。「聖哲之創學說宗教也，無不注意苦樂。孔孟之教以苦樂為警鐘，所謂生於憂患死於安樂也；佛陀之教以苦樂為塵俗，所謂妄生分別都無色相也。若西洋之哲學家更有樂利主義，或以苦為進德之媒，或以樂為得道之機要，其旨歸無非欲脫苦樂之束縛，或利用之以造福社會耳。」基於此種對文化發展的心理分析，用彤認為：「欲救中國，欲救中國之民德，無他，即破除快樂與痛苦之觀念是也。」❸

上文為未完稿，用彤的建設性理念尚未得到詳盡闡發，但其以

---

❷　見《理學·佛學·玄學》，第57頁。

❸　同上書，第43－46頁。

苦樂觀為精英文化之重要內容，又以佛教之無明分析苦樂之源，更以破除苦樂觀為救民德、救中國之良方，則一方面可見出其從古聖往哲中求取救世之方的守成主義文化傾向，另一方面更可見出他已開始把對佛學的研究與文化救國的使命聯繫起來了。

在科學救國、實業救國大行其道之時，文化救國論難免被譏斥為蒼白無力的迂闊之論，即「空言者世人之所鄙視者也」。用彤對此大不以為然。他認為「理論者實事之母也」，若「無事理之反想」，則只能「應當前之現狀」；哲學家的反思，表面上為「不實際之智慧」，但「此無用乃有價值矣」。因為「哲學理論不惟可定實際之效果，能使或阻一方法之進行已也，且可於人當困難之境，解決各端。」大而言之，「以此而人乃有自用之思想，以此而人群有進化，以此而人畜之路分，文明野蠻之界顯。」「故世之實際甚短，欲推長久之實際，莫若深究理論之為得也。」❷❷

用彤對理論之功用的辯護和闡發，雖然尚缺乏更深入的哲理論證，但這無疑是其文化救國論的理論展開，更是其形而上的玄學傾向之再度彰顯。幾年後，與用彤、吳宓同在哈佛的陳寅恪也曾闡述過類似的思想。陳氏認為「中國之哲學美術，遠不如希臘，不特科學為泰西遜也。」而當時的留學生卻不明此中真意，競習工程實業，實為捨本逐末之舉。他們忽天理人事之學，「專謀以功利機械之事輸入，而不圖精神之救藥，勢必至人欲橫流，道義淪喪。」❷❸此種類似的文化思考，也許正是他們日後成為《學衡》同仁的思想基礎。

清華時期可以說是用彤率性發展，初顯才華的時期，其興趣之

---

❷❷　同上，第33—35頁。

❷❸　見《吳宓與陳寅恪》，第9—10頁。

廣泛，思維之活躍，思想之開闊，均可見之於他在《清華週刊》上發表的一系列文章中。即以其讀書而論，不僅愛讀內典，廣讀四部，更愛讀外國文學作品。讀法國文豪雨果（Victor Hugo）之《九三年》後，曾發表短評，立論以為「研究一時之歷史，不如研究其時之文學較易得真相。」❷❹以其寫作而論，不僅有專論、短評、合撰之小說，更有獨撰之短篇實事〈孤嫠泣〉，以示其人性論和倫理觀。又撰有〈談助〉一文，系統闡發其重真性情、重道德、卓識與懷抱鬱積之文學觀。由此足見用彤之多才多藝與好學深思。

　　1916年夏，用彤與吳宓同時畢業於清華學校高等科。畢業前不久，吳宓在日記中品評了幾位知友之才性風貌。他對用彤的刻畫是：「錫予喜慍不輕觸發，德量汪汪，風概類黃叔度。而於事之本質，理之秘奧，獨得深窺。交久益醇，令人心醉，故最投機。」❷❺吳宓其人真誠坦率，心熱行篤，好組織行動，與喜好靜思之用彤大異其性，但吳宓識人之眼力則是有口皆碑的。當陳寅恪尚未在學界嶄露頭角時，吳宓即奉之為師友，以之為當世奇才。其識人之洞察力蓋不差也，而其對用彤的刻畫亦可謂入木三分，深得其才性之精髓。

　　用彤畢業後，即考取官費留美，吳宓亦然。不幸的是，用彤因患瘢眼需要治療，未能於畢業後及時成行，乃留在清華，以學生身分充任國文教員，並兼任《清華週刊》之總編。對此，錢穆嘆曰：「其時錫予之國學基礎已可想見。」❷❻

　　用彤在清華學習、工作時間長達七年，這七年正是他學習知識、塑造品性、初奠文化理念的黃金時期。雖然這一時期用彤的承繼和

---

❷❹　同❷⓪，第58頁。

❷❺　同❻。

❷❻　〈憶錫予〉，見《燕園論學集》，第23頁。

守成多於開創和拓展，純樸的信念亦多於理智的分析，但這一時期對其終身的名山事業之影響則可謂至深至大。

四、漢姆林再顯才華

令人唏噓的是，作為一位辭世才三十年的現代哲人，用彤早年的行迹竟有一些需要今人耐心考證的地方。由於他不像吳宓那樣每日必記——雖然值得他記錄下來留給後人的東西要多得多——我們只能從其友人及有關的檔案資料中來尋找答案，而且不得不將一些流行的說法，包括他家人的記述置之不顧。據從哈佛大學傳來的成績單，我們得知用彤是 1919 年從美國中西部的漢姆林大學（University of Hamline）獲文學士學位後，轉入哈佛大學研究生院(Graduate School）的。這與流行的1920年入哈佛一說相左，也否定了杜維明稱用彤「在哈佛學習的具體時間是1918至1921年」的論斷[27]。

另一需要弄清的問題則是：用彤何年進入漢姆林大學？從漢姆林大學獲得的資料表明，用彤是1917年進入該校的。也就是在這一年，他的同窗好友吳宓進入弗吉尼亞大學，後者與他同年畢業於清華學校後，因體弱沒有通過嚴格的體育考試，在清華文案處任譯員一年。

值得慶幸的是，不好寫日記的用彤為我們留下了他在漢姆林第二學年（1918年12月3日至1919年5月31日）的課外論文，並將這十篇論文裝訂成冊。這冊精裝手稿上注有「漢姆林大學哲學系」的字樣，這說明他主修的並非政治學與社會學[28]。而從論文集的目錄和

---

[27] 見《中外文化比較研究》，第86頁，三聯書店（北京），1988年12月第1版。

內容來看，他主修的是哲學和心理學。茲將其論文目錄及成績羅列如下：

（一） 哲學

1. 前蘇格拉底時期的存在概念，九十七分。寫於1918年12月3日。

2. 中世紀的神秘主義，九十九分，寫於1919年1月25日。

3. 斯賓諾莎、洛克和康德的認識論，九十九分，寫於1919年4月8日。

4. 中國思想中的主流（存漢姆林大學圖書館，供學生參考之用——用彤原注）。

（二） 心理學

第一篇，九十八分，寫於1918年12月11日。

1. 哲學與科學

2. 心理學的諸多定義

3. 大腦功能的集中化與「官能」心理學

4. 圖示

第二篇，九十五分，寫於1919年1月24日。

1. 顏色知覺諸說

2. 動覺與器官的感覺

第三篇，九十八分，寫於1919年4月7日。

1. 聯想

2. 感覺與知覺

---

❷❽ 同 ❷❼ 。

3.假象與幻覺

4.關於自我的知覺

第四篇，九十九分，寫於1919年5月31日。

1.記憶

2.詹姆斯－朗格的情感理論

3.催眠術研究

（三） 發生心理學

1.關於阿米巴的意識問題，九十七分，寫於1919年4月1日。

2.幼兒心理學，九十九分，寫於1919年5月29日。

從上述詳盡的列述中，我們可以看到，用彤一定是漢姆林大學的高材生，因為各篇論文的成績都在九十五分以上。而且有一篇關於中國思想的論文被該大學圖書館收藏，成為學生的參考資料，雖然對其內容我們尚不得而知，但其內容之精妙一定為該校的教授所激賞。據說當時該校校報上曾有兩篇關於他的報導，可見其在該校的學習之優異，也正是由於他的出類拔萃，才被該校直接推薦到哈佛大學研究生院。

不過，更令人感興趣的也許是用彤的論文之內容及他在該校治學的風格。但對筆者來說，全面介紹上述各篇論文的內容則非易事，困難在於這冊手稿篇幅既鉅，而辨讀亦難。這裏，筆者僅據粗淺之讀解，撮要述其特點如下：

（一）用彤在漢姆林大學讀書甚勤，涉獵甚廣。而其精讀之書則包括從古希臘哲學家泰勒斯（Thales）到近代康德、詹姆士等人的重要哲學、心理學著作之英文版。尤其是《柏拉圖對話集》、亞

里士多德的《形而上學》，他念得很熟。

（二）他常引用的哲學史著作主要有文德爾班（Windelband）的《哲學史》、蔡勒（Zeller）的《希臘哲學史》；常引用的宗教史著作有摩爾的《宗教史》；常引用的心理學論著有詹姆士的《心理學原理》、杜威的《心理學》。

（三）這些論文雖只是作業，且大都在短時間內寫就，但好學深思的用彤總是努力闡發出一些獨立的、有創造性的思想，並嘗試著運用當時較為新穎的方法。例如，在探討神秘主義的心理學起源時，他寫道：「竊以為吾人對神秘主義之研究並非由其內容之精妙所引起，乃是由神秘主義運動在西方文明中之重要性所引起。有鑒於此，余思而以發生學之方法研究此一課題。神秘主義一般皆源於人類之一種功能——情感，其為心理之表現一如人頓獲解決難題時之情感，亦為一種迷醉狀態。然此意非指全盤消除理智，乃指情感對理智之控制。實則一名真正的神秘主義者總是『運用其理智，根據善良之主張而生活』。他樂於遵循理智，除非他屈服於自己試圖超越時空之日常限制的狂熱，並似乎由此而獲得與上帝的直接溝通。」[29]

（四）用彤之獨到的見解包含著對西方學者的批評，而其所用之方法則為發生學的心理學方法。心理學是他自清華始就頗感興趣的一門課程，入漢姆林大學後，更從大學課堂和博覽群書的勤學之中獲得了系統而且全新的心理學知識。這種西學新知的積累和思想方法的訓練對其日後的學術生涯之影響亦不容忽視，我們將會看到，心理學的方法將會或隱或現地包含在他日後的論著之中。

---

[29]　湯用彤1919年1月25日課外論文《中世紀的神秘主義》第2章，英文手稿，未刊。

（五）值得注意的是，上面的論述中的引文出自白璧德的《新拉奧孔》（*New Laokoon*，1910年版）。用彤之閱讀白氏著作，蓋非偶然。據《吳宓自編年譜》記載，吳宓於1918年秋從弗吉尼亞大學轉入哈佛大學比較文學系，從師白氏，其尊白氏之情常溢於言表。我們可以認為，用彤正是從與吳宓的書信連絡中得知白氏之思想學說的。

（六）用彤此時的形而上玄學傾向得到了發展，他對宗教之試圖超越時空限制、「把握事物之神聖本體或終極實在」（grasp the divine essence or the ultimate reality of things）的精神多有體悟，且頗為欣賞。西方哲學的系統訓練無疑使其「寄心於玄遠之學」的傾向得到了強化，並獲得了系統而又豐富的內蘊。

五、「哈佛三傑」之一

用彤以其在漢姆林大學本科的優異成績而被推薦進入美國名牌大學哈佛的研究生院，據其在哈佛的成績單來看，他在哈佛研究生院的註冊日期為1919年9月16日。而據吳宓記載，用彤抵達波士頓（哈佛所在地）市的時間則是6月19日，吳宓曾三次赴火車站迎接用彤，第四次，也就是傍晚七點多才在車站見到用彤。

用彤到哈佛後，初住梅光迪宿舍，暑期學校開學前，又遷到Standish Hall與吳宓、顧泰來、李達同住。據吳宓1919年6月22日至29日《日記》載，「此數日間，半遊談，半讀書。夏校將開課，故於二十九日搬至 Room B41, Standish Hall 同住。同室者四人，錫予而外，李達、顧泰來，均同住。搬入以後，每日三餐，均在Smith Hall校中所開食堂吃飯。新居臨大河（Charles River）。每日

晚飯後，散步河畔。橋上電燈羅列，燦若明星，水光蕩漾，浮艇往來，幼童汩水者成群；而岸上汽車絡繹，首尾銜接，如游龍蜿蜒，景至可樂。」

用彤與吳宓在哈佛一直同居一室，「同餐、同遊、同出入、同研究校課，形迹極密。」二人無所不談，大到學問、人生，小至俗事、婚姻，均能直抒己見，從善如流。有一段時間，吳宓以「國防會」（波士頓中國留學生於1915年5月9日成立的愛國組織）董事的身分，忙於該會機關報在美國的徵稿、發行，費時甚多。陳寅恪等人屢勸吳宓勿為此花費太多時間，用彤則知其人「心熱行篤」，乃竭誠相助，並曾與吳宓「談至深夜。略謂宓雖勤勞，不為盡職。蓋國防會籌款辦報，機會極佳。然……諸人學識缺乏，雖具熱忱，而辦報之條理全無。此間收得之稿，惡劣不堪，僅資數衍，實為左計。是宜設法聯絡友朋中高明之士，一鼓作氣，自定辦法。文稿慎為選擇，嚴格收取，立意必求高，而每篇文字，必具精彩……如是則報出可以動人，而實達救國益群之初志。」吳宓欣然接受了用彤的意見。

吳宓對用彤的最大幫助或在於使用彤結識了白璧德。用彤初入哈佛時，吳宓就迫不及待地向用彤推薦介紹了「精深博大」、「於佛學深造有得」的白璧德及其新人文主義，並導謁白氏。據吳宓1919年7月14日《日記》載：「午飯時，赴白師Prof. Babbit宅，約定會晤時間。晚八時，偕陳寅恪君及錫予同往。白師及其夫人陪坐。談至十一時半始歸。白師述其往日為學之閱歷，又與陳君究論佛理。夫人則以葡萄露及糕點進，以助清談云。」❸

---

❸　以上引文均見前引吳學昭文〈吳宓與湯用彤〉。

　　白璧德為當時在美國頗有影響的文學批評家，是一位公開標舉文化守成的新人文主義大師，其思想學說之宗旨在於以古代希臘、羅馬、印度、中國之人文主義精神對抗近代穨敗之西方文明（下章詳述）。吳宓、陳寅恪、湯用彤、梅光迪是後來《學衡》派的核心成員，關於他們與白璧德新人文主義的關係，樂黛雲教授有一精闢的論述：「並不是白璧德塑造了《學衡》諸公的思想，而是某些已初步形成的想法使他們主動選擇了白璧德。」 ❸此論可証諸我們對清華時期用彤之思想的紹述。

　　哈佛大學確實不愧為世界一流大學，她不僅擁有像白璧德這樣的人文主義大師，更擁有像Lanman教授這樣精通梵文、巴利文和印度哲學的專門人才。早已矢志於佛學研究的用彤自然不會錯過這樣絕妙的學習機會，他與陳寅恪同時選修了Lanman教授開設的「印度語言學」（*Indic Philology*）。據《吳宓自編年譜》1919年篇載：「哈佛大學本有梵文、印度哲學及佛學一系，且有卓出之教授Lanman先生等，然眾多不知，中國留學生自俞大維君始探索、發見，而往受學焉。其後陳寅恪、湯用彤繼之。」

　　用彤的成績單顯示，從1919年秋至1922年夏，他用了兩年時間選修Lanman教授語言課程（即*Indic Philology*），每學期的成績均為「A」。另外還選修了宗教史、哲學、心理學、比較文學。

　　用彤稍長即「居恆愛讀內典」，並立志從事佛學研究。在哈佛，除上課之外，更是勤讀不輟。吳宓1919年12月10日《日記》云：「錫予近讀佛學之書，殊多進益。宓未遑涉獵也。偶見其中載佛語一則云：『學道之人，如牛負重車，行深泥中，只宜俯首前進，若

---

❸　樂黛雲〈世界文化對話中的中國現代保守主義〉，載《中國文化》創刊號，1989年12月。

一徘徊回顧，則陷溺遽深，而不可拯拔矣。」宓近來體驗所得，確信此言之切要也。」用彤在哈佛治佛學、印度哲學之勤之深，已堪為人師。1920年8月17日，用彤修完康奈爾大學的暑期課程後經紐約回到哈佛，為吳宓講授印度哲學。吳宓稱其授課「簡時精要，宓受益至多。」又在年譜中寫道：「湯用彤君，清末在北京五城中學時，即與同學梁漱溟君同讀印度哲學之書及佛教經典。去年到哈佛，與陳寅恪君同從Lanman教授學習梵文與巴利文（Pali小乘經文，類中國小說之文字），於是廣讀深造，互切磋講論，並成全國此學之翹楚矣。」

作為吳宓、湯用彤、陳寅恪的思想同路人和老師，白璧德一方面對中國之事至為關切，另一方面則對他們在學術上寄予殷切之厚望，對他們的才華亦頗為賞識。吳、湯、陳一時被譽為「哈佛三傑」。

用彤之傑可見諸吳宓在另外幾則日記。1919年12月29日，吳宓寫道：「留美同人，大多志趣卑近，但求功名與溫飽。而其治學，亦漫無宗旨，雜取浮摭。乃高明出群之士，如陳君寅恪之梵文，湯君錫予之佛學……則皆各有所關注。」1920年1月30日，吳宓寫道：「此間除陳君寅恪外，如錫予及張君鑫海……均見實學，又極用功。夫今日已為中國學生中之麟鳳，其將來之造詣，定可預知。學然後知不足，學愈深，愈見得自己之所得者尚淺。故如錫予與張君等，均又實心謙虛，尤足稱道。」幾年的同窗生活和推心置腹的交談，使吳宓認識到用彤與陳寅恪等人一樣，不僅是博學精思的高明出群之士，更有實心謙虛之美德，因而遠遠高出那些志趣卑近，但求功名溫飽的留學生。吳宓對用彤將來之造詣的預測，亦良非虛語。

用彤之傑更可證諸他為我們留下的部分論文，現存哈佛時期之

論文有三篇，均屬哲學，即：〈論作為道德標準的「功利」：從休謨到穆勒的英國功利主義批評研究〉、〈叔本華的天才哲學〉、〈康德和費希特的普遍歷史觀念〉。用彤將這三篇論文集為一冊（十六開），凡一百餘頁。第一篇的成績是「A」，從評閱教授的批語來看，第二篇最受稱道，在「A」上有「一篇佳作」（A well written paper）的評語。用彤後來以中文發表的〈叔本華之天才主義〉即為這篇論文之概要。這篇論文之佳妙，不僅在於用彤詳盡分析了叔本華天才哲學的理論來源，準確理解、闡述了叔本華天才哲學的内涵及其特徵，更在於以敏銳的眼光和哲人的洞察，一針見血地指出了叔本華天才哲學的内在的、深刻的矛盾。用彤批評了西方思想家 T. Whit-taker 認為叔本華關於藝術、天才、愛的學說足以獲得經久不衰之聲譽的言論，認為此種評價過高。接著，他寫道：「叔本華的天才定義中包含著根本性的難題。由於他認定意志在本質上是惡的，他不得不使天才成為在藝術沈思中毫無意志的人。但此種藉藝術從意志中獲得的解脫明顯地需要某種動力，即需要另一種意志。」用彤認為這一深刻的矛盾足以推翻叔本華的整個哲學體系。此種洞見無疑給哈佛的哲學教授留下了深刻的印象。值得注意的是，用彤在哈佛深造時，對近代英國的功利主義，對叔本華哲學中的浪漫主義精神都持批判態度，這無疑是其古典人文主義精神使然。

遺憾的是，還沒有直接的材料說明用彤在哈佛的指導教授是誰。據其弟子黃心川先生（中國社會科學院亞洲太平洋研究所研究員、前所長）說，用彤曾稱 Perry 為其指導教授。若然，則用彤當熟知美國實用主義、實在論，他的未刊講義〈哲學概論〉（成於北大授課期間）正好說明了這一點。

另一大遺憾是，我們至今尚未獲得用彤在哈佛的碩士論文，甚

至連其主題也不得而知❸。他的成績單表明，獲得碩士學位的時間是1921年2月28日，也就是說，他用了不到兩年的時間就完成了學業。由於當時的公費留學生可以在美國學習五年，用彤獲碩士學位後繼續留在哈佛，主要學習梵文、巴利文。

用彤獲碩士學位後不久，老友吳宓的生活發生重大轉折，此一轉捩點與用彤也有密切之關係。1921年，「5月中旬，（宓）忽接梅光迪君自南京高等師範學校即國立東南大學來掛號快函，言迪回國後，在天津南開大學任教一年，無善可述。1920年秋，改就南京高師兼東南大學英語兼英國文學教授，甚為得意。本校副校長兼大學文理科主任劉伯明博士，為其在美國西北大學之同學知友，賢明溫雅，志同道合。今後決以此校為聚集同志知友，發展理想事業之地。茲敬聘宓為南京高師、東南大學英語兼英國文學教授……望宓……定來南京聚首。尤以1920年秋，即已與中華書局有約，擬由我等編撰雜誌（月出一期），名曰《學衡》，而由中華書局印刷發行。此雜誌之總編，尤非宓歸來擔任不可」。梅光迪素知吳宓「心熱行篤」，乃激之曰：「兄素能為理想與道德作勇敢之犧牲，此其時矣！」吳宓早有編撰雜誌，推展其理想事業的夙願，自然不會放過良機。閱信當即致電東南大學校長郭秉文，欣然應聘。當日午餐見到用彤時，方始告知❸。

1921年8月，吳宓抵達上海，9月赴南京就任。授課之餘，將全部精力用於籌辦《學衡》雜誌。1922年1月，《學衡》創刊，公開標舉「昌明國粹、融化新知」，這一宗旨實即清華時期用彤與吳宓組

---

❸　本章稿成後，筆者於1994年赴美國作訪問教授，得知在哈佛獲碩士學位無需做碩士論文。

❸　同❸。

織的「天人學會」之根本旨趣。吳宓將該雜誌按期寄給遠在哈佛的
老友用彤。❸

六、金陵執教

1922年夏，用彤在獲碩士學位之後，告別哈佛，學成而歸。

彼時，新文化運動繼承「五四」的精神遺產，藉助於白話文學、
平民教育、報刊雜誌，以銳不可擋之勢，獲得了極大的拓展。這一
啟蒙運動無疑有諸多值得肯定的價值，它對中國社會的進步，僅就
其對教育事業的推動而言，實有莫大之貢獻。當時金陵古城的高等
教育事業就是借新文化運動的東風而迅速崛起的。到了二十年代初，
南京高等師範學校（1921年升格為國立東南大學）已成為這座古城
乃至整個東南地區的文化、學術中心，使金陵古城煥發出新的文化
風采。不過，東南大學作為東南地區的唯一大學，其成長雖受惠於
新文化運動，而其思想氛圍卻似乎使它成為這一運動的「逆子」。在
新文化運動健將們看來，金陵古城的聚寶門左近聚的不是國寶，而
是「假古董」；十里秦淮河裏奔湧的不是順應歷史發展的潮流，而
是一股「逆流」。

這一切都要歸因於梅光迪、吳宓和他們創辦的那個《學衡》雜
誌及《學衡》諸公。

1920年，梅光迪應其故交、東南大學副校長兼哲學系主任劉伯
明之邀，出任該校西洋文學系主任。而早在1915年，梅氏就曾在美
國與同為留學生的胡適就文學革命進行過辯論；次年，二人在國內

---

❸　同 ❸。

的雜誌上掀起了轟動一時的新舊文學之爭。1921年，梅氏邀來組織能力甚強的吳宓，於1922年元月推出《學衡》創刊號。至此，一群學貫中西的青年教授便開始以堅強的協作組織（雜誌社），借助新人文主義作為理論武器，展開了對新文化運動的反思、批評，並謀求建設其理想中的新文化。

用形就是在這種背景下，由好友梅光迪、吳宓推薦，接受了劉伯明的邀請，出任該校哲學系教授。用形與吳宓在清華時期就交誼甚篤，且有共同的理想、志趣；在哈佛留學時，又同受新人文主義之浸染，而且同樣痛恨胡適、陳獨秀等人徹底否定傳統文化的偏激之舉❸⑤。志同道合，又聚首同事，還有各方俊彥如柳詒徵等人可資暢談學問，用形當時的心情一定有如魚得水之感。

從1922年秋至1930年夏，除1926年因受前一年學潮的影響曾赴天津南開大學執教一年以外，用形一直都在這所東南地區唯一的一所大學裏任哲學系教授，1927年起出任中央大學（即東南大學）哲學系主任。在用形的學術生涯中，這段時間可稱為《學衡》時期。

《學衡》時期的用形除在大學講壇上教授哲學概論、中國佛教史、印度思想史（均有油印講義）外，更積極參加《學衡》雜誌的編務工作，為之撰稿、譯述，成為《學衡》雜誌社的骨幹力量之一。

用形歸國後不久，即撰完〈評近人之文化研究〉，並很快發表在《學衡》上（1922年第十二期）。這是用形批評新文化運動的唯一一篇文字，雖在短時間內寫就，卻是深思熟慮之作。這是他在清華時期的好學深思及在哈佛時對國內新文化運動的熱切關注的思想創獲。

---

❸⑤　參見《吳宓與陳寅恪》，第19頁。

　　新文化運動的健將魯迅曾引友人之言說:「要我們保存國粹,也須國粹能保存我們。」❸❻從這一前提出發,必然會推出以下邏輯結論:一切有利於「我們」——民族實體之生存的,我們都應拿來;反之,則須徹底拋棄。此種功利主義文化觀對一個正在救亡圖存的民族來說,確有其思想、情感上的感召力。但此論在學術領域卻引起諸多偏弊。由於激進派認為中國傳統文化根本無助於民族之生存發展,唯仿效歐美、實行拿來主義或歐化才是救亡的不二法門,因此,他們對傳統文化的評估、批判,對西方文化急功近利式的理解、介紹,便不能不失之淺隘。而那些試圖保存國粹的孤臣孼子對傳統的翼護更是激情多於學理,同樣失之淺隘。其流弊所及,致使當時文化研究陷入巨大的混亂,論者之立說,往往「絕無依據,亦可隨其一時偶然興會,幾若善博者能呼盧成盧,喝雉成雉之比。」❸❼有感於此,用彤一方面痛陳其弊,鞭笞激進派與守舊派的淺隘,另一方面則力圖重建學術規範,提出「文化之研究乃真理之討論」的著名論點。此種重價值、重真理的新人文主義精神雖有鑽進象牙塔之嫌,卻無疑是新式文化守成主義者在學理上對激進派的功利主義所作出的有力之回應。同時,用彤對甚囂塵上、卻無深刻之建樹的文化研究本身也有獨到的看法。他寫道:「西哲恆言,謂希臘文治之季世,得神經衰弱症(Greek Failure of Nerves)。蓋內則學術崩頹,偷慢懷疑之說興;外則魔教四侵,妖異詭密之神夥。亦以榮衛不良,病菌自盛也。今日中國固有之精神湮滅,飢不擇食,寒不擇衣,聚議紛紛,莫衷一是。所謂文化之研究,實亦衰象之一。」❸❽此論以文化熱為民族之衰象,實大有其真。確實,一個國

❸❻　《魯迅全集》第1卷,第306頁,人民文學出版社,1982年第2版。

❸❼　陳寅恪《金明館叢稿二編》,第248頁。

力強盛、文化深厚的泱泱大國是不會擔心民族文化會消亡的，更不會在外來文化的侵襲面前顯得缺乏自信。只有貧弱之國，或尚未完成卻急於完成現代化的民族才會有此種「聚議紛紛」的文化研究。用彤之感慨一方面既出於對國家現狀的不滿，另一方面則表明他對建樹不多、破壞不少的文化研究實有不屑為之的傾向。這也是他在這一時期只有一篇批評文化研究的文字之根本原因。基於此種傾向，日後的用彤將全部精力都注入對世界三大文明之人文主義傳統、遺產的檢視、紹述、探究和弘揚。

　　《學衡》時期，用彤在《學衡》雜誌上發表了兩篇介紹希臘哲學的譯文，即〈亞里士多德哲學大綱〉、〈希臘之宗教〉。前者譯自英人 Edwim Waddace 所著《亞里士多德哲學大綱》(*Outlines of Philosophy of Aristotle*)，凡九章，全面、系統地介紹了亞里士多德的哲學大旨、事迹及著作、論理學、本質論、自然哲學、心理學、道德哲學、政治哲學、美術哲學。用彤以譯者按的形式對作者的觀點表示贊同，又在《學衡》第十七期首次發表這篇譯文（該文甚長，連載發表）時寫道：「亞里士多德之書，必永為倫理及哲學之最好著手處。」據說，這篇長文是國人第一次系統介紹希臘大哲亞里士多德之思想的文字，由此足見當時倡西學者對西學了解之偏狹、膚淺，更可見用彤譯述工作的迫切性和實在之價值。〈希臘之宗教〉是英人 W. R. Inge 所著《希臘之留傳》(*The Legacy of Greece*) 的第二篇，第一篇由吳宓先期譯載於《學衡》第二十三期，題為〈希臘對於世界將來之價值〉。　用彤之譯此文，蓋在說明希臘文化作為西方文化的源頭之一，實為西方文化之精華、骨髓；欲了解西方文化，

---

❸　以上見《湯用彤學術論文集》，第182頁，中華書局，1983年版。

則需先了解希臘文化。用彤對作者於希臘文化所持之態度無疑是贊同的，茲引述其中若干文字如下：

> 今日者，平民盡力破壞吾人所受於希臘者。其反叛甚烈，進行甚猛，工業革命產生一種新野蠻主義，與舊化斷絕。西歐之歷史繼承，又有第二次失墜之危。今之少年並非未受教育，然所受之教育與歐洲文化之歷史變遷甚少關係。不讀古書，不習聖經，歷史之教授曾無若何之影響。尤其甚者，則無社會遺傳。
> 吾人所論為一種人文之永久規範，其名稱應為希臘。
> 希臘精神警告吾人，須擺脫希臘所留傳表面規矩之不善者。❸❾

如果在譯文中的希臘、西歐後面加上中國及相關的內容，則適足表述用彤之思想。

　　《學衡》時期，用彤在早已選定的印度哲學史、中國佛教史領域裏的研究工作已全面展開，且多所創獲，其造詣已為學界注目。1922年，近代佛學大師歐陽竟無在金陵刻經處的基礎上創辦支那內學院，南京又出現一個復興佛學的中心。據盛正〈歐陽大師漸傳〉（載《內學年刊》）載：「民國11年7月，內學院開學於南京公園路。始講唯識抉擇談，學人雲集。梁啟超且來受業兼旬，張君勱亦負書問學。」研究佛學的用彤自然成為歐陽大師的熱心聽眾之一，錢穆追憶道：「錫予在南京中大時，曾赴歐陽竟無之支那內學院聽佛學，十力、文通皆內學院同時聽講之友。」❹⓿此種受教於大師的

---

❸❾　同上書，第169、181頁。

經驗一定使他對崇佛者的心態有了感性上的體認，更獲知識、學理之增益。未幾，支那內學院增設研究部，用彤被聘為該部導師，與呂澂等人一起指導學生研習佛經。1924年上半年，更兼任內學院巴利文導師，指導文典長阿含游行經演習；同年9月至12月，講授「金七十論解說」及「釋迦時代之外道」兩課，其講義後經整理收入《印度哲學史略》。這一時期，用彤在《學衡》、《內學》、《史學雜誌》上發表了一系列研究印度哲學、中國佛教的論文，計有：〈釋迦時代之外道〉，載《內學》第一輯，《學衡》第三十九期；〈佛教上座部九心輪略釋〉，載《學衡》第二十六期；〈印度哲學之起源〉，《學衡》第三十期；〈南傳念安般經譯解〉，《內學》第四輯；〈讀慧皎「高僧傳」札記〉，《史學雜誌》第二卷第四期。另外，講稿《印度思想史》及《中國佛教史略》業已完成，並有打印件。

綜上所述，《學衡》時期的用彤已漸次深入中、西、印三大文明的哲學、宗教之堂奧，探幽發微。一方面旨在求得對人類文明之源頭的全面、準確之了解，另一方面則以「昌明國粹、融化新知」的為學宗旨踐履新人文主義的文化精神。從而由文化批評轉向以弘揚古典文明為核心的文化建設。這是用彤攀登學術高峰的積累、啟動階段。

另一值得注意的事實是，用彤在《學衡》時期與其批評對象胡適建立了學術上的交流關係。

胡適是一位開風氣之先的自由派學者，他提倡文學革命，一群學生便跟著他推行白話文學。經過一陣主義之戰後，胡適又提倡要多研究些問題，一群學生便在其「整理國故」的口號引導下，進了

---

40 《八十憶雙親·師友雜憶》，第152頁，岳麓書社，1986年版。

研究院。趙元任〈胡適之先生四十正壽賀詩〉對此有一生動的描述：

> 你是提倡整理國故的咯，
> 所以我們都進了研究院；
> 你是提倡白話文學的咯，
> 所以我們就羅羅索索的寫上了一大片。 ❹

稍後，厭惡佛教的胡適又開始研究和尚。1926年，他以「中英庚款委員會」中國方面三位委員之一的身分赴歐洲公幹，藉此機會在倫敦的大英博物館和巴黎的法國國家圖書館查閱了收藏在那裏的大批敦煌寫經卷子，從中找到了禪宗大和尚神會的材料二萬多字，這比他在國內見到的有關材料增加了三十餘倍。歸國後，胡適著手重寫禪宗史，以其新發現證古史之可疑。1928年7月，〈禪學古史考〉脫稿。稍早，胡適在《現代評論》上發表了〈菩提達摩考〉，用彤見此文後，於1928年7月16日致書胡適，希望能見到其〈禪學古史考〉副本，並以用彤1926年冬在天津草就的《中國佛教史略》中論禪宗一章寄贈胡適。用彤在信中還申言「達摩四行非大小乘各種禪觀之說，語氣似婆羅門外道，又似《奧義書》中所說。達摩學說果源於印度何派，甚難斷言也。」

　　胡適當時在上海任中國公學校長，見信後於7月21日覆一長書。胡適在信中稱用彤的「論禪宗一章，大體都很精確，佩服之至」，又稱用彤謂傳法偽史「蓋皆六祖以後禪宗各派相爭之出產品」，與其意見完全相同，並邀請用彤赴上海時參觀他在巴黎、倫敦發現的禪宗爭法統的史料。胡適並未回寄其禪宗史稿本，稱該稿尚未寫定，

---

❹　參見白吉庵《胡適傳》，第295頁，人民出版社，1993年第1版。

大部分須作改動，但他詳細列述了其禪宗史稿的大綱❷。

此為用形與胡適相交之始。這種交往對兩人來說都不無重要性，據鄧廣銘先生在「紀念湯用形先生誕辰百周年學術座談會」上說，胡適之所以沒敢出版其佛教史稿，原因即在於他讀了用形的佛教史論著。而胡適對用形學問的敬佩則為他們兩人此後近二十年的共事合作提供了契機。

七、紅樓歲月

1930 年夏，北京大學文學院用英庚退款、以研究教授（特聘）的名義邀請用形北上。用形之能進入這所最高學府，似應歸因於胡適對其學問的敬佩。這年 1 月，蔣夢麟出任北大校長，堅請胡適為文學院長。在商議校務時，一致同意：對教師的挑選主要看其對學術的貢獻，即以見於著述者為標準。蔣氏又對文、法、理三學院院長說：「辭退舊人，我去做；選聘請人，你們去做。」❸於是，在胡適為文學院遴選的研究教授的名單上出現了用形的名字，全部名單如下：周作人、湯用形、陳受頤、劉復、徐志摩。這些人無疑都是當時一流的學者、專家、詩人。

同年夏，辭離燕京大學教職的錢穆亦受胡適之邀出任文學院副教授，他的《師友雜憶》中有很多關於他與用形兩人在北大情況的資料❹。

---

❷　以上均見《胡適說禪》，第12—15頁，東方出版社，1993年第1版。

❸　同❶，第302頁。

❹　另一說法是，用形於1931年夏出任北大教授，如，據胡適《北京大學五十周年》及錢穆《師友雜憶》似可得出這一結論。

用彤任教於北大（當時校址在沙灘，紅樓為北大之象徵）時，與老母及諸家眷居南池子緞庫胡同三號。錢穆則住在潘佑蓀寓邸，距北大甚遠。一日，用彤專程赴潘寓訪錢穆，未遇。翌日，用彤老母再訪錢穆，謂「錫予寡交遊，閉門獨處，常嫌其孤寂。昨聞其特來此訪錢先生，倘錢先生肯與交遊，解其孤寂，則實吾一家人所欣幸。」自是，錢穆與用彤遂時相往返，其交誼之篤，情同手足。半個世紀後，錢穆還對這段交情仍念念不忘，曾撰專文〈憶錫予〉（收入《燕園論學集》），談往憶舊，激賞用彤之道德文章，表達他對早逝的老友之哀悼，更有生死兩茫茫的哀嘆。

用彤到北大後不久，割其寓所之一部分邀孤居北平的錢穆同住同餐。這時，用彤之老友熊十力、蒙文通亦相繼來北大。蒙文通是由用彤推薦而來北大任教的，他來自開封的河南大學。錢穆載曰：

> 文通初下火車，即來湯宅，在余室，三人暢談，竟夕未寐。曙光既露，而談興猶未盡。三人遂又乘曉赴中央公園進早餐，又別換一處續談。及正午，乃再換一處進午餐而歸，始各就寢。凡歷一通宵又整一上午，至少當二十小時。不憶所談係何，此亦平生唯一暢談也。

當時與用彤過從甚密的計有：錢穆、熊十力、蒙文通、梁漱溟、林宰平。用彤與史學大家陳寅恪亦有往來，或互薦書目，或切磋學理。這些教授在當時都是學界巨子，所談自然離不開學問、時事[45]，而其深入、生動則又無不益於各人之治學。

用彤在北大時，主要為哲學系開設以下課程：哲學概論、歐洲

---

[45] 以上均見《師友雜憶》，第151—154頁。

大陸理性主義、英國經驗主義、中國佛教史、印度哲學。當時乃至今天，在北大哲學系中，像他那樣兼通中西印哲學與宗教的教授可以說是絕無僅有的。

從1935年起，用彤出任哲學系主任，此後至1949年之前，哲學系的工作均由他主持。從這時起，北大哲學系的系風或治學風格可以說是由他一手塑造的。與清華相比，北大哲學系重哲學史和佛教史，輕邏輯，邏輯課程由清華教授金岳霖等人兼任，但似乎引不起學生太大的興趣。他們最感興趣的是哲學史和佛教史，授佛教史的除用彤本人外，還有周叔迦、熊十力等名流教授；哲學史則包括中、西、印三種哲學史。北大哲學系重佛教史、哲學史的系風一直沿襲至今，這是該系的傳統和「家底」。此種傳統的形成及其所達到的一流水平自當歸功於當年的系主任用彤之領導。

從1931年至1937年，是用彤在學術園地裏厚積薄發的黃金時期。這段時間，雖然蔣夢麟、胡適一干人辛苦八個月籌備的「新北大」只享受了兩天的高興（1931年9月17日開學，次日發生「九一八」事件），但由於胡適等在社會上享有非同一般的影響，又打定主意要把北大辦好，努力給北大打一個堅實的基礎，北大的事業在六年的國難中仍獲得了令人驚嘆的發展，教授們的學術水平也水漲船高。用彤在這段時期除完成教學任務、主持系務外，完全沈溺在對中國佛教史的研究之中，其成果亦蔚為可觀，計有，〈唐太宗與佛教〉，發表於《學衡》第七十五期（1931年）；〈竺道生與涅槃學〉，載《國學季刊》三卷一號（1932年）；〈釋道安時代之般若學述略〉，載《哲學論叢》（1932年5月）；〈釋法瑤〉，載《國學季刊》五卷四號（1935年）；〈評唐中期淨土教〉，載1934年3月17日《大公報》；〈王維誠老子化胡說考證審查書〉，載《國學季刊》四卷二號（1934年），

等等。另外還有兩篇在哲學年會上的報告,〈漢魏佛教的兩大系統〉,〈關於「肇論」〉(現存摘要)發表在《哲學評論》第七卷第一、二期上,專文〈四十二章經之版本〉由 J. R. Ware 全文翻譯發表在 *Harvard Journal of Asiatic Studies* 第一卷第一號(1936年)上。從這些論文大致可以見出,用彤當時治佛教史的範圍已覆蓋了從漢代至隋唐一千多年的佛教史,而且兼涉中國道教史。

用彤之治佛教史,不唯平章華梵,考鏡源流,「疏尋往古思想之脈絡,宗派之變遷」,平情立言,更能廣泛關注國際學術界的研究成果,檢視其缺失。在他之前,國人對佛教史的研究多受日人影響,幾至亦步亦趨,陳寅恪所謂「群趨東土受國史」的感慨蓋亦適合佛教史領域。用彤一方面注意日本人的研究成果,另一方面則能以其深厚的學養,客觀公正地指出日本學者的弱點、失誤。1937年夏,常於酷暑中卜居於廬山大林峰的用彤再次登臨匡廬,此行之目的仍在消暑讀書,但心情則大為不同:「時當喪亂,猶孜孜於自學。結廬仙境,緬懷往哲,真自愧無地也。」[46] 國難當頭,用彤心情之抑鬱憤懣自可想見,但其矢志於民族文化之建設的決心則未嘗稍懈。乃集《大林書評》,收入此前評日人專著的書評共六種。篇幅雖小,卻字字千鈞,後來引起日本學者的高度重視和敬佩。

當然,這一時期對用彤本人乃至中國學術界來說,最大的幸事是,經過十幾年的辛勤耕耘,用彤終於將經過多次修改的積年講義《漢魏兩晉南北朝佛教史》作了最後的整理、修訂,而其《隋唐佛教史稿》雖然尚未定稿,但也有了北大鉛印本。《漢魏兩晉南北朝佛教史》是用彤的傳世名作,用彤撰此書真可謂嘔心瀝血,「為伊消

---

[46] 見《湯用彤學術論文集》,第36頁。

得人憔悴」。而我們之得知此書定稿於1937年，則要歸功於胡適先生留在大陸的日記。茲不厭其煩，摘錄如下：

> 一月十七日
> 讀湯錫予的《漢魏兩晉南北朝佛教史》稿本第一冊。全日為他校閱。
> 此書極好。錫予與陳寅恪為今日治此學最勤的，又最有成績的。錫予的訓練極精，工具也好，方法又細密，故此書為最有權威之作。
> 我校讀完，為他寫一信介紹給雲五先生（即商務印書館館長王雲五——引者按）。又寫一信給錫予。他不主張佛教從海道來之說，我以為此說亦未可完全抹殺。……
> 一月十八日
> 到北大，與湯錫予先生暢談。他自認膽小，只能作小心的求證，不能作大膽的假設。這是謙詞。錫予的書極小心，處處注重證據，無證據之說雖有理亦不敢用。這是最可效法的態度。
> 四月五日
> 晚上校讀湯錫予的《漢魏兩晉南北朝佛教史》稿。

四月六日、四月二十日，胡適又斷斷續續校讀該書第二冊❹。多年來整理國故的成就，還有乾嘉之學的功底及研究和尚的經歷，使胡適的眼光非同一般。他對用彤傳世名作的高度評價，如稱該書「為

---

❹ 見《胡適的日記》下冊，第526—527、552、555頁，中華書局，1985年版。

最有權威之作」； 對用形治學方法的激賞，如稱其「訓練極精，工具也好，方法又細密。」 自然都是行家的肺腑之言，良非虛語也。此後學術界對該書的反應驗證了胡適的判斷。胡適樂於助人的「菩薩心腸」則使用形的「權威之作」得以在抗戰軍興時由商務印書館公之於眾，為抗戰時期的民族文化建設立起了一座豐碑。

八、顛連南渡寫新章

「七・七」蘆溝橋事變後，日本侵略者的鐵蹄開始在華北大地上任意蹂躪踐踏，抗日戰爭全面爆發。北大決定南遷，昔有王朝、氏族之南渡，大學南渡，此為中國歷史上第一次。

當時南下的大學教授大概都可寫一部《南渡記》， 各人的《南渡記》又大概都會充滿背井離鄉的亡國之恨（馮友蘭在《三松堂自序》中坦承當時有「喪家之狗」的感慨）， 也有顛沛流離的悲苦之情，更有堅定者的振奮與苦鬥，偶爾還會有仁者智者的山水之樂。用形的南渡歷程亦非一個苦字了得。

用形是在1937年的雙十節後離開北平的，同行的有摯友錢穆及賀麟。由於京漢路已經不通，一行三人先到天津，遇老友吳宓、陳寅恪。吳、陳沿陸路南下，用形一行則海行至香港，然後北上廣州，再奔長沙。至長沙前，適逢大轟炸，一家正行婚禮，飛來橫禍使其家破人亡，屍體尚掛在樹端，其狀慘不忍睹。

一行人到達長沙時，方知教育部已有命令，督北大、清華、南開聯合成立長沙臨時大學。「以原來三校的校長為常務委員，主持校務，把長沙臨時大學組織起來，就三校原來的院長、系主任選出臨時大學的院長、系主任，以北大文學院長胡適為文學院長，

以北大哲學系主任湯用彤為哲學系主任。」❽因校舍問題，臨大文
學院已設在長沙以南一百多里的南岳市。用彤一行在長沙宿三宵後，
赴長沙車站候車南下，自午後至深夜，才有機會登上火車。翌日在
衡州下車午飯，雖飢渴難忍，但湖南的辣菜又使他們難以下咽。

　　臨大文學院設在南岳山腰聖經書院舊址。教師們同住一樓，大
都兩人擁居一室。當時同處的有馮友蘭、錢穆、吳宓、聞一多、沈
有鼎等人。外面兵荒馬亂，南岳卻還不失清靜。入夜，這些教授們
各置一燈，馮友蘭在寫他的《新理學》，聞一多在發《楚辭》之微，
吳宓則忙於準備次日的教案。在這種艱難而又濃厚的學術氛圍中，
用彤更是筆耕不已。1938年元旦，用彤在南岳擲鉢峰下，為《漢魏
兩晉南北朝佛教史》作最後的定稿，並為之撰跋，交由商務印書館
印行。這是抗戰的頭一年裏，中國學者奉獻出的最寶貴精神食糧之
一。據說該書之恢弘的文化氣度、胸懷，精審的考證結論，還有對
佛教變遷之迹的全面、系統之疏尋，很快便使日本學者受到巨大的
震動。其威力大概在於使東土學者得到警醒：這個民族和她的文化
是滅亡不了的。該書在國內學術界也是有口皆碑，賀麟在分析其意
義時，說該書「還可以提供民族文化不致淪亡斷絕的新保證。」❾
此論實非溢美之辭。至若彼時用彤之心情，則可見諸他在元旦那天
撰寫的跋文：「十餘年來，教學南北，嘗以中國佛教史授學者。
講義積年，匯成卷帙。自知……陳述膚淺，詳略失序，百無一當。
惟今值國變，戎馬生郊。乃以其一部勉付梓人。非謂考證之學可
濟時艱。然敝帚自珍，願以多年研究作一結束。惟冀他日國勢昌
隆，海內乂安，學者由讀此編，而於中國佛教史繼續述作。」這裏，

❽　馮友蘭《三松堂自序》，第98—99頁，三聯書店，1984年版。

❾　賀麟《五十年來的中國哲學》，第23頁，遼寧教育出版社，1989年版。

既有〈哀江南〉中的哀惋悲愁，更有對他日國勢的樂觀信念；既有
醇然儒者的自謙，更有對未來民族文化的殷殷厚望。以用彤治學之
嚴謹細密，如果不是因為適值國變，他也許還會將這部書稿置於書
案，再作精雕細琢。然而，這部在國難中問世的巨著決非只有振奮
一時之民族精神的短暫價值，半個多世紀以來，它一直被視作「價
值至高之工具和導引」，被視為「中國佛教研究中最寶貴的研究
成果」❺。真可謂歷久彌醇，具有永久性的學術生命力。

　　1938年3、4月間，臨大開始向昆明「轉進」。部分教授坐火車
赴廣州、香港，海行至越南，再由河內入滇。用彤則加入了步行的
大行列，同行的還有馮友蘭、錢穆、朱自清、陳岱孫等人，還有學
生中的大部分。這一行人由廣西政府分兩車載往桂林，再分水陸兩
路到達陽朔。由桂林至陽朔，途中山水甲天下，諸位教授的悲鬱不
歡與山水之樂交集一起。到陽朔後，再捨舟登陸，坐車向南寧進發，
再向邊境鎮南關駛去。然後進入越南境內，從河內轉往昆明。這一
路的顛簸勞頓，實在難以言宣。

　　用彤初到昆明時，與吳宓、賀麟等人住在聯大教師集中的迤西、
全蜀兩會館後院樓下大廳。因西南聯大文學院設在雲南蒙自（舊日
法租界），用彤一行又輾轉至蒙自。這片舊日法租界已顯荒涼，只
有一對希臘老夫婦在此開設一旅館，守此終老。諸教授均寓居旅館
之中，兩人一間。一日，北大校長蔣夢麟自昆明來，北大師生集會
歡迎。諸教授連續登臺言聯大種種不公平，乃有舉用彤為聯大文學
院長之動議，最後以顧全大局之決議散會。

---

❺　分別見E. Zürcher, *The Buddhist Conquest of China*, 1959年版序；平
　　川彰（日）《印度、中國、日本佛教通史》，第164頁，春秋社，1977
　　年5月版。

　　未幾，昆明方面已為文學院物色到校舍，諸教授乃陸續自蒙自返昆明。時值暑假，錢穆喜山水之樂，遂赴宜良山得山水之助，閉門撰述。用彤與賀麟也愛蒙自環境幽靜佳妙，乃留蒙自獲數月流連清靜，讀書著文，其樂不小。中有佚事，亦足見這群書生教授之可愛。當時同在蒙自的還有吳宓、沈有鼎等人，借居舊時法國醫院，據說是座鬧鬼的凶宅，又聞會有空襲。沈有鼎自言能占易，乃將眾人命運托付給筮草。占得節卦九二爻，辭曰：「不出門庭，凶。」眾大驚。於是決定每日晨起，早餐後出門，擇野外林石勝處，各出所攜之書而讀。中午進乾糧，下午四時始歸。如此經旬，雖時時擔心空襲，有性命之虞，然亦感健身怡情，得未曾有。暑假結束前幾日，用彤一行人乃返回昆明。昆明最大的威脅是空襲，鑽防空洞便成了教授們的功課之一。

　　1939年暑期，用彤與錢穆同行赴上海，迎接從北平南下的家眷，準備攜往昆明。離滬後曾偕錢穆訪其故里蘇州。後因錢穆留蘇州侍奉老母，用彤便赴上海接眷屬返昆明。據錢穆回憶，在兩人自昆明赴上海的旅途中，用彤曾勸錢穆旁治佛學。錢穆以「讀佛藏如入大海」而婉拒之；用彤又勸其習英文，且代其選購書目，錢穆從之❺❶。

　　用彤接家眷至昆明後，滿以為可享天倫之樂。然天不遂人願，不久之後，營養不良和醫藥匱乏奪去了長子一雄、愛女一平年輕的生命。老年喪子，其悲何以已！用彤身心均遭劇創，其兩裏苦愁豈一套〈哀江南〉能唱盡？

　　用彤南渡後蒙受的另一損失則是研究資料的遺失，兩大箱《大藏經》在北平至昆明的運輸途中杳如黃鶴。因此，當錢穆勸他繼《漢

---

❺❶　以上經歷據下述著作綜合撮要而成：錢穆《師友雜憶》，馮友蘭《三松堂自序》，吳學昭《吳宓與陳寅恪》。

魏兩晉南北朝佛教史》之後，「賡續此下隋唐天台、禪、華嚴中國
人所自創之佛學三大宗」時，用彤的回答是：「獲成前稿，精力已
瘁，此下艱巨，無力再任。」這裏的「艱巨」，既有生活之顛連，
亦指資料匱乏之限制。

　　但用彤並未放棄學術研究。南渡後，用彤移其注意於魏晉玄學。
昔有道人支愍度（晉時沙門）始欲過江，與一傖道人為侶，傖人告
訴愍度：「用舊義往江東，恐不辨得食。」支愍度遂立心無義❷。
故陳寅恪南渡後有詩云：「過江愍度飢難救。」但用彤之治玄學決非
「權救飢爾」，而是出於他對玄遠之學的深契妙悟。南渡前，用彤
對玄學已深有所得，1937年，當他得幼子時，便以「一玄」為之命
名，以資紀念。南渡後，用彤厚積薄發，幾年內，撰寫發表了一系
列研究玄學的論文。計有：〈讀〈人物志〉〉，昆明《益世報》讀書
雙周刊第一一九至一二一期，1939年；〈魏晉玄學研究兩篇：魏晉
玄學流別略論・向郭義之莊周與孔子〉，《國立北京大學四十周年紀
念論文集》，1940年；〈王弼大衍義略釋〉，《清華學報》第十三卷第
二期，1942年；〈王弼聖人有情義〉，《學術季刊》第一卷第三期，
〈王弼之「周易」・「論語」新義〉，《圖書季刊》新四卷一、二合
刊，1943年。此外，在聯大所授魏晉玄學一課中，他還講授過玄學
與政治理論、玄學與文藝理論等專題，只是未整理成文章。這些文
章後來整理為《魏晉玄學論稿》，雖與他計劃在抗戰初期撰寫的《魏
晉玄學》一書還有些差距，但此《論稿》已較系統而又十分深刻地
揭示了魏晉玄學發展演變的基本脈絡及其哲學意蘊。此《論稿》與
《漢魏兩晉南北朝佛教史》可謂用彤學術成果中的雙璧，至今仍為

---

❷　見《世說新語・假譎》。

權威之作。

1945年，用彤將《印度哲學史略》一書交由重慶獨立出版社印行。該書是在積年講義的基礎上整理成書的，是我國第一部系統研究、介紹印度哲學的傳世名作，其所用資料、所作分析均有西方學者所不及者。

與此同時，用彤在全面研究中、西、印三大哲學的厚實學養的基礎上，尤其通過對中印文化交流史的總結，運用文化人類學理論，對文化移植問題作了深入的思考和探究，總結出一些帶有規律性的結論。這就是他在《學術季刊》（1943年）上發表的〈文化思想之衝突與調和〉，用彤撰此文之目的乃在於借古鑒今，為一片西化聲中的中國文化學術界提供一帖清醒劑。

抗戰時期，也是用彤的學術地位臻於巔峰的階段。他的《漢魏兩晉南北朝佛教史》與陳寅恪的《唐代政治史述論稿》同獲教育部抗戰時期學術研究一等獎。1942年，他又與陳寅恪、吳宓等人同列第一批教育部部聘教授。這無疑是學術界對其「價值至高」之研究成果的高度贊賞。

不過，用彤畢竟是一位超然物外，獨化於玄冥之境的醇然大儒，他對功名之淡泊是有目共睹的。惟其如此，他才能保持作為知識分子的獨立人格，與政治保持著知識分子的距離。據他的學生說，用彤曾不止一次申述過下述觀點：「一種哲學被統治者賞識了，可以風行一時，可就沒有學術價值了。還是那些自甘寂寞的人作出了貢獻，對後世有影響。至少，看中國史，歷代都是如此。」用彤每每發言玄遠，口不臧否人物，但有時對「學得文武藝，賣與帝王家」的文人之舉卻頗有微詞。這無疑是其以真理為目標的學術精神在生活中的彰顯。

　　聯大時期，用彤強忍失子之哀痛，一方面著書立說，辛勤耕耘；另一方面則堅持教書育人，培養了一批骨幹研究人才。王明在他的指導下，系統研究道教，常置身於數百函《道藏》中，勤讀不已。後來，王明經過多年研究，整理出版了《太平經合校》，其校訂之精神，考證之縝密，無不令人心折，成為研究道教者不可或缺的重要資料。這與嚴師用彤的指導不無關係。用彤還為聯大學生開設了印度哲學史、魏晉玄學、歐洲大陸理性主義等課程。他的學生馮契寫道：「他一個人能開設世界三大哲學傳統（中、印和西方）的課程，並且都是高質量的，學識如此淵博，真令人敬佩！……他講課時視野寬廣，從容不迫。資料翔實而不煩瑣，理論上又能融會貫通，時而作中外哲學的比較，毫無痕迹；在層層深入的講解中，新穎的獨到見解自然而然地提出來了，並得到了論證，於是使你欣賞到理論的美，嘗到了思辨的樂趣。所以，聽他的課真是一種享受。」他的一些學生至今還保存著當年聽課時的筆記，以之為珍藏。

　　在治學方面，用彤對學生的言傳身教無不給他們留下深刻的印象。馮契在讀一流大哲的著作時，曾碰到「能入難出」的問題。在學習大乘空宗著作時，用彤指點他先習「三論」、《大般若經》第十六分，再回頭讀《肇論》。用彤過一段時間後問其學習體會，馮答：「僧肇把般若經的精華都概括出來了。」用彤則說：「中國人天分高，印度人說了那麼多，也就是《肇論》那麼些思想。」馮契於是深悟「能入能出」之意，因為僧肇就是一個能入又能出的典型[53]。

　　聯大時期，用彤還擔任北大文科研究所所長一職。他不負眾望，

<hr>

[53]　以上均見馮契〈憶在昆明從湯先生受教的日子〉，載《國故新知》，第37—40頁。

為抗戰時期保持北大「自由研究精神」於不墜，為文科的學科規劃和建設費盡苦心，貢獻良多。關於這一點，可以從他寫給遠在美國的胡適的幾封信函中略見一斑。1940年12月17日，適逢駐美大使胡適五十大壽，用彤率姚從吾、羅常培、鄭天挺致書胡適以示祝賀。更以大量篇幅闡述其辦學方針及意欲採取的一些措施。用彤認為：世界著名大學必須有特殊之精神及其在學術上之貢獻。如果一所大學精神腐化，學術上了無長處，則實失其存在之價值。北大自蔡先生（按指蔡元培）長校以來，即獎勵自由研究，其精神與國內學府頗不相同，而教師、學生在學術文化上之地位與貢獻亦頗不無後人。但自南遷以來，北大之精神物質均受巨大之損害，學校雖幸而存在，但所留存者不過是一些老卒殘兵。如不及時振奮，恐昔日之光輝必將永為落照。用彤對民族前途充滿樂觀的信念，相信國家厄運似終止有期，北大應可重返舊京。因此，他高瞻遠矚地指出：應在事前為北大之前途預為籌備。鑒於北大文科研究所過去頗負名聲，聯大時期更為北大唯一的自辦事業，要想重振北大文學院，並為復校以後預備，顯然應該從充實文科研究所著手，用彤提出了以下幾條充實途徑：

　　1.設法使大學本科文學院教師與研究所融合為一，促進其研究之興趣，學校多給以便利，期其所學早有具體之表現。

　　2.聘請國內學者充研究所專任導師，除自行研究外，負指導學生之責。如此則學生受教親切，成績應更優良。而北大復校後教師實須增加，文科研究所現聘導師亦即為將來預備。

　　3.在現狀之下酌量舉辦少數之學術事業，如重要典籍之校訂，古昔名著之輯佚，敦煌附近文物之複查，藏漢系語言之調查，等等。

　　4.學校書籍缺乏，學生程度亦較低落，研究所學生應令其先讀

基本書籍，再作專題研究。而優良學生於畢業後，學校應為之謀繼續深造之機會❺。

從這封長信中可以看出，聯大時期，用彤實際上成為北大文學院、文科研究所的主導人物（傅斯年常赴重慶，且久不歸）。在北大文科圖籍淪陷，舊人頗見星散的困難條件下，用彤為重振北大，謀其光明之前途，可謂運籌帷幄，殫精竭慮。而他對北大「自由研究之精神」的堅執，則尤可見出其辦學治學之宗旨。

用彤之治文科研究所固重「自由研究之精神」，更以學術上之建樹為立所立校之本。1943年，用彤再次致書胡適，為求建樹，籌募經費，極望胡適予以援助。並列數向達在敦煌考察之成就及困難，力請胡適為西北調查所籌款。1945年9月6日，北大復校在即，用彤欣聞胡適將歸國出任北大校長，乃致書請其在國外羅致人才，為北大加入新血脈。又稱：「今後國家大事惟在教育，而教育之基礎，尤在領導者具偉大崇高之人格。」❺

近一個世紀以來，正是由於蔡元培、胡適、湯用彤等大師級的學者努力維持、弘揚北大特有的「自由精神」，並力謀學術之建樹，才使北大在世界上享有崇高的地位。一旦缺乏大師級的學者、教授，而長校者又不學無術，或志趣卑近，又無不偏不黨、兼容並包的氣度，則昔日之光輝只能成為可資誇耀的落照。歷史將會證明用彤教育思想中的真知灼見。

九、遲暮多病獻「涓埃」

---

❺ 見《胡適來往書信選》中冊，第502—504頁，中華書局，1979年版。

❺ 同上書，分別見中冊，第553—554頁；下冊，第33—34頁。

用彤1945年9月致書胡適時，北大已有復校之議。從信中得知，此時胡適雖已被任命為北大校長，但因健康原因尚需在美國逗留數月。其間校長之職暫由傅斯年代理。

1946年暑假期間，北大復員。7月，用彤經重慶返北平。7月29日，用彤與傅斯年、鄭天挺等人赴機場迎接校長胡適。胡適下機伊始，向記者宣稱：中國民主有了進步，新文學和婦女解放有了進步。原來堅決反對白話文的胡先驌，近來為報紙寫論文居然也用上了十句白話，這是他歸國後的第一件最痛快的事❺❻。胡先驌乃用彤參加《學衡》派時的同志、老友，用彤聽了這席話後作何感想，我們自然不得而知。有趣的是，二十餘年來，用彤一直堅持以文言寫作，幾部傳世名作中幾無白話文，可見他一直均未為胡適之大倡白話文所動。而胡適卻稱其佛教史論著為「最有權威之作」。由此可見用彤之「不激不隨，不偏不黨」的為學宗旨，亦可見北大自由精神之盛。

用彤在胡適到任後即被任命為北大文學院長。文學院下設六系：中文系、史學系、哲學系、教育系、西語系、東語系。其中有些教授如向達、鄭昕、陳康都是用彤的高足，季羨林之業師為陳寅恪，但也做過用彤的「學生教授」或「教授學生」。

10月10日，北大在舊址沙灘開學。這期間，校長胡適忙於各種應酬，常赴南京出席一些連他本人也不願意參加的會議。校務多由傅斯年與用彤協理。聖誕節前夕，即1946年12月24日，北大女生沈崇遭美國士兵皮爾遜強暴，由此引起聲勢浩大的抗暴運動。胡適這時正在南京開會，曾多次致電傅、湯，告其處理意見，後經用彤等

---

❺❻　白吉庵《胡適傳》，第419頁。

人多次電催才回北平親自處理此事。

　　繁重的校務使用彤常有身心疲憊之感，但他仍堅持為哲學系開設了魏晉玄學、英國經驗主義、歐洲大陸理性主義、印度哲學史四門課程。他的學生張豈之回憶道：

> 大約是1947年春天，湯先生剛結束魏晉玄學的講課，立即開出「英國經驗主義」。上第一課的情景，至今歷歷在目。湯先生衣著樸素，一頭短短的銀髮，用低沈有力的聲調對學生們說，他之所以要開經驗主義和理性主義，是想讓學生們知道，學習和研究中國哲學史，必須懂得外國哲學史。……有了這樣的基礎，再研究中國哲學史，思路才打得開，才能開創出新局面。❺❼

用彤治學能會通中外，且不露斧鑿之痕。其論著之獨闢蹊徑，見解深刻，均得力於此種功力。他對學生的要求和言教，至今仍使他們受益匪淺。

　　1947年，用彤應加州大學伯克利分校之邀赴美講學，所授課程為「漢隋思想史」（The History of Chinese Thought from Han to Sui Dynasty），英文講義保存至今。講稿中有些內容頗為新穎，如稱三世紀至六世紀是中國的啟蒙時代，其思想成就乃在於「人的發現」，等等，可以說是用彤對多年來的研究成果最自由的理論總結和闡發，且立論有據，資料翔實。此課講授一年而畢，1948年夏，用彤又接到哥倫比亞大學的講學邀請。彼時中國內戰正酣，用彤理當繼續講學，靜候其變，但他卻婉拒哥大之請，毅然歸國。王粲〈登樓賦〉

---

❺❼　《燕園論學集》，第67－68頁。

言：「雖信美而非吾土兮，夫胡可以久留？」用彤之心情，蓋與此相類矣。

用彤抵達上海後，曾赴無錫訪錢穆。當時中央研究院已遷往南京，有意聘用彤任職，用彤不欲往，遂返北平。錢穆嘆曰：不意時局遽變，初謂一時小別，乃竟成永訣。……回念老友追想何極。

1948年年底，解放軍包圍北平。12月15日下午，胡適乘飛機離開北平，行前致便函於用彤、鄭天挺：「今日及下午連接政府幾個電報要我即南去。我就毫無準備地走了。一切事只好拜託你們幾位同事維持。我雖在遠，決不忘掉北大。」❺⑧未幾，國民黨政府派飛機至北平接人，胡適且電促用彤南下。在去留之間，用彤毅然選擇了留。用彤本為一不問政治的玄遠之士，獨立不倚，不激不隨，雖與胡適交誼甚篤，且曾合作共理北大，卻難以在去留之間隨從胡適。對北大的深愛，對這片學術聖地的依戀也是促其留下的原因之一。

胡適離開北大後，北大教授通過選舉成立了校務委員會，用彤被推舉為校務委員會主席，行使校長之職。解放軍進城後，對各大學採取「接而不管」的方針，用彤擔任主席直至1951年，其後至1964年病逝，一直擔任北大副校長。用彤之受此用，與他在北大師生中的威望及在學術界的地位不無關連。像他那樣寬厚溫和的粹然碩儒，在一個不至顛倒瘋狂的社會裏，大概是不會被人遺忘的。他的學生任繼愈曾作一假設，如果他活到文化大革命期間，恐怕也會在劫難逃。因此，在痛惜他去世過早之餘（享年七十一歲），又不無另一番滋味。

---

❺⑧　同❺⑥，第453頁。

　　用彤死於腦溢血，患此病又與胡適有關。據張岱年回憶說：1954年，開始發動批判胡適的運動。一天，科學院社會科學部召開了批胡的預備會議，北大由用彤、鄭昕、張岱年參加。那次會是晚上開的，用彤作了發言。會後三人同車回校，一路上，用彤話語很多。下車後，鄭昕猜測乃師情況不對，可能是病了。果然，用彤次晨就患了偏癱之疾，經檢查是腦血管有破裂處❺。此後昏迷近一月，經全力搶救而脫險，但健康狀況自然不及以前，十年後復發時便難以再癒了。

　　現在大陸學術界已能客觀評價胡適在現代思想、學術上的地位和作用及其功過是非了。我們不應苛責五十年代知識分子的偏激，我們只想說明一點：那時批胡的一些知識分子大概心情不會很簡單，用彤或許會有一些難言之隱，批胡後突患腦溢血，大概也就僅此一例了。

　　1957年，在「百花齊放」的運動中，用彤也站出來說了一些真話。5月17日，在中國科學院學部委員會第二次全體會議上，用彤作為學部委員在大會上作了發言。他批評了社會科學界的領導對一些老專家如蒙文通、鍾泰、景昌極等人不了解、不重用的官僚主義現象，一些老學者竟不得不去教中學，或在紗廠做工人，用彤對此頗為不滿，主張量才而用之。他還從學科建設出發，倡導整理、出版一些重要文化典籍如《道藏》、《太平御覽》、《大藏經》。他說，封建王朝尚且有能力印出《四部叢刊》、《四部備要》等成套叢書，新政府也應該能印出比那些更有用的叢書來。他還反對學術機構對外閉關，對多年來得不到國外學者的新書感到不滿。他主張恢復教

---

❺　《國故新知》，第41頁。

授休假制度，派他們到國外去考察研究，加強與國外文化、學術界的交流和聯繫。他的發言牢騷不少，建設性的意見也不少。從中可以看出他始終關注著民族文化、學術的建設，對妨礙此一大業的現象，他是敢於批評的。

未幾，「反右」鬥爭開始。用彤的兒媳、次子一介之妻、北大中文系教師樂黛雲被劃為右派，下鄉勞動洗腦筋。家中氣氛之抑鬱可想而知，用彤對此大概只能徒喚奈何了。

用彤的學術成就主要成於五十年代以前。1949年之後，必須學習新理論、換腦筋，學術研究只得暫告停頓；又加上擔任副校長一職，也就不能再給學生上課了。1954年大病之後，精力不濟，即使有心做學問，也不可能像以前那樣再創新的名山事業了。從1949年到1960年十餘年間，沒能發表一篇新作。只是在1957年的「百家爭鳴」運動之中，應一些學者之請，才將此前發表的一些關於魏晉玄學方面的論文予以整理，結集出版，名為《魏晉玄學論稿》。《漢魏兩晉南北朝佛教史》、《印度哲學史略》分別於1955年、1960年由中華書局再版。

從1960年開始，用彤又試著做了一些研究工作。先後發表了〈康復札記四則〉、〈關於慧深〉、〈讀《道藏》札記〉、〈從一切道經說到武則天〉、〈論中國佛教無「十宗」〉及〈中國佛教宗派補論〉。其中後兩篇論文可算得上長篇大論，僅搜集資料就費時兩年，又用了半年時間由同事李長霖相助，才最後寫成。

與此同時，用彤還盡其所能地做了一些資料整理工作，如《高僧傳校注》（已於1992年出版），《漢文印度哲學史資料匯編》（即將由商務印書館出版），《漢文印度佛教史資料選編》（尚未整理完畢）。

據用彤哲嗣一介統計，他一生的讀書札記有六十八本，還有大

量未刊稿。八十年代以來，已整理出版的有：《魏晉玄學與文學理論》、《隋唐佛教史稿》、《五代宋元明佛教事略》等。筆者認為，他在加州大學伯克利分校的英文講義極有價值，如能整理出版，必能受到歡迎。

1963年夏天開始，用彤得以在病床上培養青年學生，許抗生（現北大教授）等有幸執弟子禮、親受其教。每次上完課後，用彤健康狀況立刻下降，常有低燒來襲，但他仍樂此不疲。未想不到一年，用彤竟作長逝！

「雖將遲暮供多病，還必涓埃答聖民。」這是用彤在1962年3月初體檢之後改唐詩二句而作的座右銘，真可謂為民族文化的建設鞠躬盡瘁，死而後已！而他的不朽名作和眾多的學生在今天的文化建設中也正發揮著不容忽視的作用。

十、「柳下惠聖之和者」

用彤的學問令人心折，而其人格魅力亦令眾人傾倒，其寬厚溫和，德量汪汪，真可謂有口皆碑。

作為一名新人文主義的學術大師，用彤喜從往聖古哲的前言往行中求取立身行己之大端。其治學固重才性、重知識之培育與增益，更重道德之涵養。清華時期，他就曾立論認為，無道德者難以為名山事業，畢業時，吳宓曾稱美他「喜慍不輕觸發，德量汪汪，風概類黃叔度……交久益醇，令人心醉，故最投機」。二十出頭的青年學子就有如此「令人心醉」的精神風貌，不能不令人驚異。

三十年代，用彤出任北大教授後，常相往來者有熊十力、梁漱溟、蒙文通、錢穆、林宰平等人。當時熊十力對於乃師歐陽竟無唯

識新論有不同意見，嘗撰文駁斥。每聚首，蒙文通必於此與熊十力啟爭端，喋喋辯不休。兩人又從佛學牽涉到宋明理學，遇其發揮已盡，錢穆或偶加一二調和之語。論學問，用彤對佛學應最為專家，於理學亦深有所得，但每次爭論中，他總是沈默不發一語。絕不可因此而謂其無學問，亦絕不可因此而謂其無思想，性喜不爭使然也。

用彤的同鄉熊十力是一位思想博大恢宏的當代鴻儒，其人亦如其文，天地間獨來獨往，有楚地狂才之譽。而用彤卻迴然不同，其人性至和。既不傲岸驕世，玩世不恭，亦非擅交際能應世者，一切均率性而為，聽任自然，而又從心所欲不逾矩。在他身上，為人與為學，始終融凝如一，既不露少許時髦之學者風度，亦不留絲毫守舊之士大夫積習。與時而化，獨立而不倚，極高明而道中庸。故錢穆譽之為柳下惠聖之和者。但用彤雖為人和氣一團，卻絕非一無原則之鄉愿❻。在文化、學術原則上，他從來都是不激不隨的，既不妥協，也不以此而與人激爭，只是在默默中堅執，此種無言的力量常常令人莫測其高深。

用彤與胡適的交往最足稱道。早在留美時期，胡適就曾與梅光迪就文學革命問題發生過激烈爭論。那時用彤與梅光迪、吳宓思想契合，後來三人又成為《學衡》派的核心，以文化守成主義向激進派挑戰，並以切實的學術研究昌明國粹。當時很多學者往往因學派的對壘、思想的紛歧而導致人際關係上的緊張，一涉及學問、一涉及思想，則不能與人無爭，甚且交絕而出惡語，漫罵攻擊比比皆是。而用彤自任教於北大以後，卻與胡適愉快相處，共事過很長一段時間，原因蓋亦在於用彤有意於致中和、性情平和寬厚。前引《胡適

---

❻　以上參見錢穆〈憶錫予〉。

的日記》中有一段生動的記述，可以說明他們兩人為什麼能求同存異，和樂相處。1937年1月17日，胡適為用彤校讀《漢魏兩晉南北朝佛教史》稿本，次日到北大與用彤暢談。胡適一直倡導「大膽假設、小心求證」，用彤的治學風格與此迥異，自然不敢苟同。但他在談話中卻不以爭個優長劣短的口氣相逼，而只是說自己膽小，只能作小心求證，不敢作大膽假設。胡適對此自然很敏感，但在日記中由衷地承認這是用彤的謙詞，而且不得不承認用彤的治學態度最可效法。胡適是個西化論者，用彤在文化觀上卻是個溫和的守成主義者，主張從各民族的文化傳統中擷精立極，融會而成新文化。但在與胡適的交談中，他同樣是以協商的溫和口氣闡述自己的文化觀，他對胡適說：「頗有一個私見，就是不願意說什麼好東西都是從外國來的。」胡適也很機智，針對用彤研究印度佛教成就斐然，乃以調侃的口氣說道：「我也有一個私見，就是說什麼壞東西都是從印度來的。」於是二人大笑，這一笑意味太深長了，它不僅泯除了因思想不同而可能引起的紛爭與不和，更使其在一笑之中堅持了自己的思想宗旨。《學衡》雜誌所謂「不激不隨、不偏不黨」的為學宗旨盡可見於用彤的大笑之中。用彤之為人能如此臻於至德，自然會博得同事的信任、尊重，他在激進派占統治地位的北大，能被推為哲學系主任、文科研究所所長、文學院長、校務委員會主席，既說明北大自由精神甚盛，也說明他在自由的氛圍中贏得了同事的充分信賴和由衷的愛戴。

1949年之後，凡與用彤共事的人也無不嘆服這位「忠厚長者」的人格魅力。此種人格魅力在他去世後，甚至在瘋狂的文革時期還曾散發出震懾人心的偉力。據其幼子一玄回憶說，文革中曾有一支紅衛兵隊伍闖入燕南園的湯宅，正欲盡抄其書而毀之，以示與「封

資修」不共戴天的鬥爭精神。忽有一紅衛兵頭目進書房勸阻說:「這是湯先生的書, 湯先生可是個大好人。」說罷在書架上貼上封條, 用彤之書竟由此而得保全, 這在文革中可是件罕見的新鮮事。真可謂積善人家有餘慶。用彤一生文章道德兼長備美, 其力量竟能在其辭世幾年後平息一群紅衛兵的衝動莽撞, 其在天之靈, 亦當慈悲含笑矣。

第二章 文化思想

作為《學衡》派成員中成就最卓著的學術大師之一，用彤在佛教史、魏晉玄學、印度哲學等領域裏取得的成果至今仍是學者們必須攀登而又難以逾越的關隘。然而，值得我們注意的是，用彤之所以選擇以上學術領域並取得了舉世矚目的成就，都與他的文化思想或觀念密不可分。他的學術事業既來源於又體現著這些文化思想。本章之目的即在於對其文化思想作一比較系統的考察和評析，以示這位哲人的學術實踐與其文化思想之密切關係及其文化思想的變遷之跡。

一、從「幼承庭訓」到「理學救國」

在《漢魏兩晉南北朝佛教史》一書的〈跋〉中，用彤自稱「幼承庭訓，早覽乙部」，自幼即養成了對史學的濃厚興趣。1911年，他進入清華學校，接受了七、八年的新式教育。清華的新式教育與眾不同之處在於它基本上是洋化教育。在這樣一種洋化氛圍中，用彤卻養成了一種特立獨行的學習風格。一方面，他認真學習包括心理學在內的西式課程，並以在《清華週刊》上發表文章的方式吸收、消化這些新知識，表現出他對新知如飢似渴的探求精神。另一方面，

他開始「寄心於玄遠之學，居恆愛讀內典」❶，並與吳宓、聞一多等人積極參加清華國文特別班的活動，研習國文典籍。他還曾與吳宓等人組建了「天人學會」，立志「融合新舊，擷精立極，造成一種學說，以影響社會，改良群治。」❷

用彤在清華求學初期，中國正在醞釀一個更劇烈變動的時代。西力東漸以來，中國知識分子探求並建構了多種藉西學以圖自強的模式。在「中體西用」的迷夢被甲午戰爭擊得粉碎之後，便有革命黨人的政治革命。但革命後的中國仍未能擺脫積貧積弱，備受外種欺凌的困境。於是又有以「新青年」自居的一代，起而號召人們與束縛性靈的舊傳統、舊制度徹底決裂，企圖以思想文化的啟蒙喚起民眾的最後之覺悟。新文化運動在其醞釀之初就以其激進的姿態遭到國粹派同樣偏激的反擊。但新潮洶湧，國粹派因其學理之蒼白無力而被時代大潮所淘汰。與新青年同一世代的用彤有感於「西風東漸，數千年之藩籬幾破壞於一旦，而自由平等之說哄動天下之人心。舊學既衰，新學不明，青黃不接，岌岌可危」，更有感於當時之「風俗弊趨於浮囂」，「人心流於放蕩」，乃決意振拔道德。為了補偏救弊，去青年學者「志行薄弱」之病，「救吾國精神上之弱」，通過解決民族精神——文化之危機達到挽救民族國家危機的目的，他明確倡導「乞靈於朱子之學」。

作為接受過新學洗禮，並且與新青年同樣具有強烈憂患意識和危機感的青年學子，用彤之所以將目光更多地投向傳統道德，而未匯入趨新鶩高的大潮之中，原因是多方面的。其一是因為他具有一

---

❶ 《漢魏兩晉南北朝佛教史》下冊，第634頁，中華書局，1988年第2版。

❷ 見吳學昭〈吳宓與湯用彤〉，載《國故新知——湯用彤先生百週年紀念論文集》，北京大學出版社，1993年。

種傳統士大夫的使命感。他認為「自宋室以來，人心風俗進退消長，厚薄之本末，天下國家安危興替治亂之因果，均執於講學者之手。」「今日之書生，後日之棟梁也。中國而亡則已，不亡則學生之賜必矣。」這種傳統的精英意識必然要與傳統道德聯繫起來，使他將國家之存亡繫於人心道德。他悲觀地將新文化運動初期思想界的新舊相逼、紛爭不已、漫無定說概括為「青年界之趨勢日即於敗」，而其根本原因則在於「道德之不修也，學問之不講也。」由此而導致青年人「以薄弱之心胸隨囂張之亂風，加以新風之潮流，於是人心如水然，決諸東方則東流，決諸西方則西流，波瀾起伏，毫無定主，」自然也就「全不可依賴」。在他看來，人心之放蕩浮囂，也就只能求助於傳統道德才能得到醫治。

　　其二，用彤接受了傳統的身心、物質與精神二分法，認為僅有物質文明不足以致富強，也不足以救亡圖存。值得注意的是，闡發上述觀點的〈理學譜言〉一文撰於1914年9月之後，分十七次連載於《清華週刊》上。也就是說，該文完成於一次大戰爆發後幾個月。關心時局的用彤敏感地從這一事實中悟出了精神或心理文明對人類歷史進程的重要意義。他質問道：「試問今日之精械利兵足以救國乎？則奧塞戰爭，六強國悉受其病。」他認為中國人應該從這一慘痛的事件中吸取教訓，應該懂得科學「若無堅固之良知盾其後，適足為亡國之利器也。」因此，「國之強盛繫於民德，而不繫於民智。」至於青年學人，若僅受教育而無道德，則危險異常。因為「知識愈廣人欲愈滋，才力愈多而天理愈蔽。」知識或科學「僅為天然界之律例，生物之所由，馭身而不能馭心，馭驅形骸而不能驅精神。」而理學則是「天人之理，萬事萬物之理，為形而上學，為關於心的」，如果「惡理學而乞靈科學，是棄精神而任形骸也」，

其結果將使國人無異於行屍走肉。在用彤看來，精神上的強大更為重要，精神生活的健全才最合乎人性。國民精神上的「荒怠」和「無恆」是中國百事不整的根本原因。只有振拔傳統道德才有可能引導國民走上合乎人性的心理文明，並振奮民族精神，使數千年之古國不致「學絕道喪」。

用彤在其強烈的道德意識中獨重理學之原因，則在於他認為理學是「中國之良藥也，中國之針砭也，中國四千年之真文化真精神也。」他將當時文化界、青年界之時弊總結為浮囂放蕩，逾閑破矩不加檢束，導致人們信從「不法律之自由，不道德之平等。」而理學尤其是朱王之學中關於立志，關於存養與省察，關於為己、改過、克欲，關於格物、學道，俱精微深切，有體有用，全體大用兼綜條貫，表裏精粗交底於極，適足為補偏救弊之良藥，是驅浮去囂之實學。因此，他認為，「欲求實學，欲求毅力，首在道德。求之本國，捨朱王何以哉！」此其一。其二，用彤認為，中國於世界上號稱開化最早，文化學術均為本國之產，毫不假外求。即或外力內漸，吾國民亦常以本國之精神使之同化，而理學則最能體現中國文化之此種特性。這一論述無疑包含了一些中外文化交流史的內涵。可見用彤推崇理學建基於他對中國文化史的了解，僅從他的家學或從他早期所受教育對他的影響中尋找原因，是難以解釋他提出「理學救國」的文化動因的。據他本人自述，他早年對理學並無興趣，初入京師時，還曾與同輩譏斥某理學先生。後在清華學校才偶翻理學書，最初仍有格格不入之感，久之才「溺於理學之淵矣。」其三，用彤認為當時的中國人都患了神經衰弱症，要治療此弱病，只能選擇學術中之最謹嚴，行動言語間絲毫不使放鬆者。當他的同代人趨時騖新，主張求之外國時，他認為「求之外國不合國性，毋寧求

之本國。本國之學術實在孔子。孔德之言心性者，實曰理學。只有本國之理學才是「醫弱症之良方」❸。

　　綜觀用彤早期的文化思想，約有以下幾方面的特點。

　　一，具有相對主義特色的文化多元論，這是他向傳統折返的理論基礎。他不像「新青年」那樣認為中國的自救自強端賴於與傳統決裂，在向西方物質、制度、思想文化的學習中走向趨同。恰好相反，他認為從外國求得的東西不合國性。他甚至認為「一國國性只其國民能心會，能解釋，能加以正當之評論。若異國人，則心性隔膜，持論類皆不能得其正旨」❹。也就說，他認為文化間的差異使得相互深入、準確的理解成為不可能之事，更遑論引進實施了。也正是在這種想法的基礎上，他批評青年界「昧於西學之真諦，忽於國學之精神。」在他看來，既然體現一國之國性的文學、哲學之間存在著難以逾越的鴻溝，得其真諦自然不易，只能得其皮毛。文化多元論者都強調民族文化的特殊性，這是自啟蒙運動以來，任何一個曾面臨高效率的、物質力量強大的外敵之威脅的國家之知識分子為了建立其民族自信心，都曾使用過的一種精神武器。這種文化多元論拒斥以物質為衡量文明進步程度的絕對標準和尺度（如以物質文明論高下），不認為可以讓一種文化成為另一種文化的工具。並主張每一件人類的成就及每個人類社會都應以其內在的標準加以評斷，外來的標準或評判都難以達其內核。同時，這種多元論也熱衷於強調自己文化的「精髓」或「情致」❺。這種多元論的相對主

❸　以上引語均見〈理學讕言〉，收入《理學・佛學・玄學》，北京大學出版社，1991年2月第1版。

❹　引自〈談助〉，見《理學・佛學・玄學》，第49頁。

❺　參見艾愷（Guy S. Alitto）《世界範圍內的反現代化思潮》，貴州人民出

義色彩愈濃，則其對本國傳統的認同便愈深，也就愈堅決地拒絕相
信「今長於古，西優於中。」再往極端發展，更會相信本土文化優
於他國。用彤彼時就曾借西人之言來證實中國文明的優越性，他寫
道：「泰西各國物質文明達於極點，而道德不免缺乏。近年以還，
彼邦人士群相警戒，極力欲發達心理文明，且謂我國之真文化優
於其國。」 ❻客觀地說，在新舊相逼、中外相交之時，這種相對主
義的文化多元論較之此前的華夏中心主義，可以說是心理防禦上的
一種退卻，它可能會成為文化上的一種反動。但它同樣也可能會成
為文明進步合力中的一股力量，在事實上成為維繫民族自信心的重
要因素之一。

二，倡導文化守成主義。與新文化運動初期的知識分子一樣，
用彤也抱持一種藉思想文化以解決現實問題的思維方式。但他不像
新青年那樣認為民族命運的轉機端賴於與舊傳統決裂後，建立新的
世界觀和人生觀，端賴於引進西方的自由、平等觀念。恰好相反，
用彤在其文化觀初創時期，自覺地對這些新觀念進行了批判，並自
覺地倡導文化守成主義。他認為中國不患無學術，不患無高尚之學
說，其根本弊病在於「勇於開山難於守成，勇於發揚而難於光大。」
以至於「數千年文明之古國遂學絕道喪，寂寂無人」 ❼，並由此
而導致在傳統和民族精神（或國性）失落之後的虛弱浮囂。如果說
稍後梁漱溟認為中國文化的絕境是其自身的邏輯結果的話，用彤此
時則認為此種絕境乃是西力東漸後，國性喪失殆盡的結果。因此，
激活民族生氣的唯一途徑只能是重振並持守民族文化的傳統。換言

版社，1991年。

❻ 同❸。

❼ 同❸。

之，在用彤看來，守成之價值或功效大於漫無定向的破壞和求新，傳統文化中的有序狀態優於新說紛紜所導致的無序與混亂。後者只會導致「舊學既衰，新學不明」的混亂局面。

三，深信普遍真理的存在。在文化的差異性這一問題上，用彤採取了相對主義多元論的觀點，但這並不意味著他要否認天下有是非真偽。他堅信六合之內存在著顛撲不破的普遍真理，而且天下之安定、人民之幸福，全繫於是非真偽之確立。如果「隨世界之潮流為轉移」，則會因為是非真偽之不定而亂天下❽。由於此種對普遍真理的認定，導致他對知識分子角色意義的下述界定。

四，堅執知識分子的獨立意識。用彤似乎傾向於將那些趨新鶩時的青年斥為「馭外界之變遷而毫無主腦」的一群❾，而他對知識分子的獨立性則是孜孜以求的。在用彤文化思想初創時期，這種獨立意識似乎一開始即在抽象的意義上獲得了相對深刻的底蘊。茲略作分析如下：

陳寅恪在《王觀堂先生挽詞》中寫道：中國文化中之「綱紀本理想抽象之物，然不能不有所依托，以為具體表現之用；其所依托以表現者，實為有形之社會制度。」一旦「劫盡變窮」，傳統文化「無所憑依」，「則此文化精神所凝聚之人，安得不與之共命而同盡。」 ❿此論實為傳統文化和士大夫對普遍王權之依賴性的最佳說明。然而，用彤雖力倡文化守成主義，但他似乎擺脫了傳統士大夫的此種依賴性。他從未像國粹派那樣抱定孤臣孽子之心，以復古

---

❽ 同❸。

❾ 同❸。

❿ 見吳學昭《吳宓與陳寅恪》， 第54頁，清華大學出版社，1992年12月第2版。

制為保守傳統之必然途徑。他雖然批評過民國初期朝野上無禮下無
學之現狀，批評過轟動天下之心的自由平等之新說，但他也批判過
中古之世重君權，君權以制度賊民的歷史現象。他從未以政治之改
良或復古為確立文化思想的不二法門;他的取向是純然的學術立場，
與政治保持著知識分子應該保持的一段距離。這也許是因為他深信
文化具有超越政治制度的相對獨立性之故。而且，當他批評「新青
年」的「不法律之自由，不道德之平等」時，他對自由的理解似
乎別有一番深意。他把自由理解為少數人能堅持並宣傳自己不隨時
俗的獨立主張的自由，這也許正是自由之真諦所在。新文化運動之
初，新潮即挾輿論之優勢而有席捲天下之勢。當此之際，用彤撰〈談
助〉（寫於1916年春）一文，力言「輿論專制之害」。他從歷史文化
現象出發，例舉墨老申韓為輿論所剪滅、禪學為輿論所摧殘等事實，
說明輿論若被一二梟傑所利用，形成輿論專制，則足以破國家而亡
天下。因為一旦形成此勢，則在思想文化界雖有一二特立獨行之士
不忍隨波逐流，他便會由於無世俗之圓滑，被眾人斥為不近人情，
行為乖僻，甚至加以鄙棄和謾罵。「於是俊傑之士不終為澆薄所
染」，也會「如屈大夫僅能作汨羅遊耳」，而這正是國家之自殺❶。
因此，在用彤看來，真正的自由不應剝奪少數人發表其獨立之見解
的權利。用彤早期文化思想中的此種自由觀念，不論是在抽象的哲
學層面上，還是在具體的意義上，都已深入到自由、獨立之真義，
富有真知灼見。

用彤早期的文化思想主要見載於《清華週刊》，其影響或許僅
限於校園，而且似乎並未激起強烈的批評或肯定。但對他本人而言，

❶　見《理學·佛學·玄學》。

其影響則及於終身。他對傳統的看法彼時雖不十分成熟，但卻與後來他接觸的白璧德思想有頗多契合之處，這使他很容易接受白氏的新人文主義；他的相對主義文化多元論雖然為後來的溫和多元論所取代，但他對文化的民族特色的早期看法則滲透進其後的學術生涯；他對知識分子的獨立性的深刻認識則引導他自己日後走上了富有創獲的純學術道路，並促使他日後從獨立的自由觀念出發，撥開歷史的迷霧，尋求思想文化發展的精神動因；他對思想文化遺產中真理的確信，更促使其將文化研究的目標引入哲學的堂奧。當然，我們無需為賢者諱，指出用彤早期思想中的缺欠也是容易的。例如，他的守成主義在清華時期並未與國粹派在本質上區別開來。其最大的缺陷便是偏於一隅，封閉偏狹；他對普遍真理的確信與對普遍標準、尺度的拒斥更是矛盾地共存一處，而這一切又都可以溯源於其視野的狹隘。雖然他在清華學習的課程包括西洋史、西洋文學、心理學，等等，他自己也未能免於昧於「西學之真諦」。但這些缺陷都會隨著日後知識的增益和思想的成熟而被一種更廣闊的國際視野和更恢宏的文化氣魄所取代。

二、從新人文主義到文化批評

當胡適在《新青年》上發表〈文學改良芻議〉，並隨即歸國赴北大為新文化運動推波助瀾，成為新潮的領袖人物之一時，用彤才剛剛開始為其留美生活作準備工作。此後幾年，新文化運動的強勁旋風經過五四運動的強化，已成勢不可擋的時代大潮。然而，歷史尤其是思想文化發展的交響曲從來不是由高亢的單音所能構成的。1922年，用彤的摯友，清華和哈佛的同窗吳宓在南京發起、創辦了

《學衡》雜誌，一群曾多年接受歐風美雨洗禮的青年教授以同樣高
吭的歌喉加入到當時的文化大合奏。當然，這群年輕人從一開始就
顯得不合時宜。他們居然提出「昌明國故，融化新知」的口號，試
圖轉換奔向科學與民主之大潮的方向。因此，當這群年輕人剛剛亮
出他們的歌喉時，就立即遭到作為新文化運動之旗手的魯迅先生的
當頭棒喝，被他斥為「實不過聚在『聚寶之門』左近的幾個假古
董所放的假毫光。」❷魯迅犀利的譏斥在此後相當長的一段時間內、
在很大範圍內幾成定論。然而，《學衡》諸公卻依然我行我素，在
十多年中苦苦支撐。他們不僅吸引了一批讀者，而且還團結了一批
高水平的作者。這批作者中不僅有像吳宓、梅光迪、胡先驌、柳詒
徵這樣的專家學者，更有像王國維、陳寅恪、湯用彤這樣的博學鴻
儒和國學大師。後者在學術上的貢獻決非「假古董所放的假毫光」。
他們在思想文化上的一些主張和他們的治學方法成為新文化運動蔚
為大潮之後，中國學術界不可忽視的一股潛流。其餘澤所及，使今
日中國學術界仍受益匪淺。這使我們不能不嘆服《學衡》諸公在新
文化運動面前敢倡異說，而且奮力踐履的勇氣和卓識。

　　作為《學衡》派的重要成員，用彤二十年代的文化思想既具有
《學衡》諸公的共性，又富有自己鮮明的個性。

　　這裏所說的共性，指的是用彤分享了《學衡》派的思想來源，
即白璧德的新人文主義。用彤雖未像吳宓、梅光迪那樣稱白璧德為
白師，也未在《學衡》雜誌上翻譯介紹白氏之思想，然言其信從白
氏思想則非虛辭。1918年，當他初入漢姆林大學時，或許由於時在
哈佛的好友吳宓之薦，他已開始研讀白氏著作，並在課外論文中引

---

❷　魯迅《熱風·估〈學衡〉》，見《魯迅全集》第1冊，第377頁，人民文
　　學出版社，1982年第2版。

用白氏之觀點。1919年6月19日，用彤轉入白氏所在哈佛大學研究生院。他雖在哲學系主修哲學，但與身在法文系的白璧德教授卻有過接觸，7月14日晚，他與陳寅恪一道由吳宓導引，拜訪過白氏，此後還可能聆聽過白氏的演講。在哈佛時，用彤與陳寅恪等人曾同時師從Lanman教授學習梵文、巴利文，並研究印度哲學。這些選擇均受到白氏思想之影響，白氏對此亦曾大加贊賞。

白璧德的新人文主義是現代思想史上與現代化進程相對抗的最為奇特的文化守成主義。它不是美國學者艾愷所說的貧弱之國的知識分子出於自卑而又要自衛的文化心理，而產生的對自己可以引為自豪的傳統之精髓或情致的認同或顯耀。毋寧說，它是生於富足逸樂，常懷千年憂思的知識分子對近代西方功利主義和浪漫主義所帶來的道德淪喪和人性失落的理智反思。它雖然不能被概括為對人類之初伊甸樂園的嚮往，卻可以說是人類精神田園上新的耕耘。

白璧德堅決拒絕自文藝復興和啟蒙運動以來將人文主義解釋為無選擇的同情、泛愛的人道主義，他認為唯有規訓和紀律才是人文主義之真義。與人道主義不同，人文主義最關切的是個體的完善，而不是人類的進步。在白氏看來，人道主義者過分相信人類理性的能力，他們鼓吹的只是廣泛的知識和同情❸，而這正是自培根以來的自然主義和自盧梭以來的浪漫主義的根本錯誤之所在。其弊在於導致擴張權力，機械麻木，任情縱欲，幾至人性淪落殆盡。白氏通過對人類思想文化史的考察及對現代資本主義社會弊端的洞察，提出了與近代以來的頹敗之文明相對抗的新人文主義，主張以性中較高之自我遏制本能衝動之自我，強調自律與克制。

---

❸　cf. Irving Babbit, *Literature and the American College*, pp. 6－10, 1908.

　　白璧德又自稱其新人文主義為實證的人文主義，這種實證性建
基於他對人類文明傳統的同情性評估。白氏並不主張復古，但他認
為新人文主義賴以建立的內省的思想文化體系必須從傳統中求取立
身行事之規範，既要驗之於經驗事實，又要驗之於古。其所以必須
求之於傳統者，乃因「彼古來偉大之舊說，非他，蓋千百年實在
經驗之總匯也」⑭。而且，從傳統中求取的規範必須具有普遍性。
因而，這裏所說的傳統不能是偏守一隅的傳統。新人文主義者必須
集一切時代、一切民族之智慧以對抗近代崇尚功利的智慧。因此，
新人文主義所稱之傳統及從傳統中求取之規範應具有超越時空的普
遍性和國際性。白氏精通梵文，對印度佛教造詣頗深，認為印度佛
教最富批評精神。他對孔子思想尤為贊佩，認為孔子立說與亞里士
多德在在不謀而合。他主張：「若欲窺見歷世積儲之智慧，擷取普
遍人類經驗之精華，則當求之於我佛與耶穌之宗教教理，及孔子
與亞里士多德之人文學說，捨是無由得也。」⑮

　　對中國正在發生的新文化運動，白氏亦有其獨到的見解。1920
年9月，白氏在美國東部之中國留學生年會上，發表題為〈中西人
文教育談〉的演講。他對「中國進步派之目的」深表同情，認為「中
國必須有組織、有能力，中國必須具歐西之機械，庶免為日本與
列強所侵略。」「中國亦須脫去昔日盲從之故俗，及偽古學派形式
主義之牽鎖。然須知中國在力求進步時，萬不宜效歐西之將盆中
小兒隨浴水而傾棄之。簡言之，雖可力攻形式主義之非，同時必
須審慎，保存其偉大之舊文明之精魂也。」⑯

⑭　胡先驌譯〈白璧德中西人文教育說〉，見《學衡》雜誌，1922年第2期。
⑮　吳宓譯〈白璧德論歐亞兩洲文化〉，見《學衡》雜誌，1925年第38期。
⑯　同⑭。

　　綜上所述，白氏之思想大旨可概括為：必須先能洞悉人類古來各種文化之精華，涵養本身使成一有德守之人文學者或君子。然後從事專門研究，並會通各種文化中普遍永恆之人文價值或精粹，建立與頹敗的近代文明相抗衡的文化體系。中國人則必須深入中西文化並擷採其中之精華而加以實施，以求救亡圖存，不蹈西方之覆轍，並為解決全球之人文困境而作出新貢獻。

　　白璧德新人文主義對傳統道德、人文教育的重視和倡導，對「以少數賢哲維持世道」的精英意識的闡發，對中國「偉大之舊文明之精魂」的推崇，對涵養人格以神救世的身體力行，對近代物質文明的負面影響及其理論根源的抨擊，不僅與清華時期用彤的文化思想有頗多契合之處，而且為用彤提供了思考文化問題的更廣闊的國際視野。歐風美雨的洗禮固然沒有能將用彤等《學衡》諸公推向激進的全盤西化的陣營，但卻注定了他們決不可能再像民初的國粹派那樣局促在偏狹的線裝書世界裏建構自己顢頇狹隘的文化理念。新一代的文化守成主義者在倡導守成時，誠然須臾不會忘記本民族文化之地位。但他們也會將視野投向同樣具有悠久之歷史，同樣不乏精華的西方、印度文化傳統，從中獲得全新的觀點和參照系來重新評估本民族的文化傳統。他們再也不會像國粹派一樣只知從自己的傳統中獲取精神武器來捍衛自己的傳統，相反，國際人文主義者的恢宏氣魄和胸懷、眼光將使他們在文化傳統的用藏取捨時，顯得卓爾不群。他們將不僅僅是民族文化傳統的守衛者，而且也是來自異域之人文價值的肩負者和詮釋播揚者。這使得他們意欲建構，而且確實完成了的價值和文化思想體系成為新文化運動中連綿的思想巨峰中不可忽視的一座山巒。

　　在哈佛期間，白璧德對吳宓、陳寅恪和湯用彤等人期望至殷，

曾以「東西各國之儒者（Humanists）應聯為一氣，協力行事相
囑。」 **⑰**用彤於1922年回國後，雖未譯述、介紹白氏之思想，甚至
從未提及白氏，但他無疑處處都是以一個實證人文主義者的姿態出
現於學術界的。二十年代，用彤的主要文化思想和成就大部分見載
於《學衡》雜誌。因此，這一時期又可稱為《學衡》時期。他為《學
衡》提供的譯稿、文章就其内容而言，涵蓋了古希臘和印度之哲學、
宗教及中國佛教。其細目或所涉及内容的古典性，完全體現了新人
文主義對三大文明傳統的根本觀點。當然，這一時期用彤也曾撰文
論及叔本華的哲學思想，但也同樣體現了新人文主義對近代西方文
化的批判精神。其所撰〈評近人之文化研究〉則是他以新的視角反
思中國文化現狀，並奠定自己較成熟的文化理念的重要作品。

〈評近人之文化研究〉是用彤歸國後的第一篇文章，文字雖少，
但最能代表《學衡》時期用彤的文化思想。本節將以該文為主要線
索，兼涉其他著述，考察一下用彤在《學衡》時期的文化思想。

與清華時期不同，《學衡》時期的用彤自覺地將他的文化批評
和研究建立在對文化的清晰界定之上。他認為，「文化為全種全國
人民精神上之所結合」 **⑱**。在這一定義中，物質層面的涵義似被排
除在文化之外。也就是說，用彤非常自覺地將文明與文化區別開來，
而以精神、觀念形態的文化為其探討之對象。另外，這一文化定義
具有一種非常明顯的取向，這就是文化守成主義者常抱持的文化整
體主義**⑲**。但是，值得注意的是，用彤所說的文化整體主要指的是：

⑰ 見吳學昭《吳宓與陳寅恪》，第22頁。

⑱ 〈評近人之文化研究〉，《學衡》第12期，見《湯用彤學術論文集》，中
華書局，1983年第1版。

⑲ 參見本傑明・史華慈〈論五四前後的文化保守主義〉，見《五四：文化

文化作為一國人民、一個種族的精神之結合，是不可分割的、整全的觀念有機體。

用彤的文化整體，就其內容而言包括從不同側面表現一國人民之精神的哲學、宗教、倫理、美術、文學思想乃至迷信、社會風俗習慣。在翻譯〈亞里士多德哲學大綱〉一文時，他曾以譯者按的形式強調美術在文化生活中的重要意義[20]。有時，用彤似乎更樂於以整體眼光凸顯在某一思想占統治地位時期，其他支流的意義，〈釋迦時代之外道〉便是一例。他還曾借西方學者之口宣稱：「一國之特性，或當以叛徒為代表；一宗教之特性，或竟得代表者於外道中。」[21]這種統計全局的文化整體觀對於以偏概全、獨取某族人民「生活思想之一方面指為其特性」的取向甚為反感[22]。就時代而言，用彤尤其反對以近代西方文化代表整個西方文化的時髦之論。那些「不知歐美實狀者，讀今日報章，必以為莎士比亞已成絕響，而易卜生為雅俗共賞。必以為柏拉圖已成陳言，而柏格森則代表西化之轉機，蒸蒸日上。」在用彤看來，這些都是「僅取一偏，失其大體」的謬言[23]。用彤於《學衡》時期著文多喜稱引希臘，斥近人「與舊化斷絕」，試圖以此將整全的中、西、印三大文化傳統昭示於人。但其中卻有一種較為明顯的價值取向：即認為三大文化的古典源頭似乎更能代表其特性。也就是說，他的文化整體主義更強調傳統在文化整體中的意義，因而具有傳統主義之取向。

　　　　　的闡釋與評價》，第154頁，山西人民出版社，1989年第1版。

[20]　見《湯用彤學術論文集》，第133頁。

[21]　同上書，第163頁。

[22]　同[21]。

[23]　同上，第185、182頁。

用彤的整體文化觀固然具有新人文主義的守成傾向，因而對
「誹薄國學者，不但為學術之破壞，且對於古人加以輕謾薄罵，
若以仇恨死人為進道之因」❷，表現出學術和道義上的義憤，對
他們膜拜羅素、杜威，並擬之孔子、釋迦更是有喪失國體的痛切之
感，但他對那些主張保守舊化者對新派人物不能作出有力之回應和
駁擊，同樣有哀其不幸之感。清華時期，他曾借西人之口來證明中
國文化之優越性，但這一時期的用彤在文化批評中已開始非常自覺
地拋棄並批判這一做法。幾年的留學生活使他清醒地認識到：即便
有幾個西方人稱美亞洲文化，或且作集體研究，他們也不一定深得
東方精神，而且他們的研究也許另有旨意。西方人勤於搜求科學事
實，他們一邊蔑稱黑人、紅種人為野蠻人，一邊卻研究考察他們的
文化生活。研究不一定是崇尚，即便崇尚，也不一定竟至移易風俗，
如果偶聞他們的稱美之言，便欣然相告，謂歐美文化迅即敗壞，亞
洲文化將起而代之，那將與西化派一樣，同樣是仰承外人鼻息，藉
外族為護符，對歐美同作木偶之崇拜。正是在對「舊學家」「本諸
成見」的顢頇預言的批判中，用彤自覺地完成與他們分道揚鑣、邁
向國際人文主義的文化轉向。這種清醒的文化批評也使他不再認為
中國文化代表東方文化，更不認為中國文化肩負著為全體人類帶來
救贖及改善的歷史任務，這也使他與其他非西方的文化守成主義者
區別開來。

由於用彤認為文化是一民族之精神的結合體，所以他主張研究
者應該「統計全局，不宜偏置。」❷ 但是，他認為他所面對的文化
討論卻與此完全相反，他切中時弊地指出：「時學之弊，曰淺，曰

---

❷　同❷。

❷　均見〈評近人之文化研究〉。

隘。淺隘則是非顛倒，真理埋沒；淺則論不探源，隘則敷陳多誤。」❷他認為當時從科學之有無來分析中西文化之差異的某些結論就屬於這種淺隘之論。其中之一以梁啟超為代表，認為中國不重實驗，輕視應用，所以沒有科學。用彤從科學之源頭──希臘思想出發，說明科學實際源於對外界的驚異和搜求答案的理論興趣，即便是現代物理學中的相對論，也是出於理論興趣，如果誤以為科學出於實用，並在此基礎上痛斥國人夙尚空談，不求實際，因而提倡實驗精神，以為救國良藥，那既是基於對西方文化的誤解，也是基於對中國文化之誤解的淺隘之論。因為事實上中國人立身講學原本專主人生，趨重實際，對政法、商業至為擅長，於數理、名學卻極為欠缺。希臘由哲學之發達而帶來科學的興盛，中國由於幾乎沒有知識論、本質論意義上的哲學，只有本諸實用興趣的人生哲學，所以沒有近代意義上的科學。因此，「處中國而倡實驗以求精神及高尚理想之發展。」不過是「以血洗血，其污益盛」❷。至於梁漱溟認為中國非理論的玄學精神太發達，因而趨重神秘，限於人生，導致無科學的論說，在用彤看來則是「立義太狹」的輕率淺論。

　　淺隘的文化理論在解釋中西文化差異時，誠如上所述「入主出奴之風盛」，在求同時「則牽強附會之事多」❷。當時論者多以為叔本華受印度文化影響，曾撰文評述叔本華之天才主義的用彤認為叔氏所說的人才（天才、聖才）根本不是佛教的羅漢，其所言意志也不同於佛教的私欲理論，叔本華持悲觀論，乃立基於意志無厭，與源於無常之恐懼的印度人之厭世根本不同。用彤還不指名地批評

---

❷　同❷。

❷　同❷。

❷　同❷。

了當時名噪南北的胡適先生的牽強之論。後者認為莊周「萬物皆種也」講的是物種起源，因而與生物進化論相比擬。湯對胡的批評的正確性可證諸章太炎和胡適本人。章氏曾致書胡適，斥責其輕率之論「不盡關係莊子的本意」，並要求胡適「細看」，胡適本人後來也曾自責其比附之論「真是一個年輕人的謬妄議論」❷。

用彤的文化批評可以說對舊學家與新學家左右開弓、各打五十大板。這固然是因為他在態度上與二者不相同，同時也由於他試圖開闢另一條道路，這就是努力超拔新舊之爭，使文化討論不再停留在時論或政論的水平上，或停留在現象描述和比附的階段，而努力將文化討論引入科學的堂奧。為此，他提出了「文化之研究乃真理之討論」這一命題❸。

用彤提出的這一命題之內涵是豐富的。第一，如上所述，他要求論者精考事實，廣搜精求中外文化之材料，探源立說，平情立言，以求得對作為某民族之精神的結合體的文化之全面準確的理解和闡述。這是一種實事求是的學術態度，也是針對當時學術界無序而紛亂的狀態提出的一種學術規範。第二，據《學衡》時期用彤的學術研究而言，他處處都是以自由獨立地探求真理的精神來解釋文化演進之根本動因的。在翻譯〈希臘之宗教〉一文時，他借西人之口指出：「何者為希臘宗教教訓吾人之事，而吾人易於遺忘者歟？簡言之，篤信真理為吾友，而又信真理之知識非不可達到。」❹為求知而探哲理是希臘人的人生觀之要點，也是希臘文化鼎盛一時的精神動因。當他探析印度哲學之起源時，則指出印度人「因解決人

❷　見白吉庵著《胡適傳》，第119—120頁，人民出版社，1993年第1版。

❸　同❷。

❹　見《湯用彤學術論文集》，第180頁。

生而先探真理」，他們以「滅苦為初因，解脫為究竟」，逐漸創生
出一種智慧覺迷，非宗教非哲學而且具有重大影響的文化體系❸。
在總結印度哲學起源的最後結論中，他認為有以下四種原因：
「(一) 因《吠陀》神之式微，而有宇宙本體之討論；(二) 因婆
羅門之德重形式、失精神，而有苦行絕世之反動；(三) 因靈魂
之研究，而有神我人生諸說；(四) 因業報輪迴，而有真我無我
之辯。而凡此皆因要解決人生問題而先探求真理，因而導致文化、
哲理的進化之跡。」湯用彤進一步指出：在探求真理致哲理進化的
過程中，「言論自由之功固不可沒也。」❸質言之，以自由探求真
理為文化進化之動因是湯用彤文化研究中的一種具有文化精神分析
意義的方法。第三，在文化研究中，通過對傳統的檢視和弘揚，從
中探尋出解決人文困境的價值和真理，這是湯用彤文化研究的一種
價值取向。

　　關於這一命題的第三層涵義，艾愷先生曾指出：文化守成主義
者們有一共同特點，這就是「探尋或渴求普遍的價值和一種普遍
的真理。」❸然而用彤似乎不能被歸入此類文化守成主義者之列。
他雖然具有從傳統中探求真理的取向，但《學衡》時期的用彤並不
像白璧德那樣對人類的共通性懷有樂觀的信念，相反，他認為「世
界宗教哲學各有真理，各有特質」，「學說各有特點，注意多異，
每有同一學理，因立說輕重主旨不侔，而其意義即迥殊。」❸這

---

❸　見《理學・佛學・玄學》，第64、71頁。

❸　同❸。

❸　Guy S. Alitto, *The Last Confucian*, p. 10, University of California Press, 1986, Second Edition.

❸　同❷。

是一種非常奇特的文化真理觀，它仍然具有清華時期的相對主義多
元論之特色。此種文化真理觀與用彤對真理的界說密切相關，在稍
後的《哲學概論》（未刊稿）中，用彤反對以符合說、實用說界定
真理，而贊同貫通說，即認為「欲定某一判斷之真誤，須視其與
相關諸判斷一致與否。如果某判斷與其餘判斷一致，則為真，反
之則誤。」雖然他清醒地意識到，人們可能會用一系列錯誤的判斷
建立一個整全的系統，使此系統中的任何判斷都與其他判斷一致，
因而向人們展示一個全偽的判斷系統，但他仍認為持貫通說者可以
對此作出有力的辯駁，因而認為貫通說是可用的真理標準。從這一
真理界說中，必然會邏輯地導出「世界宗教哲學各有真理」，而且
「不能強為撮合」的結論㊱。這是因為某一宗教信仰、某一哲學命
題在此一系統中誠然會因為與其他判斷一致而獲得其真理性，但若
放入另一系統則會產生不一致，因而被認為是偽。有鑒於此，用彤
甚至反對在同一種文化係統中不同宗教的融合，其中之一便是同善
社所倡導的「三教合一」之說。他認為儒學和佛教是兩種文化的產
物，「其用心、其方法、其目的均各懸殊，安可勉強混同。」㊲這
種對融合說的拒斥說明《學衡》時期用彤尚未進入「昌明國粹，融
化新知」的成熟階段。但他對「論究學術，闡求真理」的《學衡》
宗旨則多有發明㊳。

用彤的文化真理觀及其文化整體主義也必然使他堅信文化是
一種特殊的精神。在〈印度哲學之起源〉一文中，用彤指出：「印

㊱　同㉕。

㊲　同㉕。

㊳　「論究學術，闡求真理，昌明國粹，融化新知」是《學衡》雜誌的
　　宗旨，見《學衡》各期首頁。

度一語非指政治之一統，而代表一種文化，如希臘一字，代表特殊精神。」❸雖然用彤並不認為這種特殊精神會成為人類的普遍精神，但他卻相信這種特殊精神在某一系統中會成為「非一時代之特殊精神」。也就是說，這種特殊精神會在某一系統的發展中，在歷史的縱坐標上獲得其恆久性和普遍性。

《學衡》時期的用彤顯然已經深入中、西、印三大文化傳統之內核，得其人文價值之精髓。這為他日後的學術研究奠定了厚實的學養基礎。不過，他在當時的研究尚處於分別探究三大文化傳統的分離狀態。雖然他在事實上面對著西學東侵，面對著新學家、西化派大力輸入西學的實踐，但他本人似乎在學術實踐中尚未進入會通中外的階段，故其文化思想中不免留下一些令人困惑的疑難問題。他對文化中一與多，即普遍與特殊的問題尚未給出令人滿意的答案，而仍取清華時期之理念。一旦當他在學術實踐中需要面對一種文化（或特殊精神）與另一種文化相遇後會產生什麼樣的情形這個問題時，他將不得不調整修改這一時期的文化思想。但是，這一時期用彤樹立的探求真理的執著精神將成為他日後全面反思和重估人類文化傳統，並在會通中外、鎔鑄古今的基礎上重建中國文化等學術實踐中的根本態度、規範和理想。他的文化整體主義更將成為其追求客觀性、全面性、系統性的文化研究之動因，並成為他建構其文化歷史理念的基調。

三、文化的漸進與移植

---

❸　《理學・佛學・玄學》，第61頁。

　　三、四十年代是用彤的學術鼎盛期。他分別於1938、1945年出版了《漢魏兩晉南北朝佛教史》、《印度哲學史略》兩部傳世名作。與此同時，他發表了一系列關於魏晉玄學的論文。這些連胡適也由衷地贊為權威之作的問世，奠定了他在學術界的崇高地位。學術實踐中會通中外、鎔鑄古今的創舉也為他提供了更深入地思考中國文化前途問題，並系統地建構其更成熟的文化觀念的堅實基礎。這一時期，他的學術研究和文化理論都走向純熟和定型。

　　大凡史家都承認歷史發展的連續性。但在文化新舊交替的劇變時期，激進者往往會強調破舊立新，甚至認為只有與舊傳統決裂才能開闢創新之路。作為新人文主義者，用彤自然難以與他們認同。他不僅強調文化之發展具有連續性，更針鋒相對地指出文化之發展只能是漸進，而不能取驟潰創新之道。其言曰：「夫歷史變遷，常具連續性。文化學術雖異代不同，然其因革推移，悉由漸進。」❹⓿

　　用彤的漸進文化史觀建基於他對中西印之哲學史、宗教史的考察。還是在《學衡》時期，他所譯之〈亞里士多德哲學大綱〉的作者無疑表達了他本人極易認同的觀念：「凡哲學家無古無今，其學說均資前人思想而有生發」，「蓋哲學究恆有進步，雖其問題常相同，而實義則決非全似。」❹❶哲學家之間在思想上的繼承與發展關係在希臘是如此，在印度亦復如是。在〈印度哲學之起源〉一文中，用彤總結了印度宗教從多元神論到一元神論，從篤信神之權威到智慧覺迷，從探求宇宙本體到辯論人生之真我無我的歷史漸進之程序。在對魏晉玄學的創造性研究中，用彤一方面指出魏晉學術有一大變化，有顯著之進步、發展，另一方面又強調這種進化「非若風雨之

----

❹⓿　〈魏晉玄學論稿·言意之辨〉，見《湯用彤學術論文集》，第214頁。

❹❶　同上書，第127、264頁。

驟至，乃漸靡使之然。」❷

　　史家的眼光使用彤斷定文化的發展「悉由漸進」乃中外文化之歷史事實。但他並不只停留在這種對歷史事實的歸納和描述上，他也從其一脈相承的文化思想出發，探討了文化歷史之所以如此的原因。在他看來，「各民族各有其文化之類型」，「各種文化必有其特別具有之精神，特別採用之途徑，雖經屢次之革新與突變，然罕能超出其定型。」❸換言之，文化精神積澱而成的定型或類型，不僅決定了其發展路向，更決定了它在屢經革新與突變之後，仍不能超出這種定型，不能產生文化上的基因漂變，因而文化之發展只能是漸進。因此，我們或許可以說，在用彤的漸進文化史觀中，包含著一種較為奇特的文化精神或類型決定論。

　　在用彤看來，文化的漸進並不是直線進化的。有時也會有反覆，或者在求諸古聖的過程中獲得演進的動力。其言曰：「大凡世界聖教演進，如至於繁瑣失真，則常生復古之要求。」❹耶穌新教在西方宗教史上具有革命意義，但新教運動的口號則是「反求聖經」(return to the Bible)，在對聖經的自由而獨立的解釋中闡發新意。這種復古要求往往表現為「不囿於成說」。自由探求真理的學術精神，因而往往能推動學術文化進入新階段。中國思想史上魏晉玄學便是突出的一例。漢代經學在日趨繁瑣中走向末路，至東漢乃有以傳解經之自由精神。王弼更沿襲此例，在「輕視章句，反求諸傳」的氛圍中，對《周易》進行全新的本體論解釋。由此而有漢魏學術之大變，而這一切「蓋皆自由精神之表現也」❺。

---

❷　同 ❶。

❸　〈魏晉玄學和文學理論〉，《中國哲學史研究》，1980年第1期。

❹　見《湯用彤學術論文集》，第267頁。

用彤關於文化因革損益,悉由漸進的歷史觀念一方面承認文化精神或類型在文化發展路向中的決定性意義,另一方面又認為這種精神並非凝凍不變,而認為它在自由探求哲理或真理的精神推動下,會獲得發展和進化。這使得他的文化理論具有一定的開放性。如果某種文化在相對獨立的環境中呈現出此種漸進的模式,那麼,當它與另一種類型的文化相遇後,情形又會如何呢?

上一問題即是用彤在〈文化思想之衝突與調和〉中提出的「文化移植」問題。用彤是一位既向歷史求索追溯,復向現實猛進,更向理論王國探尋,兼長備美的新型學者。他提出文化移植問題出於他對現實問題的強烈關切,而他為解決這一問題所作的努力和提供的答案則是以他那博大的歷史文化胸懷為基礎的。或者說,他對中西印三大文明的同情默應和深入研究,以及對這三大文明間交光互影的文化交流史富有創造性的研究為他的答案提供了厚實的歷史文化基礎。而且,他能最終將這些問題引入文化哲學的堂奧,使其解決問題的方式富有理論色彩,此蓋其深厚的哲學、文化理論素養使然也。

所謂現實問題,就是自「大家所認為最高的西洋文化產生了自殺現象」,因而使「人類在慘痛經驗之中漸漸地覺悟到這種文化本身恐怕有問題」後,既與西方交通,又向西方學習,且受外族欺凌的中國「文化之前途到底如何」的問題。富有使命感的知識分子向來將民族之命運維繫在對此問題的解決上。文化主義與民族主義的結合使一部分知識分子提出本位文化論;激進派如用彤之同事和摯友胡適則主張全盤西化。孰是孰非?用彤並不願意直接回答這

㊺ 同**㊹**。

個問題。不過，既然中西交通是勢所必然，那麼外來文化思想與本土文化的接觸也就不可避免。用彤認為，在這種接觸中會自然而然地產生兩方面的問題：「一方面我們應不應該接受外來文化，這是價值的評論；一方面我們能不能接受外來文化，這是事實上的問題。」以求真理為文化研究的最終目標的用彤自然也不願意輕易作出價值上的評判。而對事實問題，他則不願作出預言，更不相信沒有根據的預言。他寧願從歷史出發，根據文化人類學的理論，回答「文化移植」這樣一個具體而又知微見著的問題。

用彤在清華和《學衡》時期確立的關於文化精神、類型的觀念在其鼎盛時期得到更明確的闡述，他認為「必須先承認一個文化有它的特點，有它的特別性質。根據這個特性的發展，這個文化有它一定的方向。」只有確定這一前提之後，才能回答「文化移植」中包含的兩個問題，即（一）外來的文化移植到另一個地方是否可有影響？（二）本地文化和外方接觸是否完全改變了它的本性，改變了它的方向？關於第一個問題，他認為其答案是不言而喻的，「因為一個民族的思想多了一個新的成分，這個已經是一種影響。換言之，外來文化一定會在與本土文化接觸後對它產生影響。這一回答實際上也包含了一種「價值的評論」，其隱在的涵義是：不論人們認為應不應該接受外來文化，只要與之相遇，其影響將是勢所必至的。所謂「應不應該」也就不成問題了。

用彤認為「文化移植」中最根本的問題乃是外來文化對本土文化影響之程度的問題，即本土文化的本性、方向是否被改變的問題。

為了解決這一問題，用彤介紹了三種文化人類學理論。第一是演化說，認為人類思想和其他文化上的事件一樣，有其獨立的發展演進。此說推展到極端則認為思想是民族或國家各個生產出來的，

完全與外來的文化思想無關。這是較早的學說。第二是播化說，認為一個民族或國家的文化都是自外邊輸入的，有人甚至認為世界文化同出一源（埃及）。此說推展到極端則認為外來思想總可以完全改變本土文化的特性與方向。這兩種文化人類學理論自然都不能為用彤所認肯。他認為批評派和功能派的學說是可取的，因為此說主張兩種文化接觸，其影響是雙向的。一方面外來文化給本土文化注入新的因子，從而對本土文化產生一定的影響，另一方面，外來文化則要適應本土文化，因而存在著適者生存的問題。當然，這種雙方影響的基礎則是二者有相合的地方。

用彤強調的是，在這種雙向影響中，外來文化決不至於完全改變本土文化的特性與方向，因為一種類型的文化思想往往有一種保守或頑固性質，雖有外力壓迫而不退讓。這樣，外來文化就必須在不退讓的衝突中與之調適，以適應本地的環境。本土文化的頑固性導致衝突，適者生存的需要導致調和。他認為外來文化與本土文化的接觸，或外來思想的輸入一般經過三個階段：（一）因為看見表面的相同而調和，（二）因為看見不同而衝突，（三）再發現真實的相合而調和。在第一階段，調和是粗淺的、表面的。只有知道不同後去調和，才能深入，才能使外來文化加入到本有文化的血脈中，在本土文化中產生深厚的根據，並長久地發生作用。

用彤對外來文化輸入所經階段的概括和描述建立在他對中印文化交流史的研究基礎之上。他對漢唐佛教史、魏晉玄學史的詳盡考察和研究表明：印度文化輸入中國後，中國文化雖受其影響，但仍保持著自身的特性與方向。相反，印度佛學倒是不斷改變自己的面貌。它先是依附於漢代道術，成為佛道；爾後又受玄學之洗禮，演成佛玄；最終在隋唐成為中國化之佛教。而那些保持著純粹印度

形態和性質的佛教流派如法相宗則終於歸於衰歇。

　　關於佛教依附、適應中國文化的例子，用彤在其研究中嘗詳考其源，列舉了不少。例如印度佛學本來講無鬼輪迴，到了中國則變成有鬼輪迴。又如「念佛」在印度佛教中本指坐禪之一種，在中國卻變成了人們習慣的口唱佛名。這些例子都說明外來文化思想到另一個地方要改變其性質與內容，才能適存。用彤由此而得出以下結論：「一個國家民族的文化思想實在有他的特性，外來文化思想必須有所改變，合乎另一文化性質，乃能發生作用。」❻

　　「前事不忘，後事之師」，「居今之世，志古之道，所以自鏡也。」　用彤以其史家的方法和成就力圖證明：文化的接觸及對外來文化的吸收是不可避免的，外來文化的輸入對本土文化的演進會注入新的積極的因子，但文化的融合決不是無條件的。本土文化的根本特性與方向的連續性是文化衝突和調和中不可改變的事實。只有在此前提下，文化的接觸才有可能導致本土文化自身的創造性轉化。全面改變自己的特性或全盤外化既是不可能的，也沒有積極意義。文化的融合決不是在與外趨同中喪失自己的特性。用彤既不是一個無條件的文化融合論者，也不是一個趨同論者。如果將上述結論予以推展，則同樣可以見出他對西方文化的態度，即：必須是以自己文化的特性和方向為本位，在認清中西兩種文化的不同與相合之處後，作出審慎的選擇和吸收。中國未來的文化建設，對傳統文化的重估，均須以此為前提。因此，當賀麟五十多年前評價用彤「基於對一般文化的持續性和保存性」，而闡發的關於「中國哲學發展之連續性」的「新穎而深切的看法」時，就曾經指出：用彤「宏通

---

❻　以上引語均見〈文化思想之衝突與調和〉，收入《湯用彤學術論文集》。

平正的看法，不惟可供研究中國哲學發展史的新指針，且於積極推行西化後的今日，還可以提供民族文化不致淪亡斷絕的保證。而在當時偏激的全盤西化聲中，有助於促進我們對於民族文化新開展的信心。」 **㊼** 賀麟的評價是相當精審的，他見出了用彤的文化思想中強調民族文化之特性及其連續性的真精神，也道出了用彤的學術實踐和成就的真實底蘊，即對民族文化新開展的信心和理想的建構。

當然，用彤的文化思想在當時和今天也許會受到人們的質疑。他對中外文化交流的前瞻完全建立在對中印文化交流史的探源式研究之上。那麼，中西文化的融合是否會完全循此舊例呢？中印文化的交流基本上是和平的、平等的，除了幾次法難以外，血雨腥風並不多見。而近代中西文化交流的環境則不盡相同，與其說它是思想學術的接觸和相遇，不如說它從一開始就是實力的較量。中國之飽受欺凌使一些有識之士在輸入西方文化時不得不本著急功近利的功利目的。凡此均使交流的過程失去了中印文化的交流中的和平、平等的特性。在這種交流中，中國本土文化雖然不致完全改變其本性與方向，但其過程及方式則會另有特點。因此，用彤本人也坦承道：「過去的事不能全部拿來作將來的事的榜樣」（未必盡同） **㊽**。不過，他從歷史和理論兩方面著手得出的結論，無論如何都不會失去其「宏通平正」的魅力。尤其是他在對中國佛教史、哲學史的研究中，對傳統文化的保守和頑固不相退讓的特性的揭示，對那些全盤西化論者無疑是一帖清醒劑。告誡他們：與其作大而無當的價值判斷，不如針對文化的連續性、保守性，選擇切實可行的方法，調和

㊼ 賀麟《五十年來的中國哲學》，遼寧教育出版社，1989年新版。

㊽ 同 **㊻**。

中西，以利民族文化之建設。這也許是他的言外之意罷。

　　用彤鼎盛時期提出的以本土文化為本位的文化調和論雖然仍呈現出強調文化特性的多元論色彩，但已是溫和的多元論了。早先他認為國性不同，會產生文化間不可溝通的鴻溝。鼎盛時期則對人類理性的共通性予以一定程度的認肯，即認為「人心相同，其所信之理每相似。」❹這表明他的文化理論在學術實踐中，基於對歷史事實的考察和理論上更深入的探索，已得到調整。

　　用彤鼎盛期的學術實踐和文化思想中更深一層的理論意義是人們極少注意到的，這就是通過對歷史文化的研究，在人類發展起來的文化中展示人本身或人存在的價值與意義。用彤曾說過：文化批評即是對生活方式的批評，它是哲學的初步。「西洋的文化輸入中國後，我們對它的批評就引起了我們的哲學興趣。」而哲學在他看來則是研究人生、宇宙、道德的整個意義的，或者說是研究人生和價值的。人生價值的真諦既可通過哲學家的沈思得以顯現，尤可於人類文化中得以彰顯❺。他從不認為對歷史文化的興趣會成為一種限制，相反，他認為歷史文化恰好為我們提供了通向人生價值和意義的線索。在他看來，歷史文化的研究不僅應該而且完全能夠彰顯由那些傑出的個體在對真理的追求中展示出來的人的尊嚴、價值。這也是他的文化研究的目的之一，即所謂「俾古聖先賢偉大之人格思想，終得光輝於世。」❺這樣，用彤便完成了在文化研究中由探求真理到彰顯人文價值的轉型。這種對文化研究之目的的表述克服了早先的文化真理觀中的諸多矛盾。例如，各種哲學、宗教各有

❹　見《漢魏兩晉南北朝佛教史》上冊，第32頁。

❺　見未刊稿《哲學概論》。

❺　《漢魏兩晉南北朝佛教史・跋》。

真理便可轉化為各有其人文價值，後一表述便顯得更為圓通，容易為人接受。

上述轉化也必然會使用彤邏輯地推導出以下結論：各種文化都可以表述為一種價值系統。而長期的富有成就的中印文化交流史的研究，以及對西方宗教文化傳統的深入了解，則使用彤深信，文化價值系統的核心往往是宗教。他說：「宗教信仰為人類心理最深之需要而發生，各種價值往往以宗教為中心而成一系統。人生最後價值最後之保障，亦常在乎此。蓋人生與憂患俱來……（若）無一最高理想（如神之信仰及不死之說）為其努力之動機，為其無窮希望之最後歸宿，則往往毫無意義也。」[52]

當蔡元培提出著名的以美育代宗教的理論時，他主要是從功能的角度提供立論基礎的。即認為美育代宗教更有助於人的德性之涵養。而用彤建構的以宗教為核心的價值系統，則是力圖為文化歷史中的人文價值建立其最後的依據和基礎。然而，十分奇特的是，用彤既未倡導推行宗教，更未以一個宗教徒的身分去研究宗教。雖然他強調要以同情之理解和心性之體會去理解宗教，但他堅決反對「以盲目信仰的態度」研究宗教[53]，這也是他與本世紀以復興佛教為職志的佛學家們的重大區別之一，也是他對新人文主義的再度踐履。因此，我們或許可以說，他建構的以宗教為核心的文化價值系統，既有一種文化價值取向的涵義包括於內，更是他以史家的眼光向人們表述的一種文化歷史事實。後者使他的結論具有超凡拔俗的純學術精神。

＊　　　＊　　　＊

---

[52] 同 [50]。

[53] 見《漢魏兩晉南北朝佛教史》，第634、635頁。

　　從倡導振拔道德，主張理學救國，到以國際人文主義者的博大
胸懷進行文化批評，並確立文化整體主義和「文化之研究乃真理之
討論」的觀念，再到全面探究中西印三大文明的交融、漸進之跡，
並在此基礎上建構以宗教為核心的文化價值系統，用彤的文化思想
中雖然也表現出學術取向與民族主義之間的緊張張力，但這種張力
並未最終將他推向旨在實現其文化理想的政治活動中。相反，他一
生都抱定在傳統文化中尋求真理和人文價值並予以弘揚的純學者的
為學宗旨。這使得他既有別於那些以恢復舊制達到昌明國粹的保守
主義者，也有別於那些力圖將理想變為現實的新青年或行動者。這
種執著精神使他成為一個精神上自由的智者（他的好友胡適雖倡導
自由主義，反倒顯得捉襟見肘，自由頗少），能長久浸潤在他酷愛
的國學之中，並涵泳西方、印度文化傳統之精華，成為一位卓有成
就的現代學術大師。

　　用彤的文化守成主義最明顯的特點是堅信我們急需用來解決
現實的人文困境的金鑰匙應該到傳統中去探尋，而這種探尋又必須
以求真的精神為指導。在一種忙迫動亂、人們東奔西突的現實環境
中，用彤卻為身處寧和安靜之境的學人樹立了一種不得偏離的學術
規範。他本人一生的學術實踐更是須臾未離此種規範。

　　今人常稱用彤是本世紀三、四十年代少數幾位能會通中外、鎔
鑄古今的學術大師之一，此論誠為學者之公言❺。在筆者看來，所
謂「會通中外，鎔鑄古今」在更大的程度上是用彤作為一位博學的
學術大師的治學修養和規範，同時也是他的文化主張。雖然他曾拒
斥牽強的文化融合，並曾向胡適坦承自己「就是不願意說什麼好東

---

❺　見《國故新知：湯用彤先生誕辰百週年紀念論文集・序》，作者為季羨
　　林先生。

西都是從外國來的」❺，但對文化移植問題的歷史考察和理論探討，
使他承認融合既是文化的歷史事實，也是將來不可避免之趨勢。但
必須指出的是，作為一個國際人文主義者和文化守成主義者，用彤
試圖融合並發揚光大的乃是中西印三大文化傳統中的古典的人文價
值。而且，此種融合既不可能也不應該改變本土文化的特性與方向。
此種融合論的古典品格也許已然得到文化發展的現實之修正，但他
向我們展示的文化融合的可能性及其文化演進的路向則似乎不僅只
是預言。

---

❺　見《胡適的日記》下冊，第527頁，中華書局，1985年版。

第三章　佛國探珍（上）

一、宗教思想

如果說「五四」前後的新文化運動是一場啟蒙運動的話，那麼，或許可以說，它的精神特徵則「是在一切人生問題和思想問題上要求明白清楚。」❶烙刻在新文化運動思想大纛上的「科學」、「民主」口號，實質上是向人們作出以澄明無蔽的工具理性創造中國通向自由之階梯的承諾。二十年代初在科玄論戰中高舉科學大旗的思想大師們甚至認為，此種承諾之兌現端賴於將芸芸眾生的人生觀統一在明白清楚的科技理性的基石上。在他們看來，人生的一切問題在科技理性面前都會煥然冰釋。對此種樂觀的理性主義，我們固然不能像李長之那樣以「水至清則無魚」來嘲笑它的淺薄或過於實用功利❷，更不能以所謂後現代主義來消解新文化運動輸入、建構的現代價值體系（在當今中國，更應像哈伯馬斯那樣為啟蒙理想進行

---

❶　李長之〈迎中國的文藝復興〉，參見葉維廉《中國詩學》，第11─12頁，
　　北京，三聯書店，1992年。

❷　同❶。

理論辯護)。但同樣必須指出的是，啟蒙運動的理想固然不能放棄，它在理論上的欠缺和實踐中的偏差卻需要予以認真的反思和補救。

僅就對宗教的態度而言，新文化運動初期雖曾有些思想家出於對自由的信念而主張宗教信仰自由，但實際上他們對宗教仍取簡單否定的態度。在他們看來，就宗教之發生而言，它是人類在「未開化時代，腦力簡單」的產物；而就宗教之內容而言，它所提出的問題「現皆經學者以科學的研究解決之矣」❸；就宗教之性質而言，它又是「強制的」、「保守的」、「有界的」❹。質言之，以啟蒙為職志的新文化運動是不能容忍宗教的，棄之可也。科玄論戰中科學派對玄學精神的徹底唾棄，可以說是上述宗教觀在思想橫切面上的擴展，因為在「玄學鬼」的人生觀中，宗教在其「超科學」的價值體系中，並非無足輕重。在科玄論戰中，持論以為人生問題之最重要部分具有超科學性質的思想家梁啟超就相信：豪傑之士之所以能無大驚，無大喜，無大苦，無大樂，無大憂，無大懼，原因在於其能「明三界唯心之真理而已，除心中之奴隸而已」❺。梁氏之論可以說是其師輩康有為等人借佛理張揚新學，「開掘思想資源」，「倡言社會革命」❻，在佛教復興中建構其思想意識形態的餘風流韻。因此，當新青年以衝決網羅（啟蒙首先是批判、破壞）的姿態崛起於思想界，以明白清晰的理性邏輯和相關的語言（白話文）張揚啟蒙精神，爭奪意識形態的話語權時，那些試圖在宗教資源中求取社

---

❸ 蔡元培〈以美育代宗教說〉（1917年4月8日演說詞），見《蔡元培哲學論著》，第174頁，河北人民出版社，1985年。

❹ 同上書，第399頁。

❺ 梁啟超《飲冰室專集》第2冊，第46頁。

❻ 參見葛兆光〈運化細推知有味〉，載《讀書》雜誌，1994年第7期。

會政治思想、或試圖以「不可道」的玄學內蘊解決人生問題的一切嘗試，便注定要被以追求「清楚明白」為特徵的啟蒙大潮所淹沒。這是現代中國思想史上的一大幸事，因為它擊敗了一切試圖把某種宗教定於意識形態之位的努力，從而把宗教從思想界逼上了學術界，或者說把宗教研究逼壓為一門現代科學，終結了宗教救國的迷夢。但啟蒙運動對宗教的簡單否定，則有如李長之所說的那樣缺乏學術價值，而且忽視了或者否定了生命幽深處自然存在的「煙和霧」。它甚至與學術塗炭的年代簡單地視宗教為「鴉片」、「麻醉劑」有著思想邏輯上的關聯。

　　所幸的是，一批特立獨行的學術大師，以其嚴格的科學方法和深厚的學養功力，抱負著神聖的文化、學術使命感，辛勤地耕耘於佛教史這塊現代人文科學的處女地，在二、三十年代開創了佛教史研究的黃金時代。胡適於1929年脫稿的《荷澤大師神會傳》，雖然極盡其在國故中「捉妖打鬼」之能事，但其在史料上廣搜精求，以科學的考據方法「重新寫定南宗初期信史」的嘗試卻具有開山意義❼。同年，蔣維喬出版了《中國佛教史》，此書雖多取日人之說，卻使國人開始注意到對佛教史作系統、全面之研究。在此前後，呂澂、周叔迦、陳寅恪等人更將佛教史的研究引向縱深，而湯用彤於1938年出版的《漢魏兩晉南北朝佛教史》則可謂當時學術群峰中的巨巒雄關。從胡適激賞其為最有權威之作，足見此書流傳之初即享有盛譽。

　　用彤之治佛教史，不唯與陳寅恪一樣有著相似的文化關切和深厚的學養功力，更有自覺的宗教哲學思想之導引。論者往往多注意

---

❼　引語見《胡適說禪》，第144頁，東方出版社，1993年。

前者，而對其宗教哲學思想則較少關注和探析。茲不揣淺陋，據用形已刊、未刊之文字，對其宗教哲學思想作一粗淺之分析、闡發，以神全面了解用形之為學。

在油印講義稿《哲學概論》中，用形曾專闢一章，論述宗教問題。此種論述固屬提綱之類，不甚詳盡，然其所列述之問題既有廣度，亦有一定之深度。茲分述如下：

1.就宗教之性質而言，用形認為，宗教信仰乃是因為人類心理最深之需要而發生的。現代心理學的研究成果表明，人類的心理需求是相當豐富、複雜的。現在一般都承認人類的心理需要包括生存、安全、發展等幾個層次。用形諳熟西方心理學理論，而其立論以人類心理最深之需要為宗教信仰之產生根源，蓋亦就人類在安全、發展方面之需要而言。故用形又從價值層面闡述道：「各種價值往往以宗教為中心而成一系統。人生最後價值最後之保障，亦常稱在乎此。」以宗教為人生終極價值的最根本之保障，是用形綜合人類文明史之事實而得出的重要結論，其目的無疑在於向世人昭示人類文化價值的建構、昇華需要一個穩固的終極基礎，這便是宗教。在用形看來，宗教不僅是人類各種努力之動機，亦是人類希望之最後歸宿。無此動機、歸宿，人生便往往毫無意義。如果此一結論出自一名虔誠的宗教徒之口，無神論者一定會以「信仰主義」一辭簡單地拒斥其全部內涵。但用形卻決非宗教徒，他不過是一名有深切的價值關懷的人文學者。因此，他的結論不能不引人深思。對人類文明史上的偉大傳統附隨一種溫情與敬意的新人文主義精神，或許正是用形如此界定宗教之性質的根本原因。關於這一點，下文還要再述。

2.就宗教之起源而論，用形持論似與上引蔡元培之說相似。他

認為，宗教之起源可分為兩個方面：其一，人類能力之比較薄弱，有許多事件需要解決而不能解決。其二，人類相信有能力無窮者之存在，可為人類解決所不能解決之問題。與蔡氏之論不同的是，用彤並不像蔡氏那樣樂觀地相信現代科學成果或科技理性能完全解決人生之一切問題。這一思想早在他撰寫〈理學謭言〉一文時，就已得到非常明確的表達。其論認為科學僅能馭身而不能馭心，僅能馭驅形骸而不能馭驅精神，因而呼吁乞靈於理學。此說不唯開了科玄論戰之先河，且透露出早年的用彤對人生、文化之終極價值的關切與探尋。

3. 而就此種人生價值最後之保證來說，用彤認為其基礎乃是人們對人生各種缺陷之思考，即因推論人生各種缺陷之意義而反思人生心性之本原，遂有所謂不死之說，此說常為人生價值最後之保證。但在各種高級宗教中，不同的教義對所謂「不死」有不同的解釋，或為得道成仙（肉體不死），或為「靈魂不滅」，等等。在用彤看來，各種形式的「不死」之說常為信徒之最高人生理想。也就是說，信徒們常以求不死為其努力之動機，故「不死」之說以及對神的信仰乃可成為人生價值之終極基礎和保證。

4. 上述所謂對神的信仰，亦有多種形式，其中最要者則為多神教與一神教。各種宗教對神與世界之關係又有多種不同的意見或教義，其中最要者為超神教（Deism）、泛神教（Pantheism）及有神教（Theism）。根據對西方基督教歷史的了解，用彤認為，宗教史上對神之存在的證明最有影響者有三,即本體論的證明(Onto-logical proof)，宇宙論的證明（Cosmological proof）和目的論的證明（Theological proof）。

5. 用彤又根據對宗教的歷史及其內在的思想邏輯之發展的考

察，立論認為宗教之發展階段或形式有以下四種：（一）驅使魔鬼，
（二）利益交換，（三）崇拜神權，（四）變化心性。此種歸納無疑
有其豐富的歷史文化內蘊，既包涵了對原始宗教的明悉，亦涵括了
對西方和中國高級宗教的洞察。當用彤以「變化心性」者為宗教之
最後階段或最高級形式時，他無疑是視中國佛教為其中的典型代表
之一。這一點可澄清他對各期佛教哲學尤其是佛玄的學理分析和闡
發，此處暫不詳述。

用彤對宗教之性質、起源、形式及其核心教義和發展階段既有
系統的哲學見解，則其對宗教及其歷史的研究便決非一般宗教史專
家之局小心量、就事論事。此種差別亦如哲學家之哲學史與哲學史
家之哲學史一樣，自然是判然有別。正因為對宗教有其系統的哲學
理解，用彤對治宗教史之方法便不能沒有高度的自覺。此種方法論
的自覺同樣建基於他對宗教的哲學反思和體認，而最集中地表現在
他為《漢魏兩晉南北朝佛教史》撰寫的跋文中。該跋撰於1938年元
旦，全文甚短，不足六百字。但它的命運卻甚為坎坷，1938年初版
時全文附在書後，而1955年、1963年再版時卻被刪去。足見其內容
在五十年代後的一段時間裏，一如從前朝過來的大部分知識分子一
樣，被認為是不合時宜的。亦可見該跋代表了用彤對宗教最真實的
看法，且有豐富的涵義，以致當該跋重見天日後若干年，有些學者
如牟鍾鑒教授竟能根據這一短跋寫出萬字長文❽，闡發其對用彤的
治學之道及其宗教哲學思想之精義的體悟。牟文可謂深入到了用彤
思想之內核。

在分析用彤之文化思想時，筆者曾指出，他所建構的文化價值

---

❽　見〈研究宗教應持何種態度〉，載《國故新知：中國傳統文化的再詮
　　釋》，第66—72頁。

體系是以宗教為核心的，或者說，他認為宗教之為文化價值系統之拱心石乃是人類文明史上的不疑之事實。此論不僅可證諸人類文明史，亦可證諸宗教的社會－心理功能。用彤在跋文中寫道：

> 宗教情緒，深存人心，往往以莫須有之史實為象徵，發揮神妙之作用。❾

在用彤看來，作為宗教信仰之重要因素的宗教情緒往往是宗教發揮神妙之功用的心理依據。如老子化胡說，本為道家方士及其後道教徒崇老之情的表現，屬莫須有之史實，事本奇誕。但此說一行，卻使人們「以為中外之學術本出一源，殊途同歸，實無根本差異，而可兼奉並祠也」（按指佛老並祠）。其神妙之作用是：「佛道均籍老子化胡之說，會通兩方教理，遂至帝王列二氏而並祭，臣下亦合黃老、浮屠為一。」❿質言之，人們消弭文化差異、尋求文化同一性的嘗試，常常正是在此種外化為莫須有之史實的宗教情緒中得到其內在的動力的。

正因為宗教常為文化價值之核心，又常以宗教情緒作為其發揮神妙之作用的深層的心理依據，因此，對宗教史的研究便不能同於一般的歷史研究，須有高度的方法論自覺。用彤寫道：「故如僅憑陳迹之搜討，而無同情之默應，必不能得其真。」⓫質言之，正因為在宗教信仰中，感情或心理的因素扮演著非常重要的角色，研究者便須設身處地，燭幽探微，努力得信教者之心。現實生活中的

---

❾　見《漢魏兩晉南北朝佛教史》下冊，第634頁。

❿　同上書，上冊，第42、43頁。

⓫　同❾。

教徒之宗教感情，或可透過交談、問卷調查等手段得其真；而古人之宗教情緒，則需以同情之默應方可揭開歷史陳跡的遮蔽，直通本真，得信教者之真實風貌及其情感之內蘊。

　　然而，宗教情緒只是宗教之一方面，它不能涵括宗教之全部。宗教信仰中同樣包含了理智的、哲學的成分。作為一名受過嚴格的西方哲學訓練的當代學術大師，用彤對此有充分而深切的認識。對宗教的此種特性之認識將用彤導向對「心性之體會」的高度重視。在跋文中，用彤在總論佛教之此種特性時寫道：

> 中國佛教史未易言也。佛法，亦宗教，亦哲學……哲學精微，悟入實相，古哲慧發天真，慎思明辨，往往言約旨遠，取譬雖近，而見道深弘。
> 故如徒於文字考證上尋求，而乏心性之體會，則所獲者其糟粕而已。❷

在用彤看來，作為高級宗教的佛教思想既是宗教，亦是哲學。他一向認為：佛教乃是一種智慧覺迷求超脫的學說，此種特性決定了研究者須有對佛教思想的心性之體會。蓋因佛學中的哲學思想精深細微，於事理之本深有契悟。各期先賢大德又常穎悟拔俗，見道深弘，於心性之本多有悟解。研究者自當深契冥賞，體證會通，方可得其精髓，發而為文。當然，用彤雖明確反對「徒於文字考證上尋求」，但對此種史家之功夫又決不陌生或輕鄙。相反，他對此是非常注重的，曾在跋文中明確指出：「研究佛史必先之以西域語文之訓練，中印史地之旁通。」試觀其佛史著作之考證精審恰當，及其「處處

---

❷ 同❾。

注重證據，無證據之說雖有理亦不敢用」（胡適語）的嚴謹態度，即可知他是注重史家之基本功夫的。但與史家陳寅恪不同的是，用彤更注重佛學義理的「思想之脈絡，宗派之變遷」，即以哲學家的眼光疏尋佛教思想內部的變遷之跡。而完成此項宏偉工程自需對各期先賢大德之思想有準確之體會契賞。

佛教亦宗教亦哲學、合宗教與哲學為一體的雙重性格，使用彤決定對其取「同情之默應」、「心性之體會」的治學態度，希冀以此得佛教徒的宗教感情之本真，獲其哲學義理之精髓，從而達到解釋者視野與文本視野的融合。此種治學態度的哲學內蘊是：歷史的釋義者須首先視歷史文本為一充滿意義的開放系統，然後從心理上、思想上深入到歷史主體的精神活動中去，並在其歷史文化背景中闡釋、展示其存在的意義。這自然要求闡釋者不能對歷史主體採取一種「冷漠乃至敵對的立場」⓭，但此種態度是否要求闡釋者與歷史主體一樣對某種宗教取主觀信仰的態度呢？對此一問題，宗教徒們的回答是鮮明的：如果沒有相應的宗教經驗乃至信仰，要談論該種宗教是危險的。而一些具有戰鬥性的無神論者則宣稱：宗教就其本質來說是愚弄、麻痺人民意識的精神鴉片，因此，宗教徒對其所信仰的宗教是無法進行客觀之研究的。以上兩種態度可謂各執一偏。前者執宗教生活為一種內在的經驗，要求研究者先有此種經驗，然後才有資格反思、研究此種經驗。這種要求並非全然無理，但其失則在於忽視了研究者經驗的有限性。既然人類的精神生活尚未大同於一種宗教，那麼，任何研究主體都不可能窮盡所有的宗教經驗，也不可能窮盡同一宗教內的各種經驗。世界上多種宗教同時並存的

⓭ 引文見❽。

現實，以及同一種宗教內部派別林立的局面，均說明具備宗教經驗並非研究宗教的絕對前提，也不是客觀性或準確性的絕對保障。而後者雖以求宗教之本質為其鵠的，卻昧於宗教生活的微妙性。作為一種具有普遍性、連續性的精神生活現象，宗教長期以來既是愚夫愚婦求取安身立命之道的文化資源，也是一些有識之士甚至科學家們託付其終極關懷的價值源泉。這一客觀事實表明給宗教貼上反動、愚昧的標籤，並不能從根本揭示宗教的本質；對宗教及信徒們採取敵對的態度，也同樣不能真正有助於從終極的層面了解具有世界普遍性的宗教，更遑論研究之客觀性。

　　相比之下，用彤的態度便顯得「允執其中」了。一方面，他明確反對信仰主義這一極端。他曾寫道：「我過去反對以盲目信仰的態度來研究佛教史，因為這樣必然會看不清佛教思想的真相。」[14] 另一方面，他更加反對對宗教取敵對、盲目排斥的極端態度，而主張應之以「同情之默應」和「心性之體會」。 也就是說，他與信仰主義和盲目排斥兩個極端均保持著一段距離，而超然處於中途。此種態度之可取在於：一方面，它視宗教文本為一開放的意義系統，解釋者可以深入信徒的精神生活之堂奧。另一方面，正因為它視宗教文本為意義系統，它便意識到了宗教生活的微妙與複雜性，而拒絕對其取簡單粗暴的盲目排斥之態度。質言之，它要求研究者既要以「默應」與「體會」得宗教經驗、思想之底蘊神髓，又要在投入之後超拔出來，站在山外觀山，以期識廬山之真面目，得研究之客觀性。亦即：同情以求與宗教經驗、思想打成一片，不信以求超越信仰者之獨斷局限。此種態度雖然也預設了反思性自我的存在，卻

---

[14] 同 [9]，第635頁。

比那種以智慧和進步自居的傲慢要合理得多、高明得多，也比那種
唯我獨知宗教經驗的信徒心態要健康、寬容得多。

　　這裏還需指出的是，用彤的「同情之默應」，「心性之體會」
與白璧德的新人文主義有著一脈相承之處。也就是說，用彤所主張
的不是濫情泛愛，而是有嚴格之選擇的同情。關於這一點，用彤有
明確的陳述。在談到研究中國佛教史並出版《漢魏兩晉南北朝佛教
史》之目的時，用彤寫道：

　　　　惟今值國變，戎馬生郊。乃以其一部勉付梓人。……惟冀他
　　　　日國勢昌隆，海內乂安，學者由讀此編，而於中國佛教史繼
　　　　續述作。俾古聖先賢偉大之人格思想，終得光輝於世，則拙
　　　　作不為無小補矣。❺

新人文主義精神中的古典品格，使用彤在求取社會、文化之發展資
源時，更多地將目光投向「古聖先賢偉大之人格思想」。用彤著書，
向來惜墨如金，而每遇一先賢大德，於其人格、思想則多有描述闡
發。綜觀其書，可知他所欽崇者蓋有以下幾類：或艱苦卓絕，風骨
堅挺，弘法殷勤，乃至不惜生命；或特立獨行，實行潛光，高而不
名；或穎悟絕倫，見道弘深，孤明先發，開佛理之新紀元。同情褒
揚之外，用彤亦有針砭。凡「和同風氣，依傍時代以步趨」，即所
謂「寡德適時，名而不高」者；凡成成相因，僅得佛理之皮毛，甚
或借佛理為談資以求聞世者；凡乏剛健之人格，身處山林而心向富
貴者，均在用彤批評之列。在用彤的褒貶中，新人文主義重道德人
格的精神是非常明顯的。但同樣明顯的是，用彤非常看重先賢大德

――――――――――
❺　同❾。

們在闡發佛理方面的新成就和偉績，亦即注重他們對中國文化的新貢獻。

論者常以為思想史、文化史之研究當以取精華、去糟粕為目的，然若無客觀之態度、精深系統之研究及具體確當之標準，則發而為文時不免淪為空泛之時論。相比之下，在用彤的宗教思想中，既有對宗教本身的深入反思，亦有對宗教宏通平正的態度，還有內容豐富具體、以人格、思想為核心的取捨標準，更兼求精責實的乾嘉考據方法，則其治佛教史自必有豐碩之成果，而其成就亦實具「至上之價值」。

用彤之治中國佛教史，更有功能派的文化理論為其導引。跋文自述其「頗喜疏尋往古思想之脈絡，宗派之變遷。」而此一目的之達成則有賴於他自覺地取文化人類學中的功能派之理論視野，一方面展示佛教作為外來宗教文化如何因發現表面的相似而與中國本土文化調和，又如何因看見不同而與本土文化發生衝突，進而因了解之深入、發現真實的相合而調和；另一方面又揭示了本土文化如何在不改變其根本特性的前提下，吸收容納外來文化中的新因子，推助自身的連續與發展。此種研究固屬比較宗教學中的影響研究，而用彤所展示的恢宏之畫面，既壯闊清晰，又因其治史之嚴謹而頗具學理上的說服力，故其佛教史之著述實為不朽之傑作。而論其成功之原因，則又不能不首先歸功於其對宗教之較為公允之態度及客觀的研究方法。

二、佛教思想脈絡之疏尋

1955 年，在歷史唯物主義的思想和方法定於一尊的思想氛圍

中，用彤在其《漢魏兩晉南北朝佛教史》的重印後記中，曾以自責
的眼光檢視往日佛教史研究之缺失。他認為其缺失主要是：（一）
把佛教史僅僅看作一種宗教思想的發展，只是孤立地就思想論思想，
就信仰論信仰，沒有認識到佛教思想和它當時的社會歷史條件是分
不開的。（二）對佛教的消極社會作用之估價不正確。（三）過分重
視個人在佛教史發展中的作用。後人之評其得失者，亦多從以上幾
點著手。今天看來，用彤當年的自我批評實過於自責。不惟如此，
他所指出的缺失之一、之三恰好是其漢唐佛教史著述的重要特色之
一：即以佛教史上的先賢大德為其主要研究對象之一，發掘、疏尋
佛教思想之演變、發展的線索、脈絡。對中國佛教作思想史的研究、
開掘，本為一種研究方法，實在無可厚非。況用彤之研究亦並未完
全脫離佛教文化的社會歷史條件，而泛泛而論的社會史研究模式並
不一定必然能帶來佛教史領域裏的重大創獲。相形之下，用彤完全
有理由自珍其嘔心瀝血的扛鼎之作。確實，在總結其佛教史著述之
得失時，用彤並未妄自菲薄，他自認其成果「提出了中國佛教史發
展變遷的一般線索」，「還揭露了中國佛教史上某些重要的現
象⓰」。

　　用彤所揭示的中國佛教思想史發展變遷的一般線索又是圍繞
著以下兩點展開的，即：（一）佛教作為外來文化與華夏本土文化
的關係；（二）佛教思想本身在華土之演變、遞嬗。而此一線索之
鉤勒往往又證諸陳跡之搜討，文字之考證，對佛教與帝王、士子之
關係的考察，對佛教文化之地域性特徵的比較分析，對中外思想範
疇的比較探析，等等，凡此均需分節另述。本節僅攝其與主題相關

⓰　同⓽，第636頁。

之要者，作如下簡述和評析。

（一） 佛道

　　與明末輸入中夏的西方天主教相比，佛教之傳入中國，年代既早，而又無令學者完全不疑之入華時間記載。治佛教史一向「致意於其變遷興衰之跡」的用彤，對此一難題自不能不高度重視。他以較乾嘉諸老更上一層的史家功力和史識，旁徵博引，考定華人之知佛法不始於明帝，又力駁梁任公《四十二章經》為「偽書晚出」之論，證該經之早出。其考證之精審和令人信服，當另節專述。這裏要指出的是，用彤以這些不疑之考證結論為基礎，將佛教之輸入置於中外交通的歷史背景中，立論以為「在西漢，佛法當已由北天竺傳布中亞各國。其時漢武銳意開闢西域，遠謀與烏孫、大宛、大夏交通……中印文化之結合即繫於此……武帝之雄圖實與佛法東來以極大之助力。」「傳法之始當上推至西漢末葉」，而大月氏則為佛教初傳之重鎮❼。然而，自大月氏王使伊存授《浮屠經》〔時為漢哀帝元壽元年（西元前2年）〕於博士弟子景盧及並非全然向壁虛造的「明帝求法」以後，在相當長的一段時期內（約兩個世紀），　佛教可謂寂然無所聞見。個中原因何在？對這一問題的深入探究，導向用彤的「佛道」說。

　　佛教初入華土的歷史文化背景使得佛教對華夏本土文化並無多少「文化優勢」可言。漢初流行的黃老之學主清淨無為，獨任清虛。後又與神仙方術混同。陰陽五行，神仙方技，均託名於黃帝，而其後方仙道更益以老子，於是黃老之學遂成為黃老之術。至東漢，

---

❼　以上見《漢魏兩晉南北朝佛教史》上冊，第33—36頁。

老子尤為道家方士所推崇。長生久視之術，祠祀辟穀之方，都以老子為其立說之源；後更漸演為道教，周之史官被擢升為教主。兩漢精英之思想，民間之俗教，可謂多有託名於老者，各取所需。即在儒術獨尊之後，俗情儒術亦重陰陽五行之說，致使鬼神方術，厭勝避忌甚囂塵上。面對此種或多或少能滿足華人精神生活之需求的本土文化，佛教初入之時，一方面既無物質能量上之優勢，另一方面又缺少足以懾服人心之經籍，乃不得不改變其本來之面目，附於道術以推行其自身，調和而為「佛道」。

用彤之深信佛教在漢代不過為道術之一種，實有其充分之史實證據。而此種證據似又可從佛教之接受者與傳播者兩方對佛教之理解和解釋中獲取。

先論接受方。誠如梁啟超所言，中國正史中最古最早之佛教掌故當推《後漢書・楚王英傳》❶。其中有言曰：「楚王誦黃老之微言，尚浮屠之仁祠，潔齋三月，與神為誓。何嫌何疑，當有悔吝？其還贖以助伊蒲塞桑門之盛饌！……」此乃明帝詔書中之言，在用彤看來，其稱「仁祠」，言「與神為誓」，說明佛教當時只為祠祀之一種。而其原因則在於「當時國中人士，對於釋教無甚深之了解，而羼以神仙道術之言。教旨在精靈不滅，齋識則法祠祀，浮屠方士，本為一氣。」❷及至桓帝之世，宮中更立黃老浮屠之祠，並祭佛老二氏，襄楷上桓帝疏以「此道」合稱黃老浮屠，又以清虛無為、好生去欲並提。又彼時道教亦方萌芽，出於宗教之排他性而與佛教爭高比低，然其老子化胡說（西晉道士王浮據此類舊聞偽造《化胡經》）雖謂老子為佛陀聖者之師、胡人所行實老子之教化，然

❶　參見《梁任公近著第一輯》中卷，商務印書館，1923年。

❷　同❾，第38頁。

其客觀結果卻是使人深信佛老本一，二教無殊。蓋初起之道教與初傳之佛教，紛歧則勢弱，相得則益彰。故佛老均藉老子化胡之說，會通雙方教理。因此而出現帝王列二氏而並祭，臣下亦合黃老、浮屠為一的合法現象。

再論傳播方。佛教本有其豐富之經典，然初入之時，翻譯甚少。到桓靈之世，方有安清、支讖等名僧相繼來華，釋經甚勤，使佛教之流布有所據。安清字世高，譯經頗多，堪稱一代大師。但這位漢代佛學界之巨擘亦不能置當時彌漫周遭的道術於不顧，梁釋慧皎謂其「七曜五行、醫方異術，乃至鳥獸之聲，無不綜達。」❷稍後於安清之康僧會則在〈安般守意經序〉中言：「有菩薩者安清字世高，……博學多識，貫綜神模，七正盈縮，風氣吉凶，山崩地動，針脈諸術，睹色知病，鳥獸鳴啼，無音不照。」由此看來，因世風之所染，初入華土的佛教「傳教士」也不能不將自己之行為包以方術之外裝，「而恰投一時風尚也」❷。再就聚訟紛紜之《四十二章經》而言，用彤通過取現存之巴利文佛典與中譯本對照，令人信服地證明本經原出小乘經典，決非華人之偽造，且東漢時本經無疑已出世。在論及本經之性質時，用彤又指出：《章經》雖不含大乘教義、老莊玄理，且其所陳樸質平實，但若取其所言，與漢代流行之道術比較，則均可相通。而本經與道術相合之原因則又有二：「首因人心相同，其所信之理每相似。次則漢代道術，必漸受佛教之影響，致採用其教義。」❷也正是這種相合使佛教在漢代已列入道術之林，《章經》因而成為當時社會中最流行之經典。

---

❷　見《高僧傳》，第4頁，湯用彤校注本，中華書局，1992年。

❷　同❾，第39頁。

❷　同❾，第31—32頁。

　　此外，佛道之相合亦可以二教之地理分布而言之。東漢首都為洛陽，西通西域，而佛教之東來主要經西域、由陸路而至，洛陽自然成為佛教重鎮。此外，當時佛教不盛於南陽、荊襄或大河以北，而獨盛於齊楚以及江淮之間，此種地理分布乃是由文化背景所決定的。即：黃老之學出於齊，燕齊海上之方士不可勝數，而淮南王更曾招致方術之士千餘人。東漢之初，濟南、阜陵、廣陵及楚諸國王，均信方術。其時方仙道盛行於淮濟一帶。以上道術盛行之地，為佛教之流布提供了可資利用的文化土壤，因為佛教初來時，同樣被視作道術之一種，故彭城、廣陵之間，盛行佛教。又，太平道發源於與琅邪相近之海上勞山，東漢事佛或知佛之楚王英、笮融、襄楷所在之地，與道教發源地均不甚遠。用彤由此立論曰：「夫東漢常並祀佛老。黃老之道以及方士託名於黃老之術，其盛行之地亦即佛教傳播之處，為理之所應然。」❷❸

　　然而，以上所述之相合不過表面之相合，治佛教史向重其思想的用彤乃專闢〈佛道〉一章，從教理、行為等方面討論初傳之佛教與道術在更深層次上的調和。

　　所謂「佛道」乃是兩漢佛教中人對其所信之教的一種自稱。《牟子理惑論》稱釋教為「佛道」，《四十二章經》自稱佛教為佛道、道法，而學佛則被稱作為道、學道、行道。常人或許難見其中深意，用彤則以其慧眼卓識，一語道破其中之奧秘：「蓋漢代佛教道家本可相通，而時人則往往並為一談也。」❷❹

　　此種「並為一談」的相合自然也包括外來佛教對本土文化的自覺附和與華土人士對佛教的誤釋和利用，其結果是產生以下流行的

---

❷❸　同 ❾，第60—61頁。

❷❹　同 ❾，第62頁。

觀念、行為：

　　首曰精靈不滅。這是漢代佛教中最流行、最重要的信條之一，由此亦足證釋迦教義，自始即不為華人所了解，因為無我輪迴才是印度佛教真諦之一。但東漢之世，鬼神之說至為熾盛，上至帝王，下至俗人，多敬鬼神之祀，深信人死為鬼，可據人之形體；就連王充的元氣永存之說亦可引申為精神不滅；而好道者更據老子「浴神不死」，衍出「蟬蛻渡世」，謂形體雖聚散代興，而精神則入玄牝而不死。面對此類具有巨大吸引力的流行觀念，佛教不得不改變其本來面貌，變無我輪迴為神靈不滅、輪轉報應。《理惑論》中牟子答問時均持此論，甚且牽合老子五千言以佐其論，又立論以為「有道雖死，神歸福堂。為惡既死，神當其殃」，此乃以道家者言改裝輪迴之說為報應。《四十二章經》言輪迴報應之處可謂多矣，而言「無我」則僅有一例，且譯為「無吾」，而漢魏經典更稱之為「非身」，以為精靈起滅，寄生不久，形盡神傳，其事如幻。又，佛教謂釋迦過去本生，歷無量劫；道家則稱老子自羲、農以來，疊為聖者作師。道家主元氣永存，釋氏則談生死輪轉，由此使得精靈不滅、因報相尋一時成為流行之信仰。用彤認為，佛道之間的關係非僅佛教附會道術，而實為相得益彰，相資為用，這一點在《太平經》中表現得尤為突出。道教本反對佛教，以證其自身之為正統，但又竊取佛教教義，經過改裝而為己所用。例如，《太平經》中談鬼魂之處甚多，卻無輪迴之說，自然亦無所謂因果。但試觀其根本義理「承負」之說，則可知其與佛教之真實關係。所謂承負本出於《易》之所謂「積善之家，必有餘慶；積不善之家，必有餘殃。」是說謂祖宗作業之善惡，皆影響於其子孫。先人流惡，子孫受承負之災，即以為先人之報應，流及後世。用彤認為中土典籍不嘗有此類信仰，顯係比

附佛家因報相尋，流及後身（或來世）之義。由此足見佛教初入中土之時，一方面為求生存流布而附會本土文化，另一方面本土文化亦取資於外來文化，為自身添注新鮮因子。

次曰省欲去奢。用彤認為：「行道者屏除嗜欲……固亦中外學說中常有也。」❷然此說在漢世之流行，亦可見浮屠方技關係之一斑。彼時華土之黃老學說主道法自然，尚自然無為，而佛家亦牽合此說，譯「涅槃」為「無為」，《牟子》稱「道者，導人致於無為。」好道者以為欲保性命之真，須精神內守，而不為外物所誘。《淮南子・精神》所言「五色亂目，使目不明。五聲嘩耳，使耳不聰……」即此之謂也。質言之，人淫於嗜欲，則愚暗不明。而譯出甚早之《四十二章經》則以獎勵梵行為宗旨，其視財色為愛欲之根，必欲「兢兢如臨深淵」，「息意去欲，而歸於無為」，可謂明矣。雖然沙門不近女色，為中國道術所無，且漢時道術已有房中術，故時人頗驚於沙門之絕棄女色，但試觀襄楷之諫桓帝所云「陛下淫女豔婦，極天下之麗，奈何欲如黃老乎？」則可知當世黃老之徒似亦以節淫欲見稱也。佛道的此種異中之同不僅說明二者確有可牽合之處，尤說明二者在相互牽合中推助了省欲去奢的觀念之流行。

三曰禪法之流行。此則佛道二家修道行為之相似，用彤論之甚慎。蓋東漢桓帝以前，由於史書闕載，佛教禪法未聞流行。《四十二章經》雖有「誦經」、「行道」之說，或即禪定之古譯、誤譯，然禪法之流行實為安世高、支讖等人譯經後之事。安世高最善禪數，曾教人習禪，其弟子尤以行禪知名。此種禪法有二，一為觀不淨，坐禪時以白骨死屍為對象；二為持息念，即念安般，出息入息。後

---

❷　同 ❾，第66頁。

者乃是以禪心寄託於呼吸，與本土方士習吐納者相似。用彤廣引桓譚〈仙賦〉、王充《論衡‧道虛》及《抱朴子‧釋滯》、荀悅《申鑒》，說明彼時本土好道者多有習吐納、治氣之術者。又立論以為道家之吐納，雖然不能斷定其必因襲佛家之禪法，但當世《安般》禪法之流行，則必因其與道術契合，而得攀附傳播之便。當然《太平經》中所述「守一」之法，則顯然襲自印度之佛觀，此則更說明梵音因起初牽合華化而終於深入本土文化之中。

四曰仁慈好施。戒殺樂施，此為佛家去私欲的根本方式之一，在印土可謂司空見慣，但在中國卻屬罕見之事。但作為一種宗教行為的「仁慈好施」，自入華土後卻較輕易地為華人所接受。或有以不殺生而稱譽佛教者，或有設伊蒲塞桑門之盛饌者（楚王英），更有設酒飯布於路、任人就食者（笮融）。當然，彼時亦有反此道而行者，如方士之不聞戒殺，桓帝之以三牲祭老子，治黃白術者之不言布施，此固說明印土之宗教行為非被廣泛接受。然試觀《太平經》之常言樂施好生，足見本土宗教在薰習中漸與外來宗教趨同，此事亦足見外來文化輸入既久，必將施影響於本土文化。也就是說，文化交流的結果總是雙向性的。

用彤還闢「佛陀祭祀」、「漢世僧伽」、「《太平經》與佛教」、「漢晉間講經與注經」諸節討論漢代佛教之特徵及其與本土文化之關係，而其立論之宗旨則在於漢代之佛教實不過為道術之一種，即佛道。

現在似可再回到本小節之初所提出的問題，即，佛教自入華後，為何在相當長的一段時期內寂然無所聞見？關於此一問題，前賢如梁啟超即有所見，然所見不全。梁氏認為後漢一代，佛教並非縈然可觀，並引博學之王充未論及佛教一事為「當時此教未行一有力之反證。」梁氏不僅未深究此一現象之原因，反以此為據，「根本祓除」

明帝求法之傳說，並立《四十二章經》為偽書晚出之論❷。而用彤則不然，他一方面以其精通梵文、巴利文之能力，證《章經》非偽書且早出，論明帝求法非向壁虛造，另一方面則從教義、行為、地理分布等諸方面，說明佛教初入時因附會本土文化，牽合當時流行之道術，致佛教之本來面目不顯，而時人亦僅視之為道術之支流，亦即佛教僅作為方術之一而流行民間。只有那些與異族有接觸者（如景盧）及好奇之士（如楚王英、襄楷）才偶有稱述。質言之，佛教因傍依道術而其跡不顯，決非像梁氏所臆斷的那樣，桓靈以前佛教未行中國。今人試取用彤與梁氏之論相比較，必可立見其高下之別。後者僅據表面之現象而任立臆說，而前者則在見表面現象之後，廣搜精求史實，深究其根本原因，不僅所得之結論令人信服，而且昭示了外來文化初入文明鼎盛之中國後的必然命運。

（二）佛玄

漢魏之際，中華學術起一絕大之變化，此即由清談之漸靡而致玄風之飈起。溯自兩漢，道術流行，以祠祀、丹藥、辟穀、吐納為長生久視之術。然至三國時，有識之士已有不信方技者，且有斥神仙道術者。不過，方技雖常為世人所譏，但其全身養生之道卻有順乎自然的旨趣蘊含其中。而這也正是老莊之根本精神。此種精神之發展，自必漸遠形而下之末技，而趨於探本求源之形上思辨，於是有祖述老莊之清談，更有玄風之大暢。方清談之風大盛時，佛教中人譯出之經典更多，其宗教精神亦隨之有更多之顯露。「於是佛教乃脫離方士而獨立，進而高談清靜無為之玄致……而為神仙方技

---

❷　見《梁任公近著第一輯》中卷〈佛教之初輸入〉。

枝屬之漢代佛教，至魏晉之世遂進為玄理之大宗也。」❷此後，《老》《莊》玄學與佛教玄學之相輔流行，一方面表現為佛教依附玄理，名僧們御玄風而行佛學之教化，大為士大夫所激賞，幾使中華學術之大柄，為外來佛教所篡奪，另一方面則表現為《老》《莊》玄學既深深植根於本土文化之源，又取資於自覺華化的佛玄，從而得以添注新的精神因子，取得更深刻的思想創獲。

然佛教之脫離漢代道術而成佛玄，亦非驟然而至，其中亦有漸靡之跡。用彤以牟子為體現漢魏之際佛學精神轉換的重要人物。其言曰：

> 漢代佛教，附庸方術。魏晉釋子，雅尚《老》《莊》。牟子適為過渡時代之人物。則牟子《理惑論》者，為中國佛教史上重要之一頁也。❷

牟子身處思想比較自由之交州，精神較能自由開發，而其信佛道，則因有會於《老子》。嘗引《老子》天地尚不得長久之言，以譏道家「不死而仙」之妖妄，又稱辟穀之法「行之無效，為之無徵」。其學之旨要在教人守恬淡之性，觀無為之行。以《老子》之要旨，譬佛經之所說，謂佛道在法自然、重無為。其引《老》申佛，已足徵時代精神之轉換。而佛教自立，不託庇他人，其精神亦始見於《理惑論》。

甲、佛道與佛玄 — 新舊並行

如果說，從《理惑論》中可見佛玄之端倪，那麼，三國時的支謙則可謂已為佛教之玄學化開啟其端緒也，而竺法護、竺叔蘭則堪

---

❷　見《漢魏兩晉南北朝佛教史》上冊，第87頁。

❷　同❷，第57頁。

稱為玄學中人。

　　然而，方佛教玄學化之時，附會漢代之道術的佛道仍遺緒不絕。用彤從師承傳授方面之考察出發，立論以為漢末洛都佛教有兩大系統，至三國時，傳播於南方。其一為安世高之禪學，偏於小乘，其重要典籍為《安般守意經》、《陰持入經》、安玄之《法鏡經》及康僧會之《六度集經》。康氏乃安世高之再傳弟子，《高僧傳》謂其於赤烏十年初達建業，東吳孫權因舍利之感應而為之立建初寺。其學雖亦頗襲《老》《莊》名詞典故，然所承安清之「養生成神」說，更與漢代道教相近，實為漢代佛道之流風餘韻。蓋其師祖世高之學，禪數最悉。禪之用在洞悉人之本原，而數之要者，其一為五蘊（安世高譯蘊為陰）。 漢代以來，中國陰陽五行家言盛行元氣之說，漢魏佛教徒包括安世高則以「五陰」與之相牽合。至康僧會，其所持之陰，仍襲漢代佛教神明住壽之說，以為「識神微妙，往來無眹，陰往默至，出入無間，莫睹其形，故曰陰。」又其時舊譯無我為非身，而康僧會則以身為形體，人死神靈不滅，而形體分散，故曰非身。以人死形散復歸元氣為歸本。康僧會又倡守意，其〈安般守意經序〉立論以為人心之病在乎為內外情欲所擾亂，為五陰所蔽，致失其本有之清明，邪僻之對治在乎守意。而此守意之說，則為當時道家養生之常談。用彤謹慎立論，認為漢末以來，安般禪法疑與道家學說相得益彰，而盛行於世。總之，道家養氣，以之為不死而仙之方。佛家行安般，視之為養身成神之術。故康僧會〈安般守意經序〉又曰：「得安般行者，厥心即明……恍惚彷彿，存亡自由……制天地，住壽命……神德無限，六行之由也。」質言之，其所承禪數之學，首在求解脫入涅槃，次在得神通。這無疑是受道家成仙之說的影響，故仍未脫漢代佛道之窠臼。

漢魏佛學的另一大系統則為支讖之《般若》，乃大乘之學。其
重要典籍則為《道行經》、《首楞嚴經》及支謙所譯之《維摩》與《明
度》等。支謙為支讖之再傳弟子。《高僧傳》謂吳主孫權升支謙為
博士，使與韋昭共輔東宮，並為之立建初寺。可見支謙與康僧會同
住建業，俱受華化。二人譯經尚文雅，常掇拾中華名辭與理論，屬
人譯本，其學均非純粹西域之佛教。然其系統在學說及傳授上，則
可謂涇渭分明。

支謙之學，旨在探人生之本真，使其反本，神與道合乃其思想
之核心。昔牟子之釋佛與道，舉能則謂之為佛，言所則號稱曰道，
則佛之與道，固無二致。牟子又以泥洹（涅槃）為「無為」，而人
致於無為，謂之得道。成佛者即與虛無恍惚之道為一體也。牟子的
此種觀念尤顯於支謙所譯之《大明度經》第一品，後者援用名士玄
談之所謂道，以與般若波羅蜜相比附。玄學家謂道微妙虛無，支謙
則譯曰：「道亦虛空」；玄學家謂至人澹泊無為，支譯則曰菩薩體道
是空虛也。然則體道者若何？名士阮籍〈老子贊〉以為大人與道俱
成，而支謙則以為體道者心與道俱，此顯即「與道俱成」之意。用
彤以其深厚的西方哲學、宗教素養解釋了其中真義，他說，基督徒
古時合猶太之耶穌與希臘哲學之Logos為一體。Logos者，理也，道
也。其事與此頗相似。言下之意，佛教徒們將印度之菩薩與中國之
道合為一體，這自然是一種文化的綜合，亦是由綜合而帶來的創新。
因此，我們不能因支謙與阮步兵之文理趣同符而斷言其間有若何抄
襲竊取之關係，而只能說文變染乎世情，諸人均染時代之風尚，故
其文之相似若是也。亦說明支謙實深契老莊之學說。

支謙所求之道即虛無之本體，亦名「本無」。本無一詞在玄學
中較晚出，而在佛經中則在漢代已常用之。支謙之師祖支讖《道行

品》第十品即名〈本無品〉。據用彤取梵文原經對照，可知「本無」乃「真如」之古譯。真如指體，與老子之道相同。而真如性空，道亦虛無，二者似極契合。在支謙之譯經中，常有佛亦本無之言，他認為一切皆本無，如來亦本無。故佛與道為一，而本無與如來亦不二也。故支謙之學特重本體之學，主張以智慧證達本體。而前述康僧會之學，雖亦言神與道俱，亦言人生自本無而歸乎本無，然因其以道為元氣，又以守一修定為方法，以清淨無為、住壽成道為鵠的，這便決定其學之性質仍為漢代道術之承緒。通過層層展開、論述康僧會、支謙所代表的兩大佛學系統之同異，並指出支謙之學因深契五千言之玄理而見重於學問之士，用彤認為可以從中見出漢代以來舊佛道之將墜，而兩晉新佛玄之將興。具體從傳法系統而論，則可以說此後佛學中玄風之漸暢，禪法之漸替及兩晉南朝佛學風氣之形成，實際上即是僧會學統之衰微和支謙學統之光大。

當然，佛道、佛玄新交並陳的局面之突破，不僅端賴於南方支謙學說之擴大，亦有賴於北方學者之精勤弘法與研究，朱士行之西行求《般若經》即是一例。

乙、異計繁興之般若學 ── 道安時代

魏晉時期，佛法極盛。用彤從民眾社會、智識階層及中外交通三個方面綜論了其所以興盛之因。蓋佛法起信之要端初為禍福報應。而魏晉乃亂世，禍福無常，人民常存僥倖心理，於是占卜之術，易於動聽。道安之師竺佛圖澄行化時，嘗以方術助民。是則報應之說及迷信方術使佛法大行於民間，此其一。正始玄風颷起，清談熾盛。名士們約言析理，發明奇趣，思想之自由開發，使釋氏智慧得弘揚之憑藉；名士們又祖尚虛浮，佯狂遁世，此則逃世之風使出家之僧徒得以日眾。名士與名僧由此合流（當另節詳論），故魏晉之清談

實大有助於佛法之興盛，此其二。方其時，有五胡亂華，西晉傾覆，胡人統治。外來之勤益以風行，此其三。

佛教既得廣泛、深厚之社會、思想基礎，故其流布甚廣，開掘亦深。然則此時最流行之佛學乃般若之學。先是支謙、竺法護等開《般若》玄學化之先河，至道安時代，釋《般若》性空之學說，可謂異計繁興。此蓋因當時以《老》、《莊》與《般若》並談，玄理既盛於正始之後，《般若》乃附之以光大。用彤有「釋道安時代之般若學」之謂，此則一因表彰《般若經》諸人多與道安同時，在其前者甚少；二則因道安治此經最勤，其德望功績，非眾人可比，後世有推其為正宗者。僧叡作《毗摩羅詰堤經義疏》，序曰：「自慧風東扇，法言流詠以來，雖日講肆，格義迂而乖本，六家偏而不即。性空之宗，以今驗之，最得其實。」此乃以道安之性空宗為般若學正宗。從僧叡之序文實可引出用彤所關注之主要問題，今述評如下：

一曰從格義看佛教與玄學之關係。道安於新悟之後，知弘贊理教，不能依傍時流，故反對格義，志在弘贊真實教理，為佛教謀獨立之建樹。然格義既曾流行，則其自必有存在之理由，且道安亦非全然擯斥之。有見於此，用彤乃基於對文化人類學理論的深入了解，對「格義」作了一番文化意義上的深刻分析和考察。

竺法雅乃格義之法的創始人。其人少善外學，長通佛義。嘗以經中事數擬配外書，為生解之例，此即格義。所謂事數即佛經中之條目名相，格者，量也。故用彤認為格義乃是以中國思想比擬配合、以使人易於了解佛書之方法。具體而論，其法即如康法朗等以事數與外書擬配，因而生了解，然後逐條著以為例，於講授時用之訓門徒，此即格義。此法之弊在於迂拙牽強，故為有識者所不取。道安就認為「先舊格義，於理多違」，致使真實教理難以彰顯。但當道

安得知慧遠引莊子為連類，使惑者曉然時，乃「特聽慧遠不廢俗書」，蓋此法之用意本在融會中國思想於外來思想中。道安不但不全然摒棄格義之法，其學且亦融合老莊之說，當時之名流亦無人不以釋教與老莊並談。由此可見，格義之法曾一度為眾人所重，獨自道安以後，佛道漸明，世人逐漸明瞭佛教自有其特異之處，而且因為佛教勢力既張，免不了有出主入奴之見，因此佛學中人便不願以佛理附和外書。道安既開棄格義之端緒，及至羅什時代，經義大明，尤不須藉俗理相比擬，於是有僧睿之斥格義「迂而乖本」。關於格義之興廢，用彤有一段精彩的文化學論述，茲錄述如下：

> 大凡世界各民族之思想，各自闢途徑。名辭多獨有涵義，往往為他族人民所不易了解。而此文化輸入彼邦，最初均牴牾不相入。及交通稍久，了解漸深，於是恍然於二族思想固有相同處，因乃以本國之義理，擬配外來思想。此晉初所以有格義方法之興起也。迨文化灌輸既甚久，了悟更深，於是審知外族思想自有其源流曲折，遂瞭然其畢竟有異，此自道安、羅什以後格義之所由廢棄也。況佛法為外來宗教，當其初來，難於起信，故常引本國固有義理，以申明其並不誕妄。及釋教既昌，格義自為不必要之工具矣。❷❾

格義本為解釋佛理之一種方法，而用彤則能知微見著，以中外文化交流之史實為依據，從中總結出一套關於文化衝突融合的規律來。此種史識自非常人所能望其項背。後此，用彤曾在此種歷史考察的基礎上，於1943年撰寫〈文化思想之衝突與調和〉一文，總結出外

---

❷❾ 同❷❼，第168頁。

來文化思想輸入必然經歷的三個階段，以本書第二章曾有紹述，茲不再贅述。

二曰六家七宗立論雖異，而其皆屬玄宗則同。據用彤考證，六家七宗及其主張者可列表如下（其中「宗義」一欄為筆者所附）：

六　　家	七　　宗	主　張　之　人	宗　　　　義
本　　無	本　　無	道安（性空宗義）	以靜寂說真際
	本無異	竺法深　竺法汰（竺僧敷）	偏於虛豁之談
即　　色	即　　色	支道林（郗超）	色不自色
識　　含	識　　含	于法開（于法威　何默）	以三界為大夢
幻　　化	幻　　化	道壹	世諦諸法皆空
心　　無	心　　無	支愍度　竺法蘊　道恆（桓玄　劉遺民）	空心不空境
緣　　會	緣　　會	于道邃	壞滅色相

對以上七宗，用彤均以「心性之體會」，詳析其義理，又在考證、搜尋史實之基礎上，立論以為道安之學，乃當時般若學之重心，而支愍度之心無義則以其標新立異而大受當代名人之攻難。

用彤不僅在詳析各宗之義時見出其根本特性與差異，更能以高屋建瓴的思辨能力把握道安時代異計繁興的般若學在哲學、宗教精神上相似歸趣。在他看來，六家七宗都是中國人士對性空本無的解釋，各種解釋又都以共同的課題為討論對象，此共同課題即本末真俗與有無。而佛學中人對此共同課題的提出與探討又都浸染著時代精神——貴無賤有的玄學旨趣。蓋老子五千言以「有」與「無」釋天地萬物與之道之關係，以道為萬物之母，無為天地之根。「無」

為母，「有」為子，「無」為本而「有」為末。本末之別即後世所謂
體用之辨。正始玄學以老學為重，何晏、王弼均立論以為天地萬物
以「無」為本。茲風於晉世尤盛，士大夫們競尚空無，以借於虛無
之言為玄妙之論，貴無賤有之風於是大暢。一時間「本無」、「末有」
成為玄學家們的中心論題，本體論由是成為當時華土思想之骨幹。
而佛學自漢末以來即有漸與道家合流之勢，所出《般若》諸經均在
與華土思想的牽合中盛言「本無」（實為「真如」之古譯），而本末
則實不過「真」「俗」二諦之異辭：真如為真、為本，萬物為俗、
為末。由此可見，佛教義學已在根本精神上被引而與中國玄學相合。
在用彤看來，本無一辭，可能就是《般若》實相學的別名。所謂六
家七宗，其立論之樞紐均不出本末有無之辨，亦均真俗二諦之論。
依二諦釋有無，由此談無說空，乃般若學各家共有之精神。

　　玄學本體論雖因名士們立言玄遠而貌似遠離人生，而實則為對
人生之超越性反思。故用彤立論曰：「中國之言本體者，蓋可謂未
嘗離於人生也。」❸❶而所謂不離人生，在用彤看來即是以實現本性
或反本為第一要義，玄學著述中隨處可見的歸真、復命、通玄、履
道、體極、存神等等，均可謂為反本之異名。佛玄作為當時玄學中
的一支生力軍，更以其宗教超越精神匯入了對人生進行反思、求人
生之本的思潮中。此則因佛教本為智慧覺迷之解脫道，與人生之關
係尤為密切也。漢末流行之佛道，即以息意去欲、識心達本、歸於
無為為解脫之方。此固為禪法與方術合流之產物，尚非智慧覺迷之
解脫道。至魏吳之世，乃有神與道合之說。此說以為三界皆苦，無
可樂者。而苦難相侵，由於欲滯，心滯於有，眾邪並至。有道之士，

---

❸❶　同 ❼❷，第192頁。

懼萬有之無常，知遷化者非我。於是有釋道安集禪法、般若二系之大成，倡禪智雙運，由末達本，歸神明於本無，由是成佛而得解脫。此種成佛實即順乎自然，歸真反本，因為本無在老子五千言中也就是道法自然，無為而無不為。

以上用彤之探析，實際上是從貴無賤有的哲學思想及反本歸真的人生關切這兩個方面，說明晉代佛學與玄學之根本義，殊無區別。佛家與清談家的無往而不一致之趨合，一方面推助了玄風之大暢，且深化了玄學的思辨，另一方面則為佛學的流布乃至獨立發展奠定了學理基礎。

丙、大乘學之義理昌明 — 羅什及其弟子

道安時代之般若學可謂盛矣，然因名僧競仿名士之談空說無，致使佛玄雖為玄學中一支勁旅，卻終因過分牽合華土思想而使大乘學之真義未見顯明。即以支愍度之心無義而論，其使群情大詫，蓋因無我之說真義不明。及至鳩摩羅什來中土，廣出妙典，辨析名相，證解微義。其學重般若三論，深斥小乘一切有之說，又撰破神之文，闡明神性空之義，使無我之義大明，更主畢竟空，掃一切相，斷言語道。性空宗之義乃得顯明光大。又其門人弟子無慮千百，有所謂四聖、八俊、十哲者，其中僧肇為三論之祖，導生為涅槃之聖，僧導、僧嵩為《成實》師宗之始。後因關內兵禍頻繁，什之弟子中善談名理者，又多挾其所學，南遊江淮，遂使南北佛學形成迥異之風格。可見羅什其人，不但其學博大精微，使性空之真義顯明，而且其影響亦廣被華土。然羅什竟有深識者寡之嘆，且以哀鸞孤桐自況，欲返本國。此則因佛玄合流，「中國學人，僅就其所見以臆解佛義。或所見本不真切，所解自無是處；或雖有所悟，然學問之事，失之毫釐，謬以千里。此則什公欲大乘微義，為華人證知，自又甚

難。」 ❸ 這一點可證諸其弟子宗奉空理，而仍未離於中國當時之風尚，多尚玄談。由此足見，外來文化雖因義理漸明之後欲圖其自身獨立之發展，然因本土文化自有其固有之特性與連續性，則外來思想之獨立發展不能不路漫漫而修遠。

　　羅什之弟子中有「解空第一」之僧肇，乃當時中華玄宗大師。用彤認為，僧肇「所作《物不遷》《不真空》及《般若無知》三論，融會中印之義理，於體用問題有深切之證知，而以極優美極有力之文字表達其義，故為中華哲學文字最有價值之著作也。」 ❸ 對僧肇之學，用彤可謂一賞三嘆，極盡其「心性體會」之佳妙，以求得對其學說的深契冥賞。用彤以即體即用一語綜核僧肇學說之根本特徵。即以其《物不遷論》而言，用彤認為僧肇乃是針對常人之惑於有物流動，而玄學家（如道安）又貴無、不免以靜釋本體，於是契神於有無之間，主即動即靜，證明動靜一如，住即不住。此說非謂由一不動之本體，而生各色變動之現象。相反，本體與萬象不可截分，截分宰割以求通於動靜之真際，則會違真迷性而莫返。所以，僧肇「即動即靜」之論，宗旨在申明「即體即用」。而其《不真空論》則針對包括道安在內的各家談空之說，斥其偏弊，立論以為本體無相，超乎一切分別，固不能偏於有，亦不能偏於無。但本體之道又決非超乎現象以外，宇宙萬有實不離真際，而與實相不二。用彤以西哲斯賓諾莎「一切界定即是否定」（To call anything finite is a denial in part）襯照僧肇非有非無一說的辨證思想之深度，又以斯賓諾莎的immanent cause擬喻僧肇所闡發的即有即無、即體即用、體用一如這一大乘妙諦。此種中西比較一方面彰顯了中西哲學在相

---

❸　同 ❷，第208頁。

❸　同 ❷，第236頁。

似問題上所得出的思想之相似性，另一方面則展示了僧肇作為玄宗大師在辨證思維上所達到的高度。又，僧肇之《般若無知論》在用彤看來並非專論知識之文，其旨在解釋應化，談體用之關係。其根本義仍在體用一如，靜動相即。

用彤對僧肇的思想評價極高，認為其學說對於印度文化之中國化有絕大建樹。他以一種「溫情與敬意」寫道：「肇公之學，融合《般若》《維摩》諸經、《中》《百》諸論，而用中國論學文體扼要寫出。凡印度名相之分析，事數之排列，均皆解除盡畢。此雖亦文字上之更革，但肇能採掇精華，屏棄糟粕，其能力難覓匹敵。」也正因為僧肇竭力用純粹中國文體表達其佛教義學思想，則其命意遣詞，自然要多襲取《老》《莊》玄學之書，且其重要理論，如齊是非、一動靜，或許也是因讀《莊子》而有所了悟。在這種意義上，《肇論》仍屬玄學之系統。但僧肇之所以被譽為「解空第一」，則在於他「能取莊生之說，獨有會心，而純粹運用之於本體論。其對於流行之玄談認識極精，對於體用問題領會尤切，而以優美有力文筆直達其意。」❸質言之，僧肇既大有功於印度學說之華化，又不使此種華化趨於流俗，而使玄學在理論上達到最高峰。僧肇的理論成果，雖是以大乘佛學的思想形式表現出來的哲學觀念，但它委實為此後中國哲學的發展提供了深刻而又豐富的思想資料。

（三）南華北淳

南北朝時期，政治上的對峙使得南北風化亦有殊異。這一時期，佛教自身的發展及其與本土文化的關係均染有明顯的地域文化色

---

❸　同 ❷，第240頁。

彩。南北佛學之分途表現在因名士南渡，南方偏尚玄學義理，上承
魏晉以來之系統，而北方則頗重宗教行為，下接隋唐以後之宗派。
關於其時南北佛教之差異，唐代僧人已有分佛教為南北二系之論。
神清《北山錄》卷四云：

> 宋人魏人，南北兩都。宋風尚華，魏風猶淳。淳則寡不據道，
> 華則多游於藝。

用彤引宋僧慧寶注曰：「晉宋高僧藝解光時，弘闡教法，故曰華也。
元魏高僧以禪觀行業據道，故曰淳。夫何以知？觀乎北則枝葉生於
德教，南則枝葉生於辭行。」❸❹如果說神清、慧寶之述尚嫌籠統不周，
那麼，通觀用彤《漢魏兩晉南北朝佛教史》下冊，我們可見其整體
結構乃是以分述南北二統之特徵為骨架的，而其核心內容則是分析
南北二統各自的思想變遷之跡及其與本土文化的關係。此種工作自
然離不開所謂比較之法。然所謂比較之法實難涵括其治學方法之全
部內涵，若無對各位先賢大德思想之同情默應及心性之體會，更輔
之以乾嘉功夫，則其佛教史著述將大為遜色。茲先綜合用彤對南北
二統的比較分析，再述其對南北二統思想脈絡之疏尋。前者可列表
如下：

---

❸❹　同上書，下冊，第350頁。

南 統	北 統
尚義學玄談故風華	重篤信實行故風淳
士大夫與僧徒之結合多襲支（道林）許（詢）之遺風	學士文人與佛法在義理上之結合不多見
與玄學合流相得益彰	與經學俱起俱弘
忘真空而未免於有，究心性之體	雜陰陽承「佛道」，與名教五常比用
得道應需慧業	生佛國宜修禪定
流弊所極在乎爭名而乏信仰	流弊所極在乎好利而墮於私欲
佛道之爭訴諸理論、純用筆舌，以義理較長短	佛道之爭以權力為據，相爭之結果往住為武力之毀滅
上承魏晉以來之系統	下接隋唐以後之宗派

　　上表僅撮其要者而列，故難以周全。況彼時南北佛學並非絕無交通，如北方禪法亦有南播者，而北土談義理者亦有襲魏晉玄風者。用彤明察秋毫，對此自然不會視而不見。故其南北二統之比較，亦僅就其主流而言。

　　關於南北佛學各自的總體特徵及其變遷，用彤還曾作過概括性總結：

　　　　中國溯自漢興以來，學術以儒家為大宗，文化依中原為主幹。而其所謂外來之瞿曇教化，方且附庸圖讖陰陽之說，以爭得地位於道術之林。漢末以來，世風漸變。孔教衰微，《莊》《老》興起。中朝文物，經亂殘廢。北方仕族，疊次渡江。於是魏晉釋子，襲名士之逸趣，談有無之玄理。其先尚與正始之風，留跡河洛。後乃多隨永嘉之變，振錫江南。由是而

玄學佛義，和光同流，鬱而為南朝主要之思想。返觀北方，
王、何、嵇、阮，本在中州。道安、僧肇，繼居關內。然疊
經變亂，教化衰熄，其勢漸微，一也。桓、靈變亂，以及五
胡云擾，名士南渡，玄學骨幹，不在河洛，二也。胡人入主，
漸染華風。而其治世，翻須經術，三也。以此三因，而自羅
什逝世，北方玄談，轉就消沈。後魏初葉，仕族原多託身於
幽、燕，儒師抱晚漢經學之殘缺於隴右。而燕、隴者，又為
其時佛法較盛之地。則佛教之與經學，在北朝開基已具有因
緣。及北方統一，天下粗安，乃獎勵文治，經術昌明。而昌
明經術之帝王，又即提倡佛學最力之人。於是燕、齊、趙、
魏，儒生輩出，名僧繼起，均具樸質敦厚之學風，大異於南
朝放任玄談之習氣。……致用力行，乃又北方佛子所奉之主
臬也。元魏經學，上接東都，好談天道，雜以讖緯。而陰陽
術數者，乃北方佛子所常習，則似仍延漢代「佛道」之餘勢
者也。及至隋帝統一中夏，其政治文物，上接魏周，而隋唐
之佛理，雖頗採取江南之學，但其大宗，固猶上承北方。於
是玄學漸盡，而中華教化以及佛學乃另開一新時代。**㉟**

上述討論之對象雖主要針對北統，但亦兼及南統。其核心乃是把握
佛教南北二統的總體特徵之來龍去脈，不僅發掘其社會歷史原因，
更從文化歷史的角度，高度概括了佛教與地域文化之間的趨合關係
以及此種趨合關係的動態性質：即佛教之特性因地域文化的主幹之
變遷而有所變化。鑑於佛教與本土文化之關係如此密切，用彤在展
示佛教自身的特性之變遷時，亦昭示了中華文化之全體在與外來文

㉟ 同上，第381—382頁。

化的互動中可能會呈現的發展趨勢。

佛教二統南華北淳的特性當然主要體現在其各自之學理和宗
教行為方式之中。茲據用彤之詳盡研討分析，對南北二統各自的思
想脈絡作以下扼要之鈎勒。

據用彤之考察，南朝佛學思想變遷之跡大致如下：「劉宋南
齊，《涅槃》、《成實》，相繼流行。其學風頗異於東晉之特重虛無。
梁陳二代，玄談又盛，三論復興，與宋齊復有差異。」❸

分而論之，則所謂宋齊學風之異於東晉特重虛無者，乃在於當
時競談《涅槃》、《成實》之法師，多未免於有。唯涅槃聖竺道生雖
在晚年盛談《涅槃》，然因其初精《般若》，故能於真空妙有，契合
無間。故用彤專闢一章，考其事跡，全面闡述竺道生之著作、思想。
用彤認為，竺道生所立佛性義主實相無相、涅槃生死不二、佛性本
有、佛性非神明，而以佛性為理、自然、本有。此說一方面開後來
以理為佛性之說，另一方面則於中國學術有大關係。又，竺道生以
一闡提有性說為基礎，主大頓悟說，以為理既不可分，則悟自不可
有階段，應一時頓了。雖然，竺道生與古之持頓悟者一樣，並非全
棄漸教修，而認為需借信修，以進於道。則是真理自發自顯，如瓜
熟蒂落，豁然大悟。其所謂見性成佛之頓悟說，根本特點乃在注重
真理之自然顯發。通過對竺道生思想的「心性體會」和條分縷析，
用彤以其特有的歷史文化溫情，贊竺道生為深有契於四依之真諦的
「四依菩薩」；又立論以為竺道生在佛學史上之地位，蓋與王弼在
玄學上之地位頗有相似，功在掃除情見之封執，肅清佛徒依語滯文
之紛紜，而主徹悟言外。有唐一代，頓悟見性之說大行，造成數百

---

❸ 同上，第515、475頁。

年之學風，溯其源頭，自當首推竺道生（用彤此說以學理之分析為基礎，對通行的禪宗古史之說實不啻為一大挑戰）。故用彤明言：「此則後日禪宗之談心性主頓悟者，蓋不得不以生公為始祖矣。」❸用彤不僅對道生之學說深契冥賞，更能明察其所以能如此卓爾不群之原因。此即道生能以《般若》之理融合《涅槃》說，理會大乘空有二經之精義，使真空妙有契合無間。相形之下，其時或稍後談《涅槃》之其他中國法師，則常墮於一邊。如竺道生學說之敵人釋法瑤，執漸悟，主理為正因佛性。釋寶亮本以神明妙體為正因體，然因其據《勝鬘》之言，於體上立避苦求樂之用，致世人因此牽強之說而認為其曾立避苦求樂為正因體之說。至於深重《涅槃》之學的梁武帝則更以神明為佛性，實即以常人所言之靈魂為佛性，就心理現象而執有實物，其說更為淺陋，等等。蓋佛性學說為《涅槃經》之中心，而南方涅槃佛性諸說多離於中道，未免於有。

羅什譯《成實論》而非其義，然因該論於名相分析可謂條理井然，有助於初研佛學者，故漸次流行。至梁代，《成實》一宗極盛；梁末至陳，《成論》可謂彌滿於南朝。惟因《成論》之注疏均已佚失，故難考《成論》師之思想內容。用彤於深憾之外，詳考《成論》師之師承傳授，又通過深究般若三論與《成實》之爭而見出當時佛學之風氣和特徵。

蓋僧肇「解空第一」，其著作思想可謂已至論「有無」、「本末」之最高峰，遂使後出論《般若》者難乎為繼。加之《涅槃》、《成實》之風行，《般若》學在宋初至梁於是衰歇。惟因齊之周顒作《三宗論》、梁武帝親講《般若》，遂使三論漸興。至陳文、宣二帝，玄風

---

❸　同 ❻ 。

更盛，三論學僧大受推重，遂使《成實》之學不能與之抗衡。用彤明察時風，立論以為南朝之重清談雅論，梁陳玄風之復闡，乃其時三論學復起之重要原因。當然，三論再起，初得力於周顒，其人乃一純然玄學家，其學問風格亦近乎東晉。其著《三宗論》，旨在尊《般若》而黜《成實論》師之學。用彤詳考史實，以《三宗論》為三論學者對《成論》下攻擊之第一聲。蓋《三宗論》之在二諦真義，以其所信之「假名空」難《成論》師「空假名」、「不空假名」。「不空假名」者，雖言自性空而不空「假名」。「空假名」者持諸法假名而有，是俗諦。然體性不可得，故無，是真諦。此是以俗真相對而解有無。用彤取此二宗與《成論》相較，證其為《成論》師說。又析周顒所信之「假名空」，以為其論旨在明二諦以中道為體。其特點在持業釋。假名故空，空故假名，空假相即，此亦周氏所以難前二宗者。蓋第一宗法自性空，猶存假有，故失相即；第二宗空則無相，假則妄有，析而為二，亦失相即。而周氏之空假相即者，謂諸法非有非無，不存空以遣有，亦非壞假以顯實。用彤以為此即僧肇之學。

周顒之《三宗論》固有功於三論之再起，然三論之興則實由攝山諸師。先是攝山僧朗隱居攝山數十年，重興幾絕之三論。然僧朗僅馳名山原，未履京邑。其弟子僧詮弟子數百，中有號稱四友者，即「四句（法）朗，領悟（智）辯，文章（慧）勇，得意（慧）布」，前三者使三論之學出山林而入京邑。此一干人中，尤以興皇法朗斥《成論》師最力：或採三論之說以彈《成論》，或於斥破之外，申明羅什之統系。關河舊說由是大興，而學理之爭於稍後更論及正統，此蓋中華佛學宗派發生之肇端。興皇弟子遍布南北，其中尤以嘉祥大師吉藏為中國三論學之元匠，為一承先啟後之大師。

綜上所述，南統佛學之論真空妙有、真俗二諦，均偏尚義理，不脫三玄之軌範。此蓋雅尚清談之玄風使然也。

當南方空學較盛之時，北方則偏於有學。具體而言，北方佛學界於北朝初葉以禪師玄高、曇曜執僧界之牛耳，因而盛行淨土念佛，且偏重戒律，並雜以方術陰陽之神教，幾無義學可言。及至孝文帝世，北朝義學方興。而其特點則是前述之偏於有學：於大乘則研《涅槃》、《華嚴》、《地論》，於小乘則行《毗曇》、《成實》。其中《涅槃》固屬空宗，然講說者卻常墮於有。北朝之《毗曇》實駕乎《成實》之上，然總體而言，則小有（《毗曇》）、小空（《成實》）、大有（《地論》）、妙有（《涅槃》）為北方主要學術。又，《攝論》實際上亦是北方之學。

用彤據慧遠那部有北方佛學概論之稱的《大乘義章》及包舉各宗的四宗之說，一一詳析北方四宗之宗義。又以因緣、假名、不真、真四宗為北朝盛行的判教之內容，詳探判教之起源、性質及在佛學史上的意義。他指出：「判教之說，蓋求於印度佛典之紛歧，作一整理統一之區畫。又欲於依判者之宗義，以平章中國流行之異說，而定於一尊。其既廣博，而計劃亦至偉大。」[38] 就其意義而言，則可說中國宗派之形成，實憑藉於判教。就判教與北方風氣之關係而言，則可說因北朝佛學與經學俱起俱弘，而北學深蕪、喜窮其枝葉，此風遂釀成北方判教之繁複。

判教者之所取多為當時盛行之經典與學說。職是之故，用彤乃窮搜史實，詳考《毗曇》、《成實》、《十地經論》等經典之傳譯、流布及研究之源流、傳授與趨向。其中對法相宗經典之傳譯、流布之

---

[38] 同上，第601頁。

研究尤為詳審；分先其為北之地論宗及南之攝論宗，又分相州南北
學派而述之。在述南方之攝論宗時，既指出真諦得無著、世親之真
傳，考其事跡及傳承，又考明真諦之學實因北方曇遷、靖嵩南來而
得光大。又因《地論》學乃華嚴宗之古學，而華嚴宗實《地論》師
之後裔，用彤乃詳考《華嚴》之流行。他一方面考明「《地論》師
居研究《華嚴》之首席，實亦可謂《華嚴》師」的事實，另一方
面則據梁代以還，南北研究《華嚴》大盛，無論學僧或俗士，多崇
信《華嚴》的事實，見出將有華嚴宗成立的發展趨勢。

作為一位重思想、義學的現代佛學大師，用彤似更看重上承魏
晉以來之佛玄系統的南朝佛學。但他畢竟是一位非常注重統計全局、
嚴謹的學者，因而對下接隋唐之宗派的北朝佛學亦異常重視。不唯
如此，他對北方禪法、戒律亦多有深究細察，此蓋因其以戒定為慧
之所依，戒定不修，而徒侈言義理者，實失佛法解脫道之原旨。由
此可見，用彤不唯對慧發天真、深解理悟的各宗義學有一種心靈上
的深契冥賞，而且對基於熱忱的宗教信仰而產生的信解行證亦有同
情的默應。

總上所言，可知北方佛教重實行，義學方面則因與經學俱起俱
弘而有淳實之特徵，判教亦甚繁複，然隋唐之宗派多可溯源於斯。

（四）盛極而衰：綜論隋唐至晚近之佛學

關於佛教史的分期問題，用彤明確反對依朝代之更替而作定
論。在他看來，皇祚之轉移，「政治制度之變遷，與學術思想之發
展，雖有形影聲響之關係，但斷代為史，記朝代之興替，固可明
政治史之段落，而於宗教時期之分割，不必即能契合。」事實上，
隋唐佛教的一些宗派並均非開山於隋初，而可溯源於齊梁二代。因

此，用彤認為在劃分佛教史時代時，「當先明了一時一地宗風之變革及其由致，進而自各時各地各宗之全體，觀其會通，分割時代，乃臻完善」❸。這既是一種分期標準，又是一種研究方法。在西南聯大的一次講演中，用彤曾對此作過具體而淺近的闡述，即一方面弄清來龍去脈，原原本本地說去（縱的敘述），另一方面則就其全體作分析的研究，指明它和其他時代的不同所在（橫的敘述）❹，然後在此基礎上進行宗教史分期，方不失之獨斷。再具體而言，分期當以佛教之勢力和特點為標準。他曾坦承自己「研究佛教史而專說隋唐二代，特為方便之假設」❹。但此種方便之假設並非全無根據，因為隋唐這兩個政治上的朝代是可以作為一個文化學術的特殊階段進行研究的。就佛教而言，其勢力在本期臻於極盛，而其特點亦非常顯著。用彤認為隋唐佛學之特點有四：

　一曰統一性。有分方有合，佛教本為哲學與宗教之統一體，然在南北朝時期，此二者未見融合，而表現為南北各有所偏。當時南方的文化思想仍以魏晉以來的玄學為主導，北方則多承襲漢代的陰陽、讖緯之學。用彤對此有一種文化思想上的價值判斷，認為前者較新而超拔進步，後者則陳舊而落後。由於受本土地域文化的思想氛圍之深刻影響，南北佛學在思想、行為特徵上亦大異其趣。即：（甲）北方佛教重實行、修行、坐禪、造像，南方則重佛學之玄理，雅尚清談；（乙）北方因為重宗教方面之信仰，故佛教之中心勢力在平民，南方則因重義理，故佛教中心勢力在士大夫中；（丙）北方不信佛教者往往直接以行為上的反對或訴諸武力而表現其對佛教的

---

❸　以上引語均見《隋唐佛教史稿‧緒言》，中華書局，1982年版。

❹　見《湯用彤學術論文集》，第5頁。

❹　同❸。

態度，南方人士反對佛學則多訴諸理論上的討論，且對佛教多取容納同化的寬容態度。總之，南北佛學各執一偏。至隋唐，佛教的宗教信仰與哲學思想兩個方面俱行統一。先就來源而論，本來南方佛教的來源包括江南固有的與亂世流亡者帶至南方的關洛佛學，北方佛教的來源則為西北之涼與東北之燕。但自北朝占據山東及淮水流域後，其移民之舉使南方佛教北趨，而從南方逃亡至北方的士大夫亦足以傳布南方佛學入北方，致北朝深究佛教者多為逃亡之南方人。周武帝毀法後，逃至南方的和尚亦在事後攜南方佛學理論以歸北方。隋朝一統天下，更在各方面為南北文化的融合提供了直接而又便利的條件。一方面南北交通發達、密切，另一方面文、煬帝之崇佛，且建廟、置譯場、詔天下俊彥，凡此均有功於南北佛學的統一。再就佛教本身而言，隋唐佛學已不再像南北朝時期那樣使修行與理論處於分離狀態。所謂「破斥南北，禪義均弘」最能體現隋唐佛學的統一性。一方面，華嚴、天台、法相唯識、禪等各宗雖或在禪法與理論方面各有所偏，但各宗和尚卻是修行和理論並重；另一方面，隋唐大僧俱與南北有關：或本為北人而南下受優禮，或本為南人而北上受推崇。當然，從表面上看，北方佛教似乎仍重行為信仰，勢力仍在平民之中，但實際上卻非常注重理論。一時天台、華嚴諸宗，論說繁密、競標異彩。而南方佛學在表面上反而顯得消沈，但就其影響而言，南方禪宗較之北方的華嚴、天台對宋元明的文化思想關係要大得多。

質言之，隋唐佛教的統一性，一在來源與學風上，二在修行與理論，即宗教信仰與哲學的並重。

二曰國際性。隋唐時代，中國成為亞洲之中心，中國的佛教在國際上甚有較印度更為重要之勢。一方面，隋唐佛學大師多為中國

人，完全不同於南北朝時最大的和尚是西域人或印度人的情形；另一方面，佛學思想也已中國化。因此，東亞各國僧人求法，往往多來中國，而不一定去印度。如朝鮮、新羅把中國的天台、華嚴、法相、禪宗完全搬了過去，日本的古京六宗亦是中國的宗派。這樣，中國佛教各宗乃得以向東亞輻射而國際化。

三曰獨立性。隋唐時期的佛教已經可以不再仰仗他力而自立門戶，亦即不再附屬於中國文化、不再依靠帝王之崇信倡導、不再借重於士大夫之揄揚，而自成獨立的文化系統和自主的教會組織。但中國封建時期的文化均因依託普遍王權方可興盛，因此，用彤又一針見血地指出：本期佛教的獨立性也正是其盛極必衰的原因。由於佛教有了自主的教會組織，且表現為佛教的中心僅集中於廟裏的和尚，因此，它對外界社會的影響便受到限制，理論再精微也只能關在廟裏，行之不遠。它在平民中的影響淪為迷信；士大夫已不再像魏晉南北朝時期那樣熱衷佛學中的玄學，而僅有詩文因緣。由此可見，佛教在中國與本土文化的關係實際上面臨著一種兩難：依附則難顯真義，獨立則難以持久興盛。

四曰系統化。隋唐佛學界盛行判教之法，其特點是使佛教不同的派別、互異的經典得到系統的組織，各自得到一個相當的地位。隋唐宗派之成立，端賴於判教之法。隋唐各宗的特徵是：不僅有各自的理論、寺廟、戒律，更有各自的傳法譜系。也就是說，各宗均有非常濃厚的宗派意識。也正是這種宗派意識使佛教日益系統化：學理、教會組織、譜系均是如此。

但隋唐各宗在中國是否行得通則不是一個簡單的問題。獨立性、系統化固然使其得以成為宗派，與中國文化的關係卻仍是決定各宗歷史命運的關鍵因素。純粹印度化的佛教如法相宗固然在中國

行不通，而中國化了的天台、華嚴二宗也行不通，唯有禪宗能得以長久流行。其原因則在於禪宗不僅合乎中國的理論，而且合乎中國的習慣。禪宗本有簡明直截之特色，主張明心見性，重在覺悟，普通人也可以欣賞模擬，加之禪宗後來連起初不可或缺的坐禪也免去了，因而可以說全然中國化了，或者說中國性質多了，故能有長久的生命力。在這裏，用彤通過條析隋唐佛教的特點，再次展示了他對中外文化衝突、調和的理論思考，說明了對外來文化的吸收需不忘本民族文化的根本地位，方可在吸收新鮮因子後，促進本民族文化的新發展。因此，他總結道：「從古可以證今，猶之說沒有南北朝的文化特點，恐怕隋唐佛學也不會這樣的情形；沒有隋唐佛學的特點及其演化，恐怕宋代的學術也不會那個樣子。」 **❷** 由於用彤這一論述的前提是認為從隋唐佛學的發展中可以預計到宋代本位理學的產生，因此，可以說用彤上述結論的底蘊是：一方面絕不承認漢唐間的佛教之輸入、發展導致了中國本位文化的中斷，因而肯定本民族文化的連續性及此種連續性的根本性，另一方面則又充分肯定了外來文化思想對本民族文化之樣式或思想之轉化或發展的影響。當然，就佛教各宗自身而言，則可謂「凡是印度性質多了，佛教終必衰落，而中國性質多的佛教漸趨興盛。」 **❸** 這一結論同樣包含著這樣的思想，即民族本位文化在中外文化交流中事實上都會發揮根本性或主導性的作用。用彤素喜以古證今，但今人對上述結論在近現代文化交流中的普適性或許會有所保留，本世紀對本位文化說的批評即是一例。

　　用彤對隋唐佛學特點的綜論固屬橫的敘述，而其對中國宗派的

---

❷　同**❶**，第10頁。

❸　同上。

成立、源流、各宗之學理、分布及其地位均有精審之歷史研究，本
章第三節將再作介紹、分析。這裏想說明的是，由於用彤以勢力、
特點為佛教史的分期標準，因此，他便以隋唐佛教盛極而衰這一結
論為前提，將五代宋元明清視為佛教的持續衰落期。綜觀其《五代
宋元明佛教事略》（實亦包括清代及民初在內），雖對一些使佛教生
色不少的大師略有表彰，然主旨卻在探討本期佛教衰頹之因。

　　所謂衰頹，乃是與隋唐佛教之極盛相比較而言。事實上，經過
長達近千年的與中國本土文化之衝突、調和，佛教已不再是當初的
那種異己之宗教文化，而已成為中國文化的一部分。就佛教自身而
言，經過融會、轉化，自隋唐起，「佛教已變成中國出產，不僅大
師是中國人，思想也是中國化」❹。而就佛教對中國文化的影響
而言，其對宋明理學的產生雖非起直接的作用，但「確是非常重要」
的。所以說，宋代學術之所以成為「那個樣子」❺，不能不注意到
隋唐佛學的特點及其演化。凡此，均說明佛教已完成了中國化的任
務，並已滲透到中國文化的主流之中，用彤對此均有洞見。因此，
用彤之以五代以後之佛教為衰頹期，似不能簡單地理解為佛教在外
觀上的沒落，而只能理解為佛教自身在精神實質上不再像隋唐那樣
呈現出多元競起的局面。而個中的原因，用彤則分內外而求之：「隋
唐以後，外援既失，內部就衰，雖有宋初之獎勵，元代之尊崇，
然精神非舊，佛教僅存軀殼而已。」❻

　　上文中的所謂外援，在用彤那裏包括：帝王對佛教之態度、士
大夫與佛教之關係、佛教上的中西之交通狀況、國家之治亂、受惠

---

❹　同❹，第8頁。

❺　見〈隋唐佛教之特點〉，載《湯用彤學術論文集》。

❻　見《隋唐佛教史稿》，第294頁。

於佛教的孔教對佛教之客觀和主觀上的影響與態度。以用彤之見，以上幾方面的外在因素對佛教似乎主要表現為一種消極乃至對立的作用，唯帝王之護法或較多見，宋初以國威稍振、中西交通漸暢而有求法傳教之事。其他幾個外因更為重要，但宋代孔教復興，對佛教既有主觀上的排斥，更有客觀上的負面影響，雖然理學在事實上吸收了佛教中的一些思想成分。而士大夫既缺乏深究佛理之興趣，更缺乏揄揚佛學之熱忱。當然，其中亦可舉出一些例外，且「清代士人研究佛學者漸多，清初王船山治法相學；乾隆時彭紹升、羅有高篤信佛法；後龔自珍學於彭紹升（《定庵文集》有〈知歸子贊〉）即贊彭氏——筆者按：龔之贊彭氏非謂龔學於彭氏，事實上，龔自珍學佛之師乃彭氏之學生江沅，故用彤之說不確。此或智者之一失也**❹**），晚受菩薩戒；魏源亦兼修佛典，受菩薩戒。清末楊仁山深通法相、華嚴兩宗……而宜黃歐陽竟吾則繼其師志，為今日之治斯學之泰斗云。」**❹**但誠如本章第一節所述，近代佛學大師已不同於往昔，他們或從佛學中求取建構意識形態體系的思想成分，或已成為近代學術意義上的研究者。

佛教之發展亦有不待外援者，隋唐即然。在陳述隋唐「佛法之盛過於六朝」的事實後，用彤指出：「此則因本身之真價值，而不待外援也。」**❹**如本書第二章所述，在用彤的學術研究中，發生過從探求真理到開掘價值的轉換，此為其對新人文主義的踐履。具體

---

❹ 參見郭朋等著《中國近代佛學思想史稿》，第218頁，巴蜀書社，1989年版。

❹ 以上引文見《隋唐佛教史稿》，第306頁。本頁之雲樓大師應為雲棲大師，宜黃應為宜黃，此或手民之誤。

❹ 同上，第294頁。

到他對佛教史的研究，則其所開掘且竭力予以弘揚之價值或包括：
高僧之意志拔群卓然、人物之偉巨、教理之昌明深邃，等等。按之
五代以後，此類真價值雖非全無，然與隋唐相比，實有天壤之別。
即以僧人而論，「曁乎晚近，釋子偷惰，趨附勢利，迎合時流，
立寺以敕建為榮，僧人以恩賫為貴，或且外言弘道，內圖私利，
日日奔走於權貴之門，號稱護法，不惜聲譽，而佛法竟衰頹
矣。」❺尤為重要者，則是「僧人既乏學力，且多壞規戒」；以宗
派而論，雖亦曾有「臨濟、曹洞、賢首（華嚴）、淨土及律之五宗
（按指清代），然僅保守，全乏朝氣」；以組織而言，「寺院之大
者則衣食於原有之莊田，小者則多賃租餘屋，或用募化為生」❺；
就求法傳教而言，「宋代翻譯雖事事步武唐朝（如制〈聖教序〉），
然所譯既少於唐，其中亦少重要之著作，於思想上無巨大之影響
也」❺。

　　以上自然只是就五代以後佛教之大勢而言，其中亦不乏例外，
如明末四大名僧，或以人格偉大而令後人敬禮（憨山德清、雪浪洪
恩），或以辟耶教而有功於佛教（袾弘）❺，或以著述極多而使佛法
稍振（智旭）。但這些例外仍未能阻擋佛教大衰之勢。

　　　　　　＊　　　　　　＊　　　　　　＊

　　綜上所述，用彤對中國佛教思想的脈絡之疏尋，雖以漢唐為主，

---

❺　《漢魏兩晉南北朝佛教史》，第242頁。

❺　以上引文均見《隋唐佛教史稿》，第306頁。

❺　同上，第300頁。

❺　袾弘對天主教的批判既表現了佛教的排他性，更代表了明末中國知識
　　界對西方文明的心態。關於這一點可參見拙著《明末天主教與儒學的
　　交流和衝突》，臺灣文津出版社，1992年版。

然亦兼及五代至晚近。而其主要線索則是：（甲）佛教與中國本土文化之關係，（乙）中國佛教思想自身的演化、發展。扼要言之，則漢代為佛教初傳期，其勢力甚小，乃不能不依附中國道術而成為佛道。於教理則偏離無我輪迴之原旨，而主精靈不滅，倡省欲去奢、仁慈好施，於行道則附以禪法。職是之故，佛教乃被目為九十六種道術之一，在入華後相當長一段時期內，寂然無所聞見或其跡不顯。漢魏之際，中華學術以清談之漸靡而至玄風之颺起。此時佛教已擁有較多可資為據之佛經，一方面乃脫離方術，另一方面則進而高談清靜無為之致，即依附玄學而成為佛玄或玄理之大宗。初有支謙力探人生之本真，以神與道合為主旨。至道安時代，乃有異計繁興之般若學，於釋性空本無雖有六家七宗之異，然所論之問題則同屬玄學之域，此即本末真俗與有無，且皆未嘗離於人生。及至羅什來華，大乘學義理昌明，三論大興。其弟子僧肇「解空第一」，使玄學在理論上達到最高峰。南北朝時期，佛教呈現出南華北淳的學風之異。北方佛教重宗教行為，且與經學俱起俱弘，末期經論講習之風大盛，下接隋唐之宗派。南方則偏尚玄學義理，上接魏晉之佛玄。陳隋之際的南北交通為佛教的統一奠定了基礎。隋唐可謂佛教之鼎盛期，佛教自身已具統一性、獨立性、國際性、系統化等特點。宗派的確立使中國佛教呈現出多元競起的極盛局面，一些宗派的完全中國化不僅使其獲得了在中國本土紮根生長的生命力，更使其成為中國文化的一部分，影響此後中國主流文化的新生和發展。然而，盛極必衰，五代後的中國佛教因精神非舊，更受孔教復興之排斥，而僅能存其軀殼。

　　上述對佛教思想脈絡之疏尋鈎勒，可謂於經緯萬端中提綱挈領、在歷史表象背後發掘不同宗教、文化交互作用之規律。蓋漢魏

兩晉時期,可謂印度佛教因見表面之相合而與中國本土文化相調和,不同的是漢代佛教依附舊學（方術）, 而魏晉時期佛教依附的是新學（玄學）。其中雖有僧睿之斥格義「迂而乖本」,而欲求弘宣佛教之真義,更有僧肇之批評三宗乃至玄學各派而出乎類、拔乎萃,然其時佛學與玄學之合流實為大勢。南北朝時期則可謂佛教與中國本土文化因見不同而衝突之階段。本期固有南朝佛學之上承魏晉玄風,然試觀白黑內外之爭、本末之爭、形神因果之辯,雖只在理之長短,而其爭論則不可不謂激烈。而范縝、郭祖深與荀濟之反佛,更是理分絲解,轟動一時。至論北朝之教爭,更常訴諸武力。北魏太武帝時,以崔浩之發動,佛道相爭甚烈,終至太武帝毀法。用彤認為,崔浩之「毀謗胡神具有張中華王道正統之義」,故太武帝毀法之事「又非一簡單之佛道鬥爭也」❺❹。而從元魏自孝文帝以來以至北齊,華風已振,經術大昌。反佛者漸起,且多出儒門。其言論亦崇禮教,重文治。此時佛道二教之爭亦日趨激烈,至周武帝乃有力修治道、並毀二教之舉。凡此均說明南北朝時期佛教與中國本土文化之間衝突甚劇。至隋唐,雖亦有士大夫之反佛及會昌法難,然主因乃在政治、經濟方面之考量,所涉學理甚少。本期實可謂佛教與中國文化因見真實之相合而調和,故有中國化的宗派之產生。在這一階段,印度佛教可以說已被本土文化吸收,加入本有文化的血脈之中。當然,這一階段,不但本有文化發生變化,在調和中進行創造性的轉化,而且外來文化也發生了變化。五代以後可謂佛教持續滲透期,一方面對本土文化發生深遠廣泛的影響,另一方面還要維持其自身作為宗教文化的存在。

---

❺❹　見《漢魏兩晉南北朝佛教史》,第357頁。

用彤所著〈文化思想之衝突與調和〉可以說是對上述歷史考察的綜合與邏輯性總結，其文化思想衝突與調和的三階段之說雖看似平易簡單，卻有深厚的歷史文化背景。

三、宗派變遷之考察

隋唐之被視為佛教極盛時期，蓋在於宗派或教派之競起紛陳。然關於宗派之性質、宗派之產生及宗派之種類，國內學術界卻多因襲日人之說，致有「十宗」、「十三宗」說之流行。梁啟超、楊文會等碩學宏儒皆贊同日人「十宗」之說，《辭源》、《辭海》等大型工具書亦以訛傳訛。用彤認為此說不符合史實，遮蔽了中國佛教史之真相。早在三十年代撰寫《漢魏兩晉南北朝佛教史》時，用彤即已懷疑「十宗」之說，並對宗派問題略有研討❺❺。在講授隋唐佛教史一課時，用彤對宗派問題亦多有論列，然「旋值抗戰，未能成稿」❺❻。五十年代以後，用彤雖「遲暮多病」，但在身體狀況稍好的情況下，仍重操舊業。為解決中國佛教有無十宗這一歷史懸案，「他為寫〈論中國佛教無『十宗』〉和〈中國佛教宗派問題補論〉，這兩篇文章加起來不過三、四萬字，但他幾乎花了兩三年時間翻閱《大正藏》、《續藏經》、《大日本佛教全書》，總計起來大約上千卷了。」❺❼用彤對此問題如此重視，且用功如此勤劬，蓋因宗派問題實乃中國佛教史研究中最重要的課題之一。對「頗喜疏尋往古

---

❺❺　同上書，第515頁。

❺❻　見《湯用彤學術論文集》，第403頁。

❺❼　見湯一介〈昌明國粹融化新知——紀念湯用彤先生誕生100週年〉載《中國文化》第9期，1994年2月，三聯書店。

思想之脈絡，宗派之變遷」的用彤來說，實可謂茲事體大，而不能不恢復歷史之本來面目也。本節將根據上述引文中提到的兩篇論文及經刪改後收入《隋唐佛教史稿》中的相關章節，對用彤在宗派問題上的研究成果作一綜述和評析。

（一）「宗」之二義：學派與教派

用彤治學素具務求簡單明晰之分析精神，此種近代學術精神尤為明顯地體現在他對「宗」之義的分析和界定上。他認為，漢文資料中與中國佛教宗派有關的「宗」本有二義。其一指學說或學派，蓋宗本有尊崇之義，所主張之學說可以謂之宗。例如印度般若佛學傳入中國後，因中國知識分子（主要是僧人）對之理解不同，遂有不同之闡釋，於是有所謂「六家七宗」。這裏的宗實即「家」之義，與儒家、道家之家相同。故六家七宗中的「本無宗」、「心無宗」分別可稱為「本無家」、「心無家」。即如後此講說各種經論之經師、論師的學說，雖亦被稱為宗，如「成實宗」、「涅槃宗」也只是指學說派別而言。宗之另一義則指教派，即指有創始人、有傳授者、有信徒、有教義、有教規之宗教團體。隋唐時的天台宗、禪宗、三階教等均為宗教之派別。質言之，學派之宗涉及佛學史，指學說宗旨而言，教派之宗則涉及佛教史，指人眾而言。用彤的此一界定、區分同樣看似簡單易曉，然直如聰明人之敲破雞蛋使之豎立一樣，非經智者之明示則凡人亦不易知之也。治佛教宗派史者所得結論之真偽端賴於有無此一簡單明瞭之區分，此絕非虛言。

用彤的上述區分乃是考察佛學、佛教史的結果，他認為：「隋唐以前中國佛教主要表現為學派之分歧，隋唐以後，各派爭道統之風漸盛，乃有各種教派之競起。」❸但學派與教派雖表現為歷史

前後之關係,而其實質上的聯繫卻更為密切,即「中國佛教之宗派,應該說是大起於隋唐,是經過南北朝經論講習之風而後形成的。」❺❽換言之,由經論講習之風而形成的學派分歧乃是隋唐宗派競起的前提或原因。

　　所謂經論講習之風盛於南北朝時期,此乃學風之一大轉變。蓋東晉佛學尚清通簡要,主張得意亡筌,是以道生注《法華》僅有二卷。及至齊梁,因譯出佛經更多,而譯人復有傳授,於是講習經論之風大盛,乃有八卷本的《法華義疏》(法云)和十卷之《法華注》(劉虬)。且僧人務求兼通眾經,以能講說經論而知名,由此而有眾多之經師、論師。如《高僧傳》稱慧基「學兼昏曉,解洞群經」,「遊歷講肆,備訪眾師」,「善小品、法華、思益、維摩、金剛波若、勝鬘等經,皆思探玄賾……提章比句。」❻⓪由此可見經論講習之一斑。蓋經師們雖各有專精,但僅限於「提章比句」,並無自己的獨創,經師之弟子亦不一定要繼承其師之學說。如慧基專精《法華》,而其弟子慧集則以《毗曇》知名。又,由於經師、論師講經次數甚多,章句甚繁,於是有集注之產生。如梁武帝曾敕撰《涅槃集注》,此則佛教經學形成之標誌。職是之故,其時乃有涅槃師、成實師或成論人、毗曇師或數人等名稱。用彤通過廣徵博引,指出隋唐以前中國佛教撰述中,涅槃宗、成實宗、毗曇宗等名稱非常少見,即使偶用此類名稱者,也都只是「宗旨」、「宗義」之義:或指一人所主張之學說,或指一部經論之理論體系。從這一歷史考察中自然可以順理成章地得出以下結論:「從晉代之所謂『六家七宗』

❺❽　《隋唐佛教史稿》,第201頁。

❺❾　見《湯用彤學術論文集》,第356頁。

❻⓪　見《高僧傳》,第323-324頁。

至齊梁周顒之『三宗』皆指佛教學說之派別（學派），實無隋唐
以後之佛教教派之意義。」**⑥**當然，三論宗在吉藏之時已有向教派
過渡之趨勢。蓋其時三論師一方面有共同之學說，以其為無所得大
乘，反對小乘及一切有所得大乘；另一方面又自稱是正教，因而漸
具教派之性質。但用彤似又不願以三論宗為真正之教派，而喜舉天
台、禪等宗為例，說明真正教派之性質。

　　天台宗與經論講習之關係在於該宗原本法華經師中一家，天台
宗之創始人智顗或智者大師所立之學說即以《法華經》為主要依據。
三論宗人嘉祥吉藏曾致書請智顗講《法華經》。　用彤指出：隋朝這
兩位名僧，雖均講《法華經》，　然其作風卻有重大區別。即：吉藏
為了證成三論學說，多用功於破斥他家；而智顗則將主要精力花費
於建立自己的系統，極少兼涉其他學說。因此，天台宗多有自己的
創造，而「三論師」則偏於經論的發揮，此其一。其二，吉藏博學，
偏重理論的研討；智者大師本為禪師，更注重的則是「止觀法門」。
當然，使天台宗成為教派的特點可更明確地綜述如下：其一，天台
既重修行方法，又有理論體系，此即定慧雙修。其二，天台智顗徒
黨甚眾，晚年在天台傳法時，已為僧眾立制法，定懺儀，儼然一代
教主。其三，天台宗自稱佛教正統，有傳法定祖之說，此為佛教宗
派之為教派的重要標誌。質言之，天台智顗已於經論、禪定、戒律
均有其建樹，並綜合為系統，建成一大教派。具體而言，智顗於論
說則以講《法華經》而出名，並建立其「四教義」的判教理論；於
禪定則將佛經中種種禪法納於其止觀理論而建立一複雜系統，並取
當時之某種禪法；於戒律則提倡菩薩戒。

---

⑥　同 **㉚**，第204頁。

關於付法定祖之說，用彤既以之為中國佛教教派形成的根本標誌，乃不能不對其發生發展作一詳盡之探討。一方面，他從外來文化與本土文化之關係這一角度對付法定祖之說的成因作了一種歷史文化上的探究，指出佛教中的道統之爭當與南北朝時期道教與佛教之爭有關。蓋佛教流行中國後，中國人常疑其真實性，因而《老子化胡經》早已流行。太武帝毀法時，更下詔書斷言佛法乃漢人無賴子弟所偽造。值此中外文化衝突甚劇之時，乃有西元五世紀流行南北的敘述佛教法統之著作，如《付法藏因緣傳》。此書係北方佛徒為捍衛、復興佛法、關斥華人之疑論而編撰（題署「北魏吉迦夜共曇曜譯」），而南方則有由僧祐採集古今記載編撰而成的《薩婆多部相承記》，此書已佚。用彤據有關史料，又辨明此二書性質並不相同。《付法傳》旨在捍衛佛法的真實性，因而著重論證佛法是代代相傳的，故此書實是對華土疑佛排佛諸說之回應。而《薩婆多部記》則是薩婆多部十誦律傳授史料之匯編，即只是匯集數論大師的傳記，而不是傳法的記載。但自中國佛教宗派興起之後，各派卻常常不加分別地引用上述二書作為爭法統的根據。另一方面，用彤又從佛教內部尋求付法定祖之說興起、發展的原因，指出法統觀念的出現與佛教在中國注重戒律的傳授也有關係；而傳法亦有從師承到付法的演進過程。蓋印度佛教部派，只重學說之同異，很少關注師承。佛法初行中國的漢晉之際，僧人也只有師徒關係而無付法之說。羅什以後，南朝僧俗講習之風因得統治階級之倡導而大盛。其時僧人往各地訪師問經，講者持經敷演，學者按文研讀，這也還只是知識之傳授。質言之，唐以前即或有所謂付法者，實際上也只是指那些能繼續其師講經論的人，「所付者不過是經論的講解或所著作的義疏，甚至於用付塵尾作為象徵而已。」⑫但此種重師承的付法觀念

到了隋唐宗派興起之時，卻有了新的內容和意義。一方面立宗者自稱繼承佛教正統，並常常引用《付法藏傳》以為佐證；另一方面因禪定盛行之影響，傳法便有了神祕的意義，與名相解釋之學大為不同。如禪宗頓教號稱是以心傳心，祕密相傳，不著一字，其後參禪棒喝，均是禪宗頓悟學說的體現。

如上所說，傳法既與宗派之興起有關，而付法定祖之說實乃教派形成之重要標誌。完整、典型意義上的教派乃是指有創始人、有傳授者、有信徒、有教義、有教規的宗教集團，因而與只講習各種經論的經師論師的學說之「宗」具有性質上的根本差異。

（二）「十宗」說之誤

根據以上對學派與教派之宗的區分，則可知所謂毗曇宗、成實宗、涅槃宗等不過是南朝經論講習之風大盛時所產生的學派之差異；而天台、禪宗等才是真正的佛教教派。但何以會有十宗、十三宗說大行於中日兩國佛學界呢？對此，用彤一方面根據日本的相關資料，詳析十宗、十三宗說之產生根由，另一方面則指出其錯誤之所在，並提供了可資參考、較為正確或可取的史料以說明教派究有多少種類。

鑑於近七十年來中國有關佛教宗派問題的記載多係抄襲日本，用彤首先追溯了日本對此一問題的記載歷史。蓋日本之輸入中國佛教在七世紀初，而聖德太子所撰《三經義疏》已引用光宅法雲、謝寺次法師之說及僧肇之《維摩經》注，此則說明中國經師論師之學已輸入日本。但該書僅言及五時教，而未提到成實論、三論。至七

---

❷ 同 ❺ ，第395頁。

世紀末，日本乃有古京（南都）六宗，九世紀有八宗。據日本僧人圓珍記載，此八宗是，南京六宗：一、華嚴宗，二、律宗，三、法相宗，四、三論宗，五、成實宗，六、俱舍宗；上都二宗：一、天台宗，二、真言宗。九世紀的另一日僧安然作《教時諍》，加禪宗合為九宗。當然，用彤也注意到，中國佛教教派傳入日本時，日本僧人並非對新來宗派毫無疑問地予以接受。例如，日本僧人在禪宗、淨土傳入時，就曾討論其是否為宗。但是，直接導致混亂因而更引起用彤注意的乃是另一歷史事實，即：佛教傳入日本時值由梁至唐之世，其時正好是中國佛教由經論講習之風甚盛向教派興起過渡之時。最初傳入日本的佛教學說當為三論、成實、俱舍，這些都是經論之講習、師說之傳授，即都只是上文提到的學派之「宗」。其後，唐初教派之宗競起，天台、華嚴、法相、律、真言等新興教派也相繼東傳，它們都得到日本統治者的承認。於是，先後傳入日本的學派之宗與教派之宗被等量齊觀，並稱為八宗。在此八宗中，成實、俱舍實際上極微弱，因而分別被附於三論、法相，稱為「寓宗」，其他三論、天台、華嚴、法相、律、真言六宗則被稱作本宗。逮至宋朝，日僧來華者人數益多，乃有淨土宗、臨濟宗在日本流傳、成立。這些又都成為日本佛教史著述家凝然（1240年—1321年）撰述《八宗綱要》、《三國佛法傳通緣起》的重要資料。此二書係凝然氏根據日本當時流行之宗派情形，綜合中日兩國之書籍著作，大談印、中、日佛教宗派之歷史的結果。其中《八宗綱要》撰於西元1268年，主要敘述上文提到的所謂八宗，又以禪宗、淨土宗一節附於書末，稱「日本近代，若加此二宗，即成十宗」。此蓋十宗說之濫觴。《三國佛法傳通緣起》則撰於西元1311年。該書對日本佛教只敘八宗，但對中國佛教則依弘傳次第列十三宗，即「一、毗曇宗，二、成實

宗，三、律宗，四、三論宗，五、涅槃宗，六、地論宗，七、淨
土宗，八、禪宗，九、攝論宗，十、天台宗，十一、華嚴宗，十
二、法相宗，十三、真言宗」。其中毗曇宗包括俱舍。斯又十三宗
說之始作俑者。

　　隋唐之時，中國成為東亞佛教之中心。但從中唐至北宋，卻沒
有關於中國宗派的明確綜合的記載。不過，用彤認為可以從當時的
「判教」之事實中略見中國宗派之一斑。他從敦煌殘卷中發現，八
世紀以前中國固然有天台、法相、華嚴等各宗義，卻無成實、俱舍、
涅槃等宗義。至南宋，中國佛教雖僅存軀殼，但可貴的是一些僧人
卻留意於中國佛教通史之撰述。如宗鑒著有《釋門正統》八卷，志
磐更有《佛祖統紀》五十四卷。此二人均以天台宗為正統，兼述其
他各宗。其中前者作於公元1237年，列天台為正統，並及其他五宗：
禪、賢首、慈恩、律、密宗。志磐之書則自序成於咸淳五年（1269
年），敘列有淨土教及達摩（禪宗）、賢首（華嚴）、慈恩（法相）、
灌頂（真言）、南山（律）等教派之史實。可見此二書均早於凝然
之著述，且所列之宗均少於十宗。逮至明代，有釋廣真著《釋教三
字經》，亦只述七宗，即志磐所列之天台、淨土及達摩等五宗。可
嘆的是，到了清末民初，中國佛學界卻唯日人馬首是瞻，致有十宗
說之流行。

　　通過比較中日兩國關於中國佛教宗派的記載，用彤指出其根本
差別在於日本記載中謂中國有三論宗、成實宗、俱舍宗、涅槃宗、
地論宗、攝論宗等。而在中國記載中，卻極少有此類宗名，而常見
的只是成實師、攝論師。即使偶有此類宗名，也只是指經論之宗義，
或指研習某一經論之經師、論師，即只是「學派」之宗，其中唯有
三論或許可以說已形成教派。

　　現在的問題是，如果以用彤關於學派與教派的區分為標準而判定中國佛教宗派之有無十宗，是否會流於主觀臆斷呢？用彤充分意識到此一問題的挑戰性，乃舉反例斥日人十宗、十三宗說之誤。他指出：「假使我們稱經論或經論師為宗的話，則中國流行之經論亦不只此數。」❸例如，根據南齊周顒〈抄成實論序〉記載，在當時流行的經論講習之風中，「《涅槃》、《法華》，雖或時講；《維摩》、《勝鬘》，頗參餘席。」又據中唐梁肅《智者大師傳論》載，《攝論》、《地持》、《成實》、《唯識》亦曾分路並作。用彤又駁斥凝然之說曰：若以流行甚廣為宗，或以學說獨特為宗，則地持、勝鬘亦當被列為「宗」矣。由此可見，凝然所列之宗既無統一之標準，亦無史實根據。如果像凝然那樣將成實論師、涅槃經師諸學派與天台、華嚴諸教派等量齊觀、相提並論，則中國佛教必不只十宗或十三宗。這一點就連凝然本人也有充分的認識，故其人曾自認列十三宗不過是「取廣玩習」。而後人卻不加審辨，以之為定論，豈不謬哉。

　　有破亦有立。用彤在破斥凝然中國佛教有十宗、十三宗之說後，又宏通平正地指出，學界應以宗鑒、志磐之說為主要根據來確立中國佛教宗派之種類，即除天台宗以外，有禪宗、華嚴、法相、真言、律宗等五宗。另外，用彤認為三論宗、三階教亦可視作教派，同時還特別指出三論宗傳世甚短這一事實。至於淨土是否為一教派，用彤認為其中大有問題。因為中國各宗均有淨土之說，且彌勒彌陀崇拜亦實有不同，又無統一之理論。當然，用彤在《隋唐佛教史稿》一書中，也專闢一節研討淨土宗，此蓋為方便見耳。

　　需要指出的是，用彤對日人謂中國佛教有十宗、十三宗之說的

---

❸　同上，第368頁。

破斥似已得到學術界公認。1958年，日本出版的《佛教史概論‧中國編》在書中附有宗派譜系，並未列成實、地論、攝論為教派，而只稱之為「學派」，　這顯然是對十宗、十三宗之說的否認或擯棄。此亦或因吸收了用彤的相關成果，因為用彤在《漢魏兩晉南北朝佛教史》第十八章章首就曾略斥十宗之說。以上就日本佛學界而言，以國內佛學界而論，則即使是好與用彤爭鳴的著名學者呂澂，似亦默認了用彤在中國佛教宗派問題上的研究成果❻。可見用彤在此一問題上的破和立實有其大之價值。

（三）分論各宗

　　如上文所述，用彤既界定了作為佛教教派之「宗」的涵義，又破斥了源於日人的十宗、十三宗等謬說，更立論以為當以宗鑒、志磐之說為主要依據來確立中國佛教之宗派。用彤確立宗派的結果乃是包括有疑問的淨土宗、已具教派性質的三論宗在內的九宗。關於中國宗派，用彤在《隋唐佛教史稿‧緒言》中有一綜合而簡短的論述：

　　三論之學，上承般若研究，陳有興皇法朗，而隋之吉藏，尤為大師。法相之學，原因南之攝論，北之地論，至隋之曇遷而光大。律宗唐初智首、道宣，實承齊之慧光。禪宗隋唐間之道信、弘忍，上接菩提達摩。……又淨土之曇鸞，天台之智顗，華嚴之儼，三階教之信行，俱開隋唐之大派別。……密宗自金剛智、不空二人弘法之後亦大張。

---

❻　參見呂澂《中國佛學源流略講》第6至8講，中華書局，1988年2版。

上述引文中省略部分還包括成實、涅槃學之概況及唯識、禪等各宗
之消長，此蓋就佛學及勢力兩方面而言。至若上列九宗，則是用彤
《隋唐佛教史稿》一書研究之重點，故是書雖列勢力之消長、傳譯
之情形、撰述、宗派、傳布共五章，而宗派一章即占了近一半的篇
幅。用彤對上列九宗的探究主要集中於各宗之傳承、產生、發展、
宗義、教儀、盛衰、流布……。其中既展示了各宗之來龍去脈及各
宗走向獨立化、系統化、國際化的軌跡，又昭示了各宗與本土文化
之關係及其盛衰之根本原因。而考證之精審，史料之爬梳，對日人
研究成果的得失之臧否，對各宗思想的分析之鞭辟入裏，則可謂俯
拾即是。然限於篇幅，本書不能對此作詳盡之評析。茲僅撮其有代
表性者若干，以見其中之一斑。

關於三論宗的傳承，學術界流行過一種源自日人的說法，即推
文殊師利為印度始祖，鳩摩羅什為中國初祖。羅什傳道生，道生傳
曇濟，曇濟傳河西道朗，道朗傳攝山僧詮，詮之弟子有興皇法朗。
法朗乃中國三論宗之第六祖，而其嗣法者即嘉祥大師吉藏。用彤認
為此說絕不可信。蓋道生乃涅槃聖，其著述中並無三論章疏。至於
曇濟，其學實得之於羅什門下之僧導，而其人則與道生異時異地，
決無師資傳授之事。用彤又詳取史實，說明河西道朗既非曇濟弟子，
亦不能為僧詮之師，實則道朗乃曇濟之前輩。而以助曇無懺譯《涅
槃經》之涼州釋道朗為僧詮之師，則是因為誤解吉藏章疏中言而有
此謬說。本來《中論疏》卷一、《大乘玄論》卷三所指河西道朗乃
北涼之道朗，此道朗必至少享壽百二十方可為僧詮之師。《中論疏》
卷四、卷五所指之大朗法師實指攝山之朗，此人才是僧詮之師，三
論學之復興端賴此攝山僧朗。

有趣的是，作為一名文化守成主義者，用彤並不固守先賢大德

們建立的各種定論，他對傳統同樣有一種分析的態度，斯則西方史
學方法和科學精神使然也。在破斥日人關於三論宗的師資傳授之謬
說後，他同樣也敢於將懷疑的眼光投向吉藏大師。吉藏在其著述中
曾立論以為：甲、周顒嘗從僧朗受學，因作《三宗論》，乙、梁武
帝得其義而作疏，丙、朗之三論學，得之關中。用彤乃先引沙門智
林致周顒書，說明江左當時罕傳三論學，周氏《三宗論》立義出於
獨創，故所謂周顒在鍾山得義於僧朗，實乃讕言，周氏之三論或得
之於玄暢。次乃說明梁武作《大品經》疏時，其所採或得之於僧朗，
但不能像吉藏那樣斷言梁武全因得僧朗之義捨成實而作疏。復次，
用彤指出，由於後人將河西道朗與遼東僧朗混為一談，乃立僧朗之
學得自關中的誤說。蓋「僧朗於齊梁之際，復興三論，其遠憑古
說，理無可疑，但係得之師傳，抑僅就舊疏決擇發明，則不可
考。」❻❺至於吉藏屢次申言僧朗之學得自關中，則有更深刻的原因。
用彤通過考察三論發達之真實過程及攝山三論與成實學者之爭執，
從付法傳統的角度昭示了吉藏立說的用意。用彤的結論是：吉藏「言
周顒作論，梁武造疏，均得之僧朗，以明斯學為攝山系統所獨得，
欲示關河相傳，師宗有在，故復言高麗大師傳法關中，以徵實其
正統。」❻❻用彤此論不僅展示了三論宗師資傳授之說中的偽造之處，
更揭示了其形成的宗教背景和原因。他更立論以為，攝山三論之演
進、發達自有其時勢之原因，亦有內在的程序，此即於成實分析空
進而談三論之妙有空。在此基礎上，用彤深有體會地向學者明示了
一種科學的研究態度和方法，即：「研究宗義者，對於師資傳授，
不可執著，視為首要。而於雜以附會之宗史，亦自當抉出之

❻❺　《隋唐佛教史稿》，第112頁。

❻❻　同上書，第118頁。

也。」❻用彤此種科學的疑古態度，則非傳統的文化保守主義者所能具者。

關於三論學之復興與其師資傳授，用彤透過歷史的迷霧，廓清了一條較為明晰而真實的線索，即僧朗一方面憑藉古德，另一方面自創新說，僧詮從其受學，其弟子有興皇法朗者，先住山中，後入揚都興皇寺，使三論之學出山林而入京邑，勢力甚大。而三論宗之元匠則為法朗之弟子嘉祥大師吉藏，吉藏之學要在申二諦中道，而以中道為佛性。就勢力而言，唐初三論之學已廣被南北，堪稱大宗。就分布而論，隋唐三論盛行之地約有五：金陵棲霞，興皇為其重鎮；會稽，吉藏嘉祥寺在此；荊襄，羅雲、法安、慧哲等在此弘法；長安，吉藏晚年所在之地；蜀部，安州慧嵩、高麗實公講說其地。就消長而言，貞觀以後，三論漸衰。用彤並取二事以說明其所以衰頹之因。其一為：義褒雖講論京邑，但其學卻多少受玄奘之影響；其二為：永徽時，來自印度的那提三藏雖攜來大小乘經律論五百餘夾，千五百餘部。但因所學為龍樹般若，不為時人所賞，竟不得譯。斯則說明此時三論之學已不像兩晉時那樣因玄理之契合而深受士大夫之契賞。既無本土文化之接受、吸收或揄揚，則其漸衰當屬自然之事。

用彤同樣以科學的分析精神抉出「雜以附會之宗史」的禪宗傳法之偽說。他認為，智炬所造之《寶林傳》雖已佚，但最全面地代表了此種偽說，且多為唐宋人所引用，致謬說流傳。此種偽說認為禪宗乃教外別傳，如來拈花，迦葉微笑，即是付法。用彤列舉了四事以證禪宗史傳之妄，其中一點似最重要，即所謂秘密相傳，不立

文字。但禪宗人卻承認達摩嘗以《楞伽》四卷授學者，此足為反證。
在用彤看來，此種偽史皆六祖慧能以後禪宗各派相爭之出產品。而
且，禪宗內部對傳法定宗也是眾說紛紜，蓋各派竟以傳統自任，而
《寶林傳》本屬慧能一派，慧能又不識字，於是附以秘密相傳、不
立文字之語，其目的則是為南宗張目。

　　在黜偽斥妄的基礎上，用彤廣搜史料，恢復了禪宗的傳法史之
本來面目。蓋達摩禪法教理，在惠可、道育以後漸流天下。傳至道
信而有法融之牛頭宗和弘忍之東山法門。弘忍之徒甚眾，其上座神
秀及其弟子備受武則天、中宗之敬禮。要言之，北宗神秀勢力曾一
度甚盛，而其被稱為漸教者，則或因其守達摩之法也。後世所謂六
祖慧能者，乃神秀之同學，雖曾受學於弘忍，實際上卻是後來在南
海印宗法師處出家。其門徒據其言行所錄之《壇經》影響巨大，用
彤對此經之價值評價甚高，認為此經「實於達摩禪學有重大發展，
為中華佛學之創造也。」❻六祖之學要在頓悟見性，一念悟時，眾
生是佛，從自心中頓見真如本性。其後學竟以頓悟相誇，語多臨機，
既輕學理，亦廢禪行。此雖不必為慧能所自創，然要非達摩之本意。
故在與達摩學說之師承關係上，南北二宗實形分野。用彤還指出另
一重要事實，即南宗勢力實至荷澤神會時始盛。此前兩京之間皆宗
神秀，逮至神會入洛大行禪法，漸修之教蕩然，普寂之門衰歇。此
後曹溪一宗，旁出派徒不可勝數。至唐末其他各宗均衰歇，獨禪風
益競，此蓋因禪宗乃徹底中國化之教派也。

　　以上對禪宗之探究成果，於用彤後成為公論。對禪宗偽史的辨
析，用彤多有與胡適相類之處，後者以神會和尚為南宗北伐的總司

---

❻　同上，第188頁。

令，於恢復禪宗史的真實面目，亦有大功。

　　對天台、華嚴、戒律、法相等各宗，用彤亦深研窮窮，且屢陳精義。茲不贅述。

第四章　佛國探珍（下）

一、論士與僧

　　從用彤對佛教思想的脈絡之疏尋及宗派變遷之考察中，可以見出：佛教之興衰當然首先決定於其自身之宗教和思想價值是否得到充分之彰顯，而各宗是否具有恆久之生命力則在於其如何處理好與本土文化之關係。如果說這些都主要屬於決定佛教之盛衰的內因的話，那麼，士大夫與佛教之關係則可謂對佛教之盛衰起著重大的推助作用的主要外因之一。蓋士為四民之首，他們或居官而享職權，或習文學武而享文化特權。在鄉土中國的傳統社會結構中，士不僅以其行為上的示範性角色維繫著社會結構的均衡與穩定，更享有傳承或創造文化的優越性。因此，一旦當社會中出現從自身內部生長起來的新異文化因素、思潮，或出現從外部輸入的異質文化時，士往往會或敏銳或遲鈍地成為傳統文化或本土文化的代言人，對新異或異質文化表明態度，或批判拒斥，或接納吸收，綜合創造，或冷漠處之，而這些態度又往往會在民眾中產生巨大的示範作用。對外來文化而言，士的反應方式或心態不僅會直接影響其生死存亡，而且會決定其在本土文化中適存的路向。此論既可證諸自明末以來的

中西文化交流，同樣亦可證諸自漢代以來的中印文化交流。用彤治
學一向明察秋毫，對士大夫與佛教的關係之重要性自亦有深切之體
證。因此，他對此一問題不僅非常關注，而且有相當精深的研討。
綜觀其佛教史著述，既有專章專節考察名僧與名士之交往，亦在各
處留意士大夫階級與佛教思想的關係。

　　大體而言，士大夫與佛教之關係有兩類：正面的結合、交流，
負面的排斥與批判。具體而言，則此兩類關係又分別可分為若干種
具體的類型。茲先論前一大類，撮其要者，說明其對佛教之影響。

　　用彤曾高度概括地指出，溯自兩晉佛教隆盛以後，士大夫與佛
教之關係約有三事：一為玄理之契合，一為文字之因緣，一為死生
之恐懼❶。蓋佛教在漢代由於文人學士之興趣闕如（僅襄楷、張衡
曾略為述及），甚且「世人學士，多譏毀之」，因而只能被視為道術
之一種而流行民間。此則說明若無士人之興趣，外來文化絕難進入
精英文化之中。及至三國時期，有所謂「孫權使支謙與韋昭共輔
東宮」之說❷，言或非實，但用彤卻從中見出名僧與名士相結合之
濫觴。

　　　其後《般若》大行於世，而僧人立身行事又在在與清談者契
　　　合。夫《般若》理趣，同符《老》《莊》。而名僧風格，酷肖
　　　清流，宜佛教玄風，大振於華夏也。❸

此中透露的消息，不僅說明佛教在本土文化發生劇變、玄風颷起之

---

❶　《隋唐佛教史稿》，第193頁。
❷　事見湯校《高僧傳》，第15頁。
❸　《漢魏兩晉南北朝佛教史》，第108頁。

後，自覺附會之而成為玄學中的一支勁旅——佛玄，更說明本土文化的代言人——名士已一改漢代文人學士對佛教了無興趣的冷漠態度。轉而積極與名僧結交，接納異質宗教文化。此風之盛，尤可見於以下兩事：其一是西晉支孝龍與阮庾世稱為八達，據陶靖節《群輔錄》載，董昶、王澄、阮瞻、庾敳、謝鯤、胡毋輔之、沙門于法龍（當即支孝龍）、光逸，為八達，其二是東晉孫綽以七道人與七賢人相比擬，其《道賢論》所作之比擬可列舉如下：

風德高遠：竺法護類山巨源

具機悟之鑒：竺法乘比王濬沖

傲獨不群：于法蘭乃阮嗣宗之儔

高風一也：于道邃似阮咸

輕世招患：帛法祖同嵇叔夜

曠大之體：竺法深同劉伯倫

風好玄同：支道林方向子期

凡此均說明兩晉名僧與名士之結合蔚為風尚。當然，西晉與東晉略有不同。西晉時雖有竺法護、帛法祖、竺叔蘭、支孝龍之玄理風格為後世激賞，且有蘭與樂令酬對，龍共庾、阮交遊之事，但由於正史缺載僧事，而可資利用的《高僧傳》等史籍又詳於南渡後之僧事，故洛都名士與名僧之交情遂少可考，而且使得西晉名士之佛學亦不能詳。相形之下，據《高僧傳》等史籍則可知東晉時名僧名士群集東土之盛況，亦可知其交遊之大略。如一代名流王洽、劉惔、殷浩、郗超、孫綽、王濛父子、袁弘、王羲之、謝安、謝朗、謝長遐均與支道林為友，樂與往還。而且，據此類史料，亦可知東晉名士佛學

之涯略。

　　用彤對兩晉間名士與名僧結合之原因亦有深究。蓋典午以降，國法嚴峻，文人學士常以觸怒當道而至殺身。加以天下多故，名士少有全者。是以士大夫踽跡全生，見幾遠害。或厲操幽棲，高情避世，是謂嘉遁；或又佯狂放蕩，宅心事外，是曰任達。而名僧素遠人世，多處岩壑，且多心神悠然旨遠，塊然自足。是以遁世全生之名士多樂與名僧共遊處。此其一。其二則在玄理之契合。蓋自玄學興起後，佛僧多趨附玄理以求佛教之適存，時間既久，一些高僧如支遁者，不僅理趣符《老》《莊》，風神類談客，尤且執玄學之牛耳。追求玄遠之致的名士於是趨之若鶩，競相與之交遊。或冀求取談名理之資，或冀抬高身價。世風如此，則不能不影響名士佛學之水平。在談及東晉士大夫的佛教撰述時，用彤寫道：「蓋當時人士側重清談，一登龍門，身價十倍。佛理深微，一般學者未能具解。《世說》所言固美支公陳義之高，而名士之未能盡解佛理，亦可想見。」❹如精研佛典的殷浩於佛典名相初亦不能瞭然。郗超之《奉法要》，雖詳述佛法之內容，於空義頗與支道林相合（即色），但於無我義卻仍指為非身。此類崇信佛法之士大夫，固不可謂無意盡解佛理，然其終未能盡解者，則說明傳統文化的思維方式和觀念乃其人理解異域宗教文化之先見，使其在擬同的理解中未能獲其本意。由此亦可見所謂玄理之契合大概也還只是返本求原的形上追求的趨向之合，固非具體答案之符契也。

　　除玄理之契合外，死生之恐懼亦為士大夫與名僧結合的誘因之一。蓋佛教的道德功能之一在於使人恍惕於沈溺生死之苦，累劫輪

---

❹　同上書，第131頁。

轉之痛，而勸人為善修道，以求超越生死之苦。東晉時，劉遺民、宗炳等人與釋慧遠於元興元年建齋立誓，共期西方。其原因則在於諸人於無常之懼，感之最切，故共期往生佛國。用彤嘗以此為典型事例，說明基於死生之恐懼的終極關切乃士子與僧徒結合的原因之一。

　　不過，魏晉南北朝時期名士與名僧共入一流的主因仍是玄理之契合。南朝之佛義與玄學同流，仍承魏晉之風。昔日支遁、許詢談玄之況，猶為宋代人士所仰望。用彤廣搜史實，專闢「世族與佛教」一節，歷數張、何、陸、王、謝等世族與佛僧交往之佳話，說明南朝佛教既擁有士大夫階級的勢力之支持，又與雅重清談的名士之玄學有密切關係。用彤還專門述及謝靈運，說明道生的涅槃之學、頓悟之說，雖非因謝氏之倡導方能風行後世，但謝氏既為一代名士，其文才及家世均為時所重，則其《辨宗論》申頓悟之說，折中孔釋，為佛旨揄揚，必有頗大之影響。而當時名士之所以樂與僧人交遊、社會之所以弘獎佛法，蓋均在玄理清言。至於北朝，其佛學與南朝迥異，學士文人與佛法在義理上的結合，初亦不多見。逮至宣武帝胡太后時，方有崔光、王肅、王翊、孟仲暉、馮亮、裴植、裴粲、徐紇以文人學士之身分而崇奉佛法。而此六人以文人而信佛，並談義理，雖不必精深，卻仍是襲自南朝之風。

　　六朝玄音遠，道俗雖有以異，然其超越之情懷、其究心性本源之旨、論本末有無之趣則一也。故用彤說：佛理談玄，僧與士二方同趣，此則文人學士與僧徒合流、且崇奉佛法之由。而此種結合所導致的士大夫信教乃其時大法昌明的主因之一❺。分而論之，則士

---

❺　同上書，下冊，第299頁。

與僧因玄理之契合而結合可直接導致以下結果。其一，為佛教的適存創造一種較為友善和諧的文化氛圍。蓋中土文化有一根深蒂固之傳統，此即夷夏之辨。在此種思維框架中，外來文化往往以其來自所謂夷狄之邦而遭輕鄙，對外來文化的吸收、借鑒則往往會被視作對聖學道脈的威脅。如果此種思維方式在士大夫中居主導地位，則外來文化便會被淹沒在排外的浪潮中而難以在中土繁根生長、發展。六朝之佛教則倖免於此，其原因則在於玄理之契合使中土文化與印度文化的代言人——士與僧通常能友善相處，甚至結為莫逆之交。兩種文化載體間的此種親密關係不僅使佛教得到蔭庇，而且使佛僧所特有的一些行為方式亦得以維繫。如晉成帝咸康五年七月，丞相王導薨，庾冰、何充輔政。庾氏代帝作詔書，令沙門宜跪拜王者，而不得易禮典、棄名教。然以何充素佞佛、集左右僕射等上書諫之，且復疏辯帝之另詔，致庾冰之義寢，沙門竟不致敬。此為「夷俗」與華人之禮教衝突之開端，而沙門能不變其宗教行為方式之因，乃在於佞佛之士大夫之呵護。至南朝，雖有白黑、形神因果之辯，更有夷夏之爭復起，然以玄風不絕，南朝士大夫之斥佛者仍以理之長短而論之，而極少訴諸武力以謀佛教之傾滅。此則使佛教在相對平和的氛圍中，既發展出一套為其宗教價值進行辯護的理論，又得以迅速、廣泛地流布。其二，士大夫與義學僧人既因玄理之契合而交遊論玄，則宜見佛學理論因獲得中國化的形式而流行，因義學之深化而受士人之推崇。據用彤之考察，自漢之末葉，直訖劉宋初年，中國最流行之佛典乃《般若經》，而般若學所以盛之故，則在當時以《老》、《莊》、《般若》並談。玄理既盛於正始之後，《般若》乃附之以光大。釋道安本人亦認為：「以斯邦人《老》《莊》教行，與《方等》經兼忘相似，故因風易行也。」般若學之盛行，原因即

在於其附會中土老莊玄學而獲得中國化的理論形式。非但如此，當時的義學僧人甚且在與玄理的契合中，獲得使佛學理論深化的思想資料，創造玄妙之佛教義學，以其名僧之風格、思想而領袖群倫。道安固如是，僧肇則尤為典型。蓋僧肇一方面於印度學說之華化有絕大建樹，另一方面則以其解空第一的深刻思想而達至玄學理論之最高峰。此後南朝《涅槃》之大興，般若三論之復興，亦得助於好玄理之士大夫。

既有相對友善和諧的文化氛圍，又有理論上的中國化和深化，則佛教之廣泛流布、佛教義學之昌明不可謂為偶然之事。斯則不能不溯源於士大夫與義學僧人之基於玄理之契合而結合也。

隋唐時，士大夫與佛教之關係迥異於六朝。用彤對此作過比較，並探討過其原因：

> 蓋魏晉六朝，天下紛崩，學士文人，競尚清談，多趣遁世，崇尚釋教，不為士人所鄙，而其與僧徒遊者，雖不無因果福利之想，然究多以談名理相過從。及至李唐奠定宇內，帝王名臣以治世為務，輕出世之法……科舉之制，遂養成天下重孔教文學，輕釋氏名理之風，學者遂至不讀非聖之文。故士大夫大變六朝習尚，其與僧人遊者，蓋多交在詩文之相投，而非在玄理之契合。文人學士如王維、白居易、梁肅等真正奉佛且深切體佛者，為數蓋少。❻

在談及有唐一代，淨土教流行盛廣，既深入民間，且染及士大夫階層時，用彤立論曰：「唐時帝王公卿以及士人雖與釋子文字因緣猶

---

❻　同 ❶，第39頁。

盛（如韓文公亦作送浮屠序），而談玄之風尚早已衰滅。自初唐之唐臨至晚唐之白居易，幾專言冥報淨土……蓋當時士大夫根本之所以信佛者，即在作來生之計，淨土之發達以至於幾獨占中華之釋氏信仰者蓋在於此。」❼

然唐朝士大夫與佛教之關係雖僅止於淺層，無玄理之契合，而佛教卻盛極一時。用彤認為：隋唐佛法之盛過於六朝，此則因本身之真價值，而不待外援也。關於這一現象，似亦值得分析。一方面，誠如用彤所言，猶之說沒有南北朝的文化特點，恐怕隋唐佛學也不會有這樣的情形❽。換言之，如果沒有六朝名士與名僧因玄理之契合而結合及由此而產生的佛學玄學化或中國化的適存路向，則隋唐純粹中國化的宗派如天台宗、禪宗恐難有創發之基礎，亦難有學理上的活水源頭。另一方面，隋唐佛學雖具獨立性，卻也為此而付出了巨大的代價。蓋唐代士大夫與佛教往往只有文字之因緣，佛教已不必假士大夫之提倡而能繼續流行。在用彤看來，佛教這種不靠士大夫，而成獨立文化統一自主的教會組織，也正是它衰落的原因。由於佛教的中心僅集中於廟裏的和尚，則其對外界的影響便受到限制。和尚們講的理論，當時的士大夫對之不像魏晉玄學之熱衷……這些實在都是佛教盛極必衰的因子。因此，士大夫與佛教在人際和思想關係上的親疏，實為推助佛教盛衰的重要因素之一。

從負面而論，則在中國佛教史上士大夫起而斥佛排佛者，亦屢見不鮮。前述庾冰代成帝作詔書，令沙門宜跪拜王者之事，開啟以中華禮教排斥佛教行為之開端。晉末建業佛法精神極衰，且亂國政，於是有更多的士大夫起而發反佛之言論。如孫盛疑精神不滅，何無

❼ 同上書，第194頁。
❽ 《湯用彤學術論文集》，第10頁。

忌作論斥沙門袒服，蔑棄常禮。桓玄雖悅佛理幽深，卻承庾冰之餘緒，於沙門不敬王者、遺禮廢敬，永乖世務，俱非議之。南朝時，一些士大夫以夷夏之爭、本末之爭向佛僧發難，但主要以理之長短而相爭。諍論至急切時，亦只用學理謀佛教之根本推翻。如齊梁之范縝，可謂將斥佛理論推向縱深者，其所著《神滅論》針對中國佛教執神明相續以至成佛之核心教義，力證神明之不相續，以求佛教之根本傾覆。其核心思想為：形神相即，形神名異體一，形外別無神，形質神用，人之質有知，知慮皆是神之分。而其最後主旨則在於崇自然，破因果報應。希冀以此徹底傾覆佛教理論之基石。此說可謂轟動一時，用彤對此似亦持一種同情之理解，認為范縝蓋有見於佛教害政蠹俗而作《神滅論》，從而道明了士大夫反佛之社會時代背景。在同樣的背景中，梁武帝時更有郭祖深輿梓上疏排佛，苟濟以詳盡質直之言斥佛，然以佛教勢力此時已登峰造極，諸士子之反佛均僅具理論意義，而無直接之現實意義。相映成趣的是，北朝之排佛者則少見以筆舌爭者，其至激烈者往往見諸行事。即有排佛文字，亦多從治道立說，罕有如南朝之爭玄理，以致往復不已者。用彤詳搜北朝排佛者之文字事跡，立論曰：「蓋元魏自孝文以來以至北齊，華風已振，經術大昌。反佛者漸起，且多出儒門，其言論亦崇禮教，重文治，其辯佛義、談玄理如南朝人士之所為者，則殊未見。」❾又詳考周武帝世之法難，以衛元嵩為滅法之主要動力，斯則足顯北朝士大夫排佛往往見諸行事之特性，而其背景或原因之一則在於佛道之爭日烈。

　　有唐一代，自高祖時之傅奕起，歷朝均有士大夫之排佛諷佛者，

---

❾　同❸，第386頁。

或恆以害政為言，或以六朝皇祚短促歸罪於佛法，或深惡僧尼守戒不嚴，佛殿為貿易之場，寺剎作逋逃之藪。至憲宗時，韓愈之排佛則最為震動一時。用彤認為其原因有以下數端：一則韓愈直斥佛法，大異於前人之諷諫，以致被貶潮州，仍百折不悔；二則其反佛致力之勤不在傅奕之下，且自比孟軻，隱然以繼堯、舜、禹、湯、文、武、周公、孔子之道統自任，樹幟鮮明；三則韓愈以文雄天下，名重一時，其黨徒眾多，附和者夥。職是之故，韓愈之反佛乃大著成效。但用彤對韓愈亦持批評之態度，此種批評非針對其反佛之本身，而是恨其理論之無深度。用彤頗贊同宋儒朱熹對韓愈之批評，且認為「韓文公雖代表一時反佛之潮流，而以其純為文人，率乏理論上之建設，不能推陳出新，取佛教勢力而代之也，此則其不逮宋儒遠矣」❿。用彤的此一論述可謂內蘊極豐，茲試分疏為以下數端：其一，用彤雖深契冥賞於佛教義學之玄遠高致，又默應同情於高僧之清流風格，其充分肯定佛學對中國文化之貢獻，然其對宋儒的高度贊賞卻足以說明他是堅執華夏文化之本土地位的，此論不僅可證諸上述引文，更可證諸他早年撰寫的〈理學讜言〉。故吾人可作以下假設：如用彤能得以建立其哲學體系，則其架構必會融會中西，出佛入儒。其二，在唐儒與宋儒之間，用彤的價值判斷是鮮明的，即崇尚宋儒。蓋宋儒能吸收佛學之精髓，使外來文化之精華加入到本土文化的血脈中，推陳出新，而且取佛教之勢力而代之，在理論深度上、在外在形態上均恢復本土文化的根本地位。而唐儒則僅能以繼道統自任，以政論雄文排佛，而對本土文化則無重大推進，故用彤認為以韓愈為代表的唐儒不逮宋儒遠矣。其三，用彤曾立論以

---

❿　《隋唐佛教史稿》，第40頁。

為文化的衝突調和有三個階段，但此三階段或許並非呈線性狀態，而是有交錯的。蓋在唐朝，一方面中國僧人因見到佛教與中國文化之真實相合處而創立了純然中國化的宗派，如禪宗；另一方面，以韓愈為代表的士大夫則因發現不合而排佛。宋儒則可謂再發現真實之相合而推陳出新，將儒學推向發展的巔峰。斯則表明士大夫在處理本土文化與外來文化的關係時，在精英文化的綜合、創造、轉化中，實有不可替代的作用。

二、論帝王與佛教

論者謂，普遍王權在中國傳統社會中乃是一個根深蒂固、為眾多相異思想學派共同採納的預設，占有絕對支配性的地位。此種觀念和相應的制度設施，賦予君王以世俗的權力與權威，主宰一切，又使其被尊崇為天人之間唯一的溝通媒介，因而具有宗教和精神權威❶。君王的此種權威的普遍性和事實上的至上性使中國傳統文化與西方近代以前的文化呈現出一種迥然相異的態勢，即宗教權威不僅不能在事實上駕乎君權之上——所謂君權神授不過是一段時期內統治者用來尋求其王權之合法性的方便法門——而且，宗教並不容易獲得自身的獨立性，很難逍遙於王權之外。此為中國之幸或不幸乃是另外一個問題，此處不能詳述。這裏需要指出的是：普遍王權這一不爭的事實給佛教在中國的生存發展施加的影響是，帝王操縱著對佛教的生殺予奪之權。用彤對此一事實自有清醒之認識，可貴的是，他並不停留在這個一般性的結論上。在探討各期佛教之盛衰

---

❶　參見林毓生《中國意識的危機》，第22、18頁，貴州人民出版社，1988年。

時，用彤常常將帝王對佛教的崇抑視為佛教勢力之消長的重要社會政治背景，又各各分析他們對佛教態度的特性、更深層次的原因及其後果，將帝王與佛教之關係的複雜性予以全面的揭示。

佛法最初輸入中國即與帝王有關，雖然哀帝時即有伊存授佛經之事，說明佛教之入中國甚早，後人卻以明帝求法為佛法入中國之最大因緣。用彤一方面指出求法故事之記載出於佛徒，雖或有虛飾，然不應全屬無稽，另一方面則思古人之所思，揭示此故事背後更深層的社會政治原因：「佛教之流傳，自不始於東漢初葉。……至若後世必定以作始之功歸之明帝，則亦有說。……東晉彌天釋法師亦曾曰：不依國主，則法事不立。漢明為一代名君，當時遠人伏化，國內清寧，若謂大法濫觴於茲，大可為僧伽增色也。」**⑫**用彤此論較之簡單斥求法事為偽或證其為真，自然更勝一籌。其點睛之處，在於以同情之默應，深味求法故事之思想原因：即深思古人做某件事時是如何思想的。對此種治史之法，我們將在後文中評其得失。這裏需要指出的是，用彤之治佛教史、哲學史常常運用此種方法。

此後桓帝設華蓋以祠浮圖老子（並祭二氏），足以表徵佛教初入中國時之性質，即僅為方術之一，傍依道術而難顯真面貌。三國時，有吳主孫權升支謙為博士、使與韋昭共輔東宮之說（事見《高僧傳》），用彤認為，此說言或非實，但名僧名士之相結合，當肇端於其時。斯則說明吳主之舉雖或受時風之影響，然此舉更推助了佛教與玄學之結合，多少影響了佛教在此土適存之路向。

兩晉佛法隆盛，帝王間有崇奉釋教者，東晉明帝、哀帝、簡文、

---

⑫ 同**❸**，第20頁。

孝武為其著者。元、明二帝遊心玄虛，託情道味，嘗欽崇竺道潛（法深）之風德，友而敬之。明帝之好尚佛法尤為著稱，曾手畫佛像，置樂賢堂中。此固受時流好尚之影響，然以其敬禮名士，又因玄風之南渡，乃使清談大盛於江左，宜佛教玄風之隆盛也。用彤對其社會政治原因亦有深解，蓋元帝至建業時，名論素輕，吳人不附，乃用王導計，賓禮名賢，存問風俗，使江東歸心。至若明帝欽賢愛客、雅好文辭，則因當時北方大亂，流人渡江，自當於偏安之局中撫恤新舊，結納名士。而當時僧人如法深、道林皆名士之秀，自亦在網羅之列。至成帝末年，佛教頗為消沈，成康之際，因桓溫、殷浩之北伐，風流得意之事殆為都盡，清談消歇；及至哀帝，復崇佛法，佛法清言並盛於朝堂。恭帝更是深信佛法，鑄貨千萬，造丈六金像於瓦官寺，迎之步從十餘里。凡此均說明晉時佛法之隆盛與帝王之態度有密切之關係。

南北朝時期，帝王對佛教之態度，不論是崇佛還是抑佛，都具有更鮮明的個性特色。宋高祖劉裕雖或曾與僧人遊，且於篡位時有勸進者假僧徒之口而陳符瑞，然其人雄才大略，以戎衣定天下，未嘗獎挹佛法。文帝一朝則為清談家復起之世，蓋文帝雅重文教，立儒學、玄學、史學、文學四科，既以玄學為四科之一，又以慧遠之弟子雷次宗主儒學，以崇佛之何尚之主玄學，而謝靈運（嘗述頓悟義）等名士亦列朝班，宜乎元嘉以文治見稱，而佛玄為文治之華飾也。觀乎《高僧傳》載當時顏延之與慧嚴辯論，往復終日，而文帝笑曰：「公等今日，無愧支、許。」❸是則說明，文帝貴為天子，其所仰望者則為支遁、許詢昔日談玄之高逸也。竺道生逝後，文帝

---

❸ 同 ❷，第262頁。

更延請法瑤、道猷等辯頓漸義，可見其於玄談佛理，亦所欣尚。然
文帝自稱「少來讀經不多」，則其崇尚玄談佛理蓋亦有其更深層之
原因。用彤乃引《高僧傳・釋慧嚴傳》中所載文帝之語，以示其中
奧秘：

> （文）帝謂尚之曰：「朕少來讀經不多，比日彌復無暇，三世
> 因果，未辯厝懷，而復不敢立異者，正以卿輩時秀，率所敬
> 信故也。」❹

據此段史料，用彤以其敏銳之洞見指出：「玄風清談既盛，佛教乃
興。士大夫既以談理相尚，帝王亦不得立異。」❺由此可見，帝
王雖握生殺予奪之權，而其文治之具體內容卻不得不考量士大夫之
好尚及世風之趨向。

　　南朝諸帝中善教理者，除宋文帝外，尚有梁武帝父子。蕭衍原
在竟陵文宣王蕭子良門下，於西邸（雞籠山）與范雲、蕭琛等名士
共遊處，號稱八友。而其時子良所敬禮之名僧極多，齊、梁二代之
高僧大德，如玄暢、僧柔、慧基、法度、僧祐、僧旻、智藏，等等，
罕有與文宣王無關者。蓋蕭子良為一誠懇之宗教徒，其人奉佛首重
修行；以為佛法與孔教之旨相合，謂內外之教，其本均同；於佛教
義理亦頗致力提倡，服膺大乘空理。用彤立論以為，《成實》之式
微，《三論》之復興，正導始於文宣王，且以為竟陵王領導名流，尤
為大法之功臣。職是之故，梁武帝得以早與僧人有接觸，其佛教信
仰與其在西邸竟陵王門下之經歷，自有莫大之關係。蓋武帝一系原

---

❹　同❷，第261頁。

❺　同❺。

恐係道教出身，弱年奉道，即皇帝位三年方始捨道歸佛。用彤認為，其中年之改奉佛法，當由其在竟陵王門下與名僧及信佛之文人交遊，而漸有改變。武帝信佛之熱烈較文宣王有過而無不及，在位四十八年，幾可謂為以佛化治國。其人不僅躬臨法座，筆受外來僧人之譯文，大造金銀銅像，且常設大會，數度捨身，立十無盡藏。於禪定至為重視，於僧人戒律亦甚為注重，曾親受菩薩戒，並據經文製斷酒肉。然其信佛之動機，實雜以儒家之禮教。蓋武帝治國，並敦儒術，其提倡佛法，往往亦參合儒教，而其議論佛理，更常引及儒書。但這些還只是梁武帝崇佛之一方面，其人雖為心熱行篤之宗教實行家，然以其本為文人，則不能不染當時之學術風氣，特重佛教義學。用彤詳考梁武帝之佛教撰述，立論以為其學問宗旨在《般若》、《涅槃》，又以其曾親講《老》、《莊》、《周易》，斷定其佛學之性質仍不脫玄學之軌範。蓋武帝之學說，主要見於《弘明集》之〈立神明成佛性義〉及《廣弘明集》之〈淨業賦〉。 前者之宗旨在證明神性不斷，人皆可以成佛。其最初之動機在破范縝之神滅論，故其核心實為佛性說。而其佛性之真義，實即常人所言之靈魂，直謂神明即所祭之鬼物。故用彤指出，梁武帝所會心於《涅槃大經》之義者，固甚淺薄，其人雖表面上執佛性我，以為我者即是如來藏義，一切眾生悉有佛性，即是我義，但實際上仍只是流轉生死之我，亦即世俗所謂輪迴之鬼魂。當然，梁武帝之佛性義固甚淺陋，亦非獨創，實際上是當時世俗流行之說。蓋當世流行之見，以為一切眾生皆有佛性，即神不滅義之張本。用彤又指出，武帝之〈淨業賦〉脫胎於竟陵王子良之〈淨住子〉， 以勸善為務，思以佛法化民成俗，以求治國齊家。

梁武帝一朝實為南朝佛教全盛期。但其時佛徒習尚浮華，佛子

乏剛健樸質之精神，推助了風俗之柔靡浮虛、不求實際。武帝以國勢極弱而亡國殺身。世人因其困於侯景之亂時，仍齋戒不廢，而將一切歸罪於佛法。用彤不同意此種傳統之說，他從顏之推、庾子山的敘述中見出當時國力之衰，首先是由於風尚之文弱浮華，而當時政事學術以及佛教無不有浮弱之表現。因此，他認為，若專罪佛法，實際上是因果倒置，未能見事變之全體。質言之，用彤不同意將武帝的殺身之禍歸結為崇佛這一簡單因素。當然，這一結論並不妨礙用彤承認梁武帝時因佛教勢力之擴張已造極峰而生出種種流弊。另外，用彤還指出，梁武帝諸子如簡文帝、元帝崇佛亦甚，而以其皆文士，其信仰之性質亦略同乃父，於義學方面無甚新創。

南朝除以上諸帝以外，其他人對於弘法則僅止於一方面以功德求福田，一方面裁制僧徒之冒濫。用彤對此亦不輕忽，乃攝取南朝對於釋教之大事，分十項而陳之，即：八關齋，於齋日奉行八戒；建寺塔；造像；法會；捨身；沙門致敬王者之行止；沙汰僧人；設僧官；延僧至郡；僧尼干政。另，用彤又列述南朝王子信佛之史實，分析其原因及結果。蓋南朝皇子宗室因宮闈中帝王后妃之媚佛，耳濡目染，幼時即有宗教感受，及年稍長就學，更染士大夫信佛之風，因而不但奉法虔敬，且間有精於玄理者。用彤從此一現象中總結出一普遍規律，即凡南朝帝王即位，其年歲稍長知文學者，靡不獎勵佛學，並重玄理。佛教勢力之擴張，自然從中獲利極大。由此可見，佛教在南朝之興盛固然得力於諸帝諸王之獎挹，而其之所以能懾服諸王、諸帝之心靈而使其虔信篤行，或為其所用，蓋亦因其乃一可資寄託終極關懷或可資化民成俗之文化資源。

北朝諸帝與佛教之關係則有不同於南朝之特點，抑佛者常訴諸酷烈之法難，奉佛者則多重實行，深染北統佛教之特色。而影響帝

王對佛教之態度者，則常為佛道之爭。如元魏拓跋氏因居極北，初不為佛教勢力所及。後與中國交通，始知佛法。道武帝、明元帝於沙門道士均加敬禮。太武帝初以釋玄高為太子晃之師，然以太武帝疑太子，又加之崔浩、天師寇謙之之讒言，乃誅釋玄高，此為其毀法之第一步。夫寇謙之乃當時集道教方術之大成者，用彤以其為道教復興之功臣；而崔浩則明曆數，深有契於寇天師之學，受謙之意，著書二十餘篇，上推太初，下盡秦漢變弊之跡。既以長生仙化之術眩人主，又用繼古聖王道統之說，上干拓跋氏之君，終致太武帝崇奉天師，甚且改元太平真君。太武帝既信天師，於崔浩更是言聽計從，而崔浩必欲毀滅佛法，使太武帝「除偽從真」，終致太武帝下詔誅天下沙門，焚毀經像。其時雖有寇謙之與崔浩力爭，不使悉毀佛教，然崔浩仍一意孤行。此次毀法雖可謂為佛道鬥爭之結果，但用彤又指出，由於毀法之主動人崔浩毀佛與其勸帝改曆以從天道用意相同，因此，其毀謗胡神又具有張中華王道正統之義，不可僅視之為一簡單之佛道鬥爭。由於太武帝大肆誅殺，故北朝可謂於其開始即訴諸武力解決宗教問題，大異於南朝以義理較長短之風。

北魏佛法復興於文成帝一朝，然以景穆（即太子晃）、文成父子所交遊之僧人為禪師，故大修功德以求福田，與同時之宋文帝染南朝世風而能辯論佛義者大異其趣。獻文帝踐祚後，更是大構浮屠，其人並不專信佛法，亦求鼎湖仙去，然其因信道而至於禪位，用彤以為其宗教熱情誠非南朝帝王愛好玄理者所可比擬。獻文帝或許對佛道理論亦有興趣，但真正有功於研求且倡導佛教義學者，北魏當推孝文帝。北方義學沈寂於魏初者，經孝文帝之誘挹而漸光大，魏之義學如《成實》、《涅槃》、《毗曇》均導源於孝文之世。孝文帝嘗與義學僧人清談移日，本人亦能講說，且熱衷於提高僧人學識。故

北魏於孝文之後，義學僧人輩出，朝廷對於譯經、求法、講論均甚獎勵，用彤對此均在廣搜史料的基礎上，予以詳述。如宣武帝篤好佛理，曾親講經論，又廣集名僧，標名義旨。用彤還詳考姻親這一線索，指出魏世宮闈佛法之盛得力於燕之馮氏；又說明胡太后於佛法之盛最有關係，北魏諸王於佛教則多偏於信仰；而魏世朝廷上下之奉佛，雖亦間有倡義學者，然主流仍在建功德，求福田饒益。故其時佛法之特徵乃在於造像立寺，窮土木之力。用彤於此指出，北朝佛教建築之偉，造像之多，一方面固然表現了信徒的宗教熱情，另一方面卻也可從中窺見其目的專在功德利益之希冀，且於國計民生有大害。故帝王雖獎挹佛教者亦不能不鑒於佛徒僧伽之腐敗而加以限制，如孝文帝、文成帝、宣武帝均極注意整飭僧紀。魏分東西後，東方佛法以諸帝仍循前規，故立寺之風仍盛；然以孝文帝後義學漸興，至魏末齊初，燕、齊、趙、魏諸地均流行《涅槃》、《成實》、《毗曇》之學，且有道寵、慧光、慧嵩等名僧之出現。用彤指出，東方義學之光大，既因名僧之傳授，亦因帝王之提倡及與南方之交通。職是之故，其時北朝君臣已略具江南之格調，顯示出南北融合的趨勢。其時西魏之文帝及宇文泰亦信佛法；周朝諸帝更是常立佛寺。周初之時，南北交通漸繁，以其據有巴蜀、荊襄，實際上已先與關中僧人以接近南方教化之機緣，故南方佛學，多傳於北，宜乎南北文化大融合之發生也。逮至周武帝，其人本兼奉佛道，最倡儒學以求治國，然因佛道之爭甚劇，乃並毀二教。蓋周武帝世之法難，其主要動力乃叛教之衛元嵩，而其時僧人之冒死抗爭，力攻道教，一方面固足徵僧人護法之真誠，另一方面反起更大之負作用，實為佛道並毀之張本。周武帝毀佛，本在求得國安民樂，此蓋其毀法之根本動機，用彤對此似亦有同情之默應，然對其毀法之酷烈，

用彤則不以為然。法難往往表現出帝王對佛、道、儒三教的態度，且多致僧人之顛沛流離，乃至人頭落地，佛教因此而遭受沈重之打擊或滅頂之災，然敏悟如用彤者，卻能見到法難的另一面，即在客觀上對南北文化融化的推助。他指出，因周武帝世之建德法難，釋子多南奔陳朝，最重要者有曇遷、靖嵩逃至江南，得習《攝論》，智者大師亦因毀法南下。前者乃法相宗之先河，後者則奠天台宗之基礎。「夫自孝文以後，南方僧人嘗來北方。周武毀法，北方僧人又驅而之南方。於是學術交流，文教溝通，開闢隋、唐一統之局勢，而中華佛教諸大宗亦於是釀成焉。」❻由此可見，佛教思想、學術之演進不僅與國土之變遷有甚大之關係，更得助於諸帝所興法難之逼迫。用彤此一卓識蓋非一般論者所易得也。

　　隋主楊堅於周宣帝、靜帝之時，以丞相之位而復興佛法。踐祚之年，即普詔天下，任聽出家，且營造經像，立佛寺，下詔禁毀佛、道等像。隋文帝之崇佛或與其出生有關，傳言其誕生時有尼名智僊者護持之，故早信佛法，且於即位後每謂群臣曰：我興由佛法。故其崇佛則或出於感恩之宗教情感。隋煬帝亦承舊軌而崇佛法。用彤認為隋代佛史上得帝王之力者有二大事件：一為關中興佛法，一為舍利塔之建立。溯自劉宋以降，南北佛理多不相參，至隋朝，以文帝、煬帝立寺譯經而聚於一堂，使關中復為佛教中心，大有助於融會南北之異說，促進思想之發達。文帝以好瑞應而建舍利塔，致其後唐朝諸帝常迎佛骨。

　　李唐享祚近三百年，其中諸帝對佛教之態度亦非一致，且有截然相反者，而其前因後果更值得研尋，用彤於此自頗注重，多有論

---

❻ 同❸，第394頁。

述。唐高祖早年信佛，及起義之初，曾得力於佛僧，後因傅奕上疏
反佛，且佛道之爭甚烈，又有鑒於沙門干煩正術，乃下詔沙汰僧尼，
以太宗攝政、大赦天下而未行。然太宗對佛教之態度實頗複雜，用
彤曾撰專文〈唐太宗與佛教〉論之。蓋世人頗有誤以為唐太宗弘贊
釋教者，而用彤則認為唐代諸帝中，太宗實不以信佛著稱。其人雖
未行武德毀法之詔，然貞觀初年，於佛教則疊有檢校，在佛道之爭
中更放法琳於蜀郡，致其顛沛死於道中。後雖亦修功德、建寺設齋、
下詔度僧、延僧譯經，亦皆因別有用心，非出於篤信，畢其一生未
嘗誠心獎挹佛法。玄奘歸國，請立譯場，太宗初亦不允，因玄奘固
請乃許。太宗之所以抑佛，或許因僧人敗德及道士如秦世英之進讒，
但用彤認為此中更有深層之原因。其一在於太宗崇文治，以為佛法
無益於平治，即「所好者惟在堯、舜之道，周、孔之教」，「至於
佛教，非意所遵」。其二在於太宗自以為李老君之後，故嘗先道後
佛。又自謂不好老莊玄談、神仙方術，然敦本系、尊祖宗，有益於
治化，故詔令於講論中道士女冠可在僧尼之前。至於其所修功德，
如為陣亡者立寺，為高祖、太穆皇后造福，則皆從政治需要出發。
而其終未為傅奕、秦世英之言論所動而毀法者，則以其視佛法為「國
之常經」，明主以不擾民為務，且又留心學問，旁及釋典，因而常
與義學僧人接，如其重明瞻，敬玄奘，蓋皆文治之點綴也。當然，
太宗於晚年有所變化，蓋因氣力不如平昔，有憂生之慮，遂頗留心
佛法，較之以前或更信佛法，於義學更有興趣。但觀其兩次請玄奘
法師還俗、共謀朝政，則可知其人之所以敬禮玄奘法師，仍首在愛
才，迥異於梁武帝之捨身歸佛。總之，太宗於佛教可謂若即若離，
未嘗誠心獎挹。故用彤謂「唐初佛教依人君之態度言之，則既有
武德末年之摧折，復因貞觀文治受漠視。」❶而其時佛法不衰，且

有歷代佛徒之英華玄奘法師集一時海內之碩彥，足徵佛教已在漠視中邁上獨立發展之路。

　　太宗後諸帝如高宗、中宗、睿宗均信佛法，或有助於佛教勢力之增長。逮至則天皇后時，朝廷特重佛法，詔令先佛後道，迎義淨法師歸國，更迎神秀入京師，使禪宗勢力大盛。一時名僧輩出，佛法鼎盛。而其時最重要之事實為武周革命表上《大雲經》之事。蓋武后為謀篡位，嘗大造符瑞圖讖，以期移天下之視聽。為證女子登天子位之合法，頒《大雲經》於天下。關於武則天與佛教，陳寅恪亦有精論。其所著〈武曌與佛教〉一文，一方面考證武曌之母楊氏為隋之宗室子孫，且篤信佛教，致武曌幼時受家庭環境佛教之薰習，甚或在入宮之前曾一度為沙彌尼。另一方面指出，武曌以女身而為帝王，自不能於儒家經典中求得理論依據以證其特殊地位之合法性，故轉而於大乘急進派之經典中求取關於以女身受記為轉輪聖王成佛之教義，以之為合法之證。陳寅恪撰此文時參閱過用彤為矢吹慶輝所著《三階教之研究》所撰寫的跋文❶❽。其與用彤所同者除於上述第二方面多有申述外，又考明《大雲經》並非此土人之偽造。二人立論之基礎皆首為王國維《唐寫本大雲經疏跋》，　次則為相關之敦煌經卷❶❾。所異者則在於陳寅恪頗重視家世對武則天之薰習，及《大雲經》之來源，而用彤則在指出武后初亦頗好道教之外，更指出武后一朝對於佛法雖大有助於其勢力之擴張，而實又大種惡因。蓋「自佛教大行於中國以後，有高僧大德超出塵外，為天子所不能臣……俗王僧律，蓋甚泮然。武則天與奸僧結納，以白馬寺僧薛懷義

---

❶❼　同 ❽，第11頁。

❶❽　見《陳寅恪史學論文選集‧武曌與佛教》，上海古籍出版社，1992年。

❶❾　參見湯用彤《隋唐佛教史稿》，第23—25頁。

為新平道行軍總管，封沙門法朗等九人為縣公，賜紫袈裟銀龜袋，於是沙門封爵賜紫始於此矣……於是前此嘯傲王侯（如慧遠），堅守所志（如太宗請玄奘為官不從）之風漸滅，僧徒人格漸至卑落矣……帝王可干與僧人之脩持，而僧徒紀綱漸至破壞矣。」[20]此論可謂於佛教之福中見其禍因，與前述之於法難中見南北佛學相融合之助因雖正相反，然均為辯正思維之極致也。吾人試綜觀用彤與陳寅恪之相關研究成果，則可見武后與佛教之關係及其前因後果之全貌。

武曌之後諸帝仍奉佛法，中雖經玄宗之變亂，且屢有士大夫之反佛，而諸帝仍循舊例作佛事。惟敬宗已酷信道教，文宗則有毀法之議，逮至武宗，佛教遭受最大之厄難。武宗即位前已好道術，登帝位後更召道士入禁中，於佛道之爭中左袒道教，又因其雄謀勇斷，決意革除利弊，加之宰臣李德裕亦不喜釋氏，故有至為酷烈之會昌法難（事在會昌五年，即845年）。毀法之結果在用彤看來亦甚為嚴重，「向日游手坐食之僧人必多困乏缺衣食，是以天下不但有拆寺除僧之擾亂，而且徒增生計無著之許多人民，社會秩序當益因之搖動。」[21]對於經濟決定論者來說，或難以同意此論，必以佛教勢力之擴張為有害國計民生者，然試觀用彤之論，吾人亦可知用彤於游手坐食之僧人亦頗不以為然。武宗或許亦因欲革除積弊而有毀法之舉，但其失則在於不為僧人謀生計，故徒增一不穩定之社會因素。用彤據有關史料，推測唐末之農民起義亦或與毀法相關，此則知微見著，從佛教史而推展至社會史之研究。又，武宗毀佛雖至為嚴酷，然佛教勢猶在，及宣宗即位，誅煽惑武宗排毀釋教之道士趙

---

[20] 同上，第26頁。

[21] 同上，第49頁。

歸真、劉玄靖，佛教復起。此後諸帝多信奉佛法，其中尤以懿宗為甚，至僖宗、昭宗之世，雖常召僧人談論，要皆只係奉行故事。

五代宋元明清諸朝君主對佛教之態度，用彤在《五代宋元明佛教事略》中略有陳述，以其非用彤研究之重點，此處不再詳析。

要之，溯自佛教傳入中國，其勢力之消長、地位之升降，與政治之變易實有相當密切之關係，而歷朝帝王對佛教之態度則又為此種政治變數中最重要之變項。據用彤之歷史考究，吾人可知歷朝君主中奉法者大抵或為世風所染而不敢與士大夫階級立異，或為點綴文治而與僧人結納，或幼時即受環境之薰習而虔信篤行，或以超世之情懷而捨身歸佛，或為求政治統治之合法性而訴諸佛經、大倡佛法，或循先帝舊軌而事佛。而排佛者則或因洞見僧寺林立有害於國計民生而興法難，或在佛道之爭中因受道士煽惑而毀法……凡此均對佛教之流變、發展產生巨大影響。由於奉法者與毀法者疊次交錯出現，致使佛教幾滅幾起，逢奉法者則伺機中興大盛，遇漠視者則力謀自身之獨立發展，遭法難則受莫大之重壓乃至滅頂之災。然佛教作為一種外來宗教，終未因帝王之毀法而滅絕，斯則說明其本身或亦有不可取代之價值。職是之故，用彤固注重佛教與政治之關係，而尤重佛教自身價值之彰顯、思想之深化及其與華土文化之關係。故其於佛教與帝王之關係之考察，實為對佛教消長之外因之研討，雖頗重視，而每每則持客觀冷靜之態度，未嘗失之誇大其事。

三、較乾嘉諸老更上一層

與用彤同時的史學大家陳寅恪曾不無自豪地告知乃妹：「如以西洋語言科學之法，為中藏文比較之學，則成效當較乾嘉諸老更

上一層。」❷此論與其說是本世紀新史家們的理智、學識上自負，毋寧說是他們在中西史學交會中含英咀華、弘揚進取的一種學術理想。證諸本世紀的學術史，可以說陳氏之論並未侈大其詞，而且新史家們超勝乾嘉諸老之處亦絕不止於語言訓詁之域。蓋乾嘉諸老雖於文字訓詁、經籍辨偽等領域裏取得輝煌成就，其失則在於或枝蔓煩瑣，或無高識，或僅滯於名物典章制度而顯得偏狹。新史家們則以更恢宏的近代化學術視野拓展史學的領地，而在乾嘉諸老的看家功夫上，他們也在繼承的基礎上，有卓然之拓展。陳寅恪的學生季羨林曾以俞曲園與章太炎師弟二人的學術成就，說明十九世紀末至二十世紀初葉中國學術的轉變。俞樾秉乾嘉諸老之遺緒，可謂能鎔鑄古今，而章太炎在鎔鑄古今中外之外，更能會通中西。如果說此論尚嫌抽象，那麼，陳寅恪在評述王國維的治學方法時，則可謂立論具體而又精審，其言曰：

> 先生之學博矣、精矣，幾若無涯岸之可望，轍跡之可尋。然詳繹遺書，其學術內容及治學方法，殆可舉三目以概括之者。一曰取地下之實物與紙上之遺文互相釋證。（中略）二曰取異族之故書與吾國之舊籍互相補正。（中略）三曰取外來之觀念，與固有之材料互相參證。❸

陳寅恪認為以上三者皆足以轉移一時之風氣，而示來者以軌則。確實，此種新考據學不僅大大發展了乾嘉諸老的「科學實證」精神，而且具有學術規範上的示範意義。大唱疑古之風的顧頡剛就認為，

---

❷　見陳寅恪《金明館叢稿二編》，第311頁。

❸　《陳寅恪史學論文選集》，第501頁。

王國維等人「求真的精神，客觀的態度，豐富的材料，博洽的論辨……正為我們開出一條研究的大路。」❷顧氏之從破壞偽古史的疑古轉向建設性的考信，也多受惠於王國維的新考據學。在此前後或同時，不論是倡導新史學的梁啟超，還是宣揚實驗主義的胡適，也都以其力圖超勝乾嘉諸老的考據功夫大有功於本世紀史學的進步。

　　要言之，新考據學之超勝乾嘉諸老處，既在於史學領域的擴展，亦在於所取材料之更加豐富及史識之更加宏通。即以材料而言，不僅有對舊籍之廣搜窮求，對紙上遺文之辨正精釋，亦有對地下實物的發掘整理和運用，更有對異族故書的譯解和比照。而這一切又都服務於對民族文化史的建構，而不只拘於名物典章制度之煩瑣考辨。

　　史家們之所以如此重視考據功夫，乃在於建構信史這一目標的達成必須以真實可靠的材料為基礎，失實乃是史家的最大忌諱。而乾嘉諸老的漢學方法則可以說是吾國史學傳統中注重史料之客觀真實性的優秀遺產，職是之故，近現代史家們多以繼承、弘揚、超勝乾嘉諸老為其學術理想。中西史學的交匯、新進觀念的輸入、史料的新發現以及傳統學術的薰習又為他們提供了達到此一理想的可能性或條件。

　　用彤幼承庭訓，早覽乙部，清華時期又曾在國文特別班接受過系統的國學訓練，更因留學美國而受到西方觀念、方法及語言方面的訓練。再加之其人為學勤勉認真，一絲不苟，且運思縝密，宜乎繼往開來，創立較乾嘉諸老更上一層、「最具權威」之學術豐碑。

　　從用彤在《漢魏兩晉南北朝佛教史・跋》中的自述來看，他非

---

❷　見《顧頡剛古史論文集》，第49頁，中華書局，1993年第2版。

常自覺地將自己的佛教史研究置於史學的領地，並對這門史學學科的特殊性、複雜性及挑戰性有非常清醒的體認。一方面，他認識到佛教史作為宗教史有其自身的特點，其中的宗教情緒與哲學沈思交互作用，須具同情之默應、心性之體會，方可得其真髓，因而他反對徒於文字考據上尋求。另一方面，他又充分認識到佛教史作為史學學科所具有的史學共性，認為「研究佛教史必先之以西域語文之訓練，中印史地之旁通」，即必須具有治史的基本功夫。雖然在抗戰軍興之初，他有著書生救國無術之慨，因而發出「非謂考證之學可濟時艱」的悲嘆，但我們卻可從中見出他是把自己的佛教史研究視為一種考證之學的。故有論者稱其佛史著述為「考證研究體」**❷⑤**，此論並非沒有根據。

用彤的漢唐佛教史著述之被譽為最有權威之作，則既因其對中國佛學思想發展線索之清晰鈎勒與精深之理解闡發，亦因其考證之縝密及其結論之難以移易。半個多世紀以來，其史學成就受到中外治中國佛教史學者的尊重，「有人驚嘆其淵博，有人心折其謹嚴，有人欣賞其考證精審。」**❷⑥**而其考證之所以精審，「既不同於乾嘉學者，又超過了乾嘉學者」**❷⑦**，則在於以下原因：一、取材非常豐富。舉凡正史、佛典、歷代僧傳、上古逸史、周秦寓言、筆記小說、詩賦、碑文、敦煌殘卷、稗官野史、巴利文、梵文原典、中、英、日、法文之研究著作，等等，無一不成為取材立論、考信辨偽的史料來源。二、所涉問題非常廣泛。大到佛法東來之年代、路線，經籍之真偽，宗派之傳承，僧人之生平，小到一字一句之訓讀，佛

---

❷⑤ 見蘭吉富《現代佛學大系》第27冊前言。

❷⑥ 見《燕園論學集》，第37頁。

❷⑦ 同上，第35頁。

骨之長短，人名、地名之辨析，等等，無一不成為其去偽求真、知
微見著的考證對象。三、史識之宏通。考據若淪為文字遊戲，則毫
無意義。用彤之考據則每每以解決重大問題為宗旨，或旨在解決佛
教與本土文化之關係問題，或旨在研尋佛教思想發展之線索，或就
重要史實問題糾正近人（包括外國學者）之誤說。四、立論宏通平
正。史家考據立論往往只搜取於己有利之證據，而用彤則每每詳列
有利與不利之證據，給出令人滿意的解釋，得出令人信服的結論，
絕不任立臆說。

　　由於用彤的佛教史著述在考據方面所取之材料、所涉及之問題
均極豐富、廣泛，難以統計其數量，故詳述其考據成就亦非易事。
茲僅撮其要者，作以下介紹和分析。

（一）考證佛教入華之年代及東來之路線

　　用彤治佛教史最重其變遷興衰之跡，佛教入華年代之確定在他
看來並非首要問題。但他仍花了兩章的篇幅辨偽考信，以求此問題
之根本解決。蓋此一問題若懸而不決，則難以全面鉤勒佛教變遷興
衰之跡；且唯有先確定其入華年代，方可大致界定其入華之初的本
土文化之背景，知其最初與本土文化關係的涯略。

　　用彤在此一問題上的考據工作先之以辨偽，蓋關於佛教入華之
年代，有眾多之傳說，莫衷一是。此則因為佛教初入華土時，此土
人士僅視之為異族之信仰，無關緊要，殊未能料到印度佛教思想會
在魏晉以後對中國文化思想產生如此深遠之影響，故未為之詳記。
及《牟子理惑論》出永平求法之說，因其上距永平之世已過百年，
其後乃轉相滋益，揣測附會，種種傳說，與時俱增。用彤從佛道相
爭、佛徒自張其軍等文化衝突之歷史事實及宗教心理等角度出發，

概述了傳說紛紜之原因，然後舉其十端，一一辨其偽誤。

    1.劉宋宗少文援引上古逸史、周秦寓言，證三五以來已知有佛。其《明佛論》曰：「伯益述《山海》：『天毒之國偎人而愛人。』郭璞傳：『古謂天毒即天竺，浮圖所興。』偎愛之義，亦如來大慈之訓矣。固亦既聞於三五之世也。」 用彤首先指出，宗氏之論立基於偽書。蓋其所引《山海》之語，出自《海內經》， 而劉歆進《山海經》初只十八篇，《海內經》及《大荒經》皆進在外，世人早疑其偽。用彤又據《海內經》原文之謂朝鮮、天毒同在東海之內、北海之隅，說明其文義之不經。從史料來源之偽及文義之謬出發，用彤僅以數語即辨明宗氏所謂佛法已「聞於三五之世」之偽。

    2.周世佛法已東來。三國謝承《後漢書》稱佛生於周莊王十年甲寅四月八日，其後佛道互爭先後，將釋迦、老子之生年愈推愈遠。《穆天子別傳》、《漢法本內傳》、《周書異記》、《列子》及唐法琳《破邪論》均上推佛陀生於周昭王之世，且云佛法於周世已東來。用彤一方面指出謝承之說在時間上的錯訛（周莊王十年，歲非甲寅），辨明法琳（《破邪論》）、道宣（《 感應記》） 立說之據乃是偽書《周書異記》、《列子》， 從而在根本上推翻了「周世佛法已東來」之說。另一方面，用彤又想古人之所想，探討此說流行之原因，指出：「我國反對釋教，咸以其能短祚為言。如佛果生於周初，而且已行於中國，則周祚八百歲，可以塞反對者之口。」❷⑧用彤的此種心理分析可以說揭示了造偽者之心態，可謂辨偽與「同情之默應」的妙合。而其宗旨亦在說明佛教與本土文化之關係，即：釋子不惜造偽以塞此土反對者之口。

---

❷⑧ 《漢魏兩晉南北朝佛教史》，第3頁。

3.孔子知有佛。《列子》中有「丘聞西方有聖者」一語，後世釋子乃常據此以證孔子亦知有佛。用彤則一方面指出《列子》係魏晉時人所偽造，另一方面則廣搜史料，說明六朝人士多不引《列子》以證孔子之尊佛，斯則表明六朝人士已知此說之不經。

4.《拾遺記》稱戰國時燕昭王即位七年，「沐胥之國來朝」，「屍羅荷錫持瓶指出浮屠」，以此影射戰國時佛徒已來中國，所謂《拾遺記》乃晉時王嘉之作，文多亡佚。後經梁蕭綺搜檢殘遺，合為一部。其荒誕不經已為人所共識。用彤在指出此一點之後，更以其豐富的西域史地知識指明：甲、「所謂沐胥之國，印度無此名稱」乙、燕昭王時佛化未出天竺。用彤還揭示了《拾遺記》立論之原因，蓋《史記》、《封禪書》、《水經注》均謂昭王嘗招賢、信方士、禮賓，由此事附會則有佛徒東來之說出。

5.宗炳《明佛論》據所謂臨淄城中有阿育王寺遺址，及姚緒於河東蒲板所謂古阿育王寺處鑿得佛骨於石函銀匣之中，立論以為「有佛事於秦晉地久矣哉」。針對此說，用彤據其對印度歷史的了解，指出阿育王造塔八萬四千於宇內之說，並無其事；而佛陀造像在育王時，印度尚無其事。故此說之風傳當世，實因尊崇阿育王（其人於宣傳佛法至為盡力）之宗教熱誠，經好事者之附會；而其失實自不待多辯。

6.唐法琳引釋道安、朱士行等《經錄》，稱秦始皇時有沙門一十八賢者齎持佛經來中土宣化。近人梁啟超頗信此說，日本學者亦有信此說者。對此，用彤分以下步驟斥之。甲、指出南北朝以前無人道及此事，隋費長房《歷代三寶記》始有此說，且未稱其說出於《經錄》；若道安《經錄》有此說，則僧祐、慧皎必記之；而所謂朱士行有《經錄》之說，亦首見房錄，費氏自言亦未見其書。《三

寶記》本無雜凌亂，其朱士行作錄之說，實不可信。法琳據此不可信之說立論，自無根據。乙、梁啟超立論以為阿育王曾派宣教師二百五十六人於各地，則有人來中國亦屬可能；且阿育王曾派人至緬甸，則其由海道傳法於中國亦不無可能。對此，用彤指出：阿育王傳教雖遠及西北，而東北方面則無文記；又，所謂阿育王曾派人至緬甸傳教，實則據V. A. Smith之專著*A'soka*，緬甸距此三百年後方有佛教。故梁啟超之說實太遠於事實；丙、日本學者（似為藤田豐八）據《史記・始皇本紀》所謂「禁不得祠明星出西方」，謂「不得」乃「佛陀」之對音，立論以為始皇所禁者乃佛祠。用彤頗尖銳地指出：「不得」為虛詞，非實字，烏能指為佛陀？為斥此謬說，用彤更廣引史地經籍及乾嘉學者之研究成果，釋訓「明星」為太白，而太白主兵事，故秦時禁民間私祀。由此可見，所謂「禁不得祠明星出西方」與佛教毫無關係，而日人立說之謬立見矣。

7. 佛徒謂東方朔言及劫火，已知有佛。用彤引《漢書・朔傳贊》，證後世好事者每多取奇言怪語附著之朔。且據《高僧傳》，朔並未識劫灰，識者乃法蘭也。

8. 《魏書・釋老志》言漢武帝時佛法始通中國，此說之據在張騫使大夏一事。用彤則據《史記》等典籍，明示《史》《漢》均未記其於浮屠有所稱述，故「始聞浮屠之教」乃魏收依通西域事而臆測之辭。唐道宣則將魏收的臆測之辭改為張騫所說，此係名僧之無聊作偽。

9. 《漢武故事》稱帝禮敬金人，暗指佛教，《世說》引此說，《魏書・釋老志》亦有此說。用彤廣徵博引，一證《史記》《漢書》等正史並未言及武帝列休屠丈餘金人於甘泉，燒香禮拜，說明此說之無稽；二證霍去病所獲之金人，並非佛像而為祭天神主，自《漢

書・金日磾傳贊》以金人為祭天主後，後之注解多有從之者；三證漢武帝時，印度未有造像之事；四證金日磾乃休屠太子，無奉佛傳說；五證甘泉宮乃像紫微宮之十二星，金人則像太一之神威，非西方之佛，而休屠金人則與徑路祠同在另一地。如此層層遞進，不啻釜底抽薪，使「武帝敬佛」一說之偽謬彰顯無遺。

10. 劉向《列仙傳》稱百家之中，其七十四人已在佛經，據此則漢成哀之間，已有經矣。用彤通過列舉諸書之載記，證明此說「蓋由後人所屬」。

以上十端，皆屬辨偽，一一破斥了漢武帝以前佛教已入中土的諸種傳說。在此種辨偽中，用彤所引史料之廣博，其辨析之縝密，立論之精審，均表現出其超勝乾嘉諸老的考據功夫。接著，他又以兩章的篇幅，對永平求法之傳說及最早之佛經——《四十二章經》進行考證。此一工作則與上述辨偽不同，而屬考信，因而對確定佛教入華年代更有建設性意義。

史學界一般都以永平求法為佛教傳入中國之始。但近人梁啟超卻在辨偽疑古之風中，斷定此傳說為偽掌故，並認為佛教之初紀元應以漢末桓靈為斷。這樣，佛教入華年代便比公認之說晚了近一個世紀。為澄清是非，確定永平求法之說的真偽，用彤取最早出永平求法的《牟子理惑論》，又取載此事之其他諸書，勘其異同，將永平求法之傳說分為三系。其一為牟子系，即記明帝感夢遣使，於月支寫經而歸，並圖佛像。〈四十二章經序〉與此大同（但年代或許較《理惑論》更早），晉袁宏《後漢記》、宋范曄《後漢書》或採此說，梁陶弘景《真誥》更是直抄〈經序〉之文。《水經注》、《伽藍記》亦可入此系。其二為《化胡經》系，為證老先釋後，乃據求法傳說，屬入佛陀成道涅槃之年（謂佛在明帝世入滅）。其三為《冥

祥記》系，於求法之外，增記摩騰等來華譯經，且謂使者為蔡愔一人，而非張騫、秦景、王遵三人。《高僧傳》、《漢法本內傳》又分別益以竺法蘭之傳說及與道士角力之怪事。又有僧祐《出三藏記集》，依違一三兩說之間。

在比較諸說之異同後，用彤乃分七端對求法傳說、《四十二章經》之年代及佛教入華年代進行了考證。由於此一考證與《漢魏兩晉南北朝佛教史》第三、四章的部分內容密切相關，茲綜合該書第二、三、四章之考證，撮其要者，將其考據成果作如下述評。

其一，佛法並非始於明帝。明帝求法之真偽為一事，佛法是否始於明帝則為另一事。歷代人士均接受「漢明感夢，初傳其道」之說，但實際上哀帝時大月氏王使伊存已授《浮屠經》(事載魚豢《魏略·西戎傳》，《三國志》裴注引之)。蓋漢武帝開闢西域，大月氏西侵大夏，使大月氏成為天竺佛化東被之樞紐。哀帝時，其族已皈依佛法，佛教或由彼土入華，其時則為西漢末葉。斯則說明，譯經並非始於《四十二章經》，而傳法之始當上推至西漢末葉。

其二，《四十二章經》之早出。梁任公認為《章經》乃摹仿此土《孝經》之撰本，為吳晉間人之偽造。用彤則一方面取巴利文佛經，說明印土本有類似《孝經》之文體的經抄，故不得因其文體類似《孝經》而斷為此土人士之偽造；另一方面，用彤又考後漢襄楷延熹九年上桓帝書，示襄氏已引用《章經》之內容，說明其時本經已出世。又以《章經》譯本有二、疊經改竄說明不能以其文字優美、含大乘教理而斷其晚出。且其中各章頗有見於巴利文各經及中國佛典者，故只能謂其乃撮取群經而成，不能斷其為中國人之撰述。此種對版本史之考究，以中文《章經》與巴利文佛經之對勘，無疑均具有超勝乾嘉之學的說服力，自非梁氏所能逮及。由此出發，用彤

又對勘《章經》、《牟子理惑論》之內容、文字，以《牟子》之文較整潔，而其事跡則較增多，《牟子》曾三次引用《章經》之內容，說明其所言漢明帝求法故事，乃就〈經序〉修改增益而成。因此，牟子系之求法傳說實出自〈經序〉。

其三，明帝求法事非向壁虛造。在得出此一結論之前，用彤先列舉了於其不利的幾點可疑之處：感夢遣使，事頗神怪；明帝為太子時，楚王英歸附太子，甚相親愛，而楚王英於永平八年已為沙門伊蒲塞設盛饌，此則說明其奉佛或更早，若然，則明帝當已知佛教。所謂感夢生惑發問，實屬諷言；而最可異者則為明帝所遣三使中有張騫，若以此人非前漢之張騫，則姓名既同，西遊又同，固非偶合，實大為可疑。但用彤認為，不可據以上可疑之處而根本推翻傳說本身。此故事固有附會謬妄之處，但並非向壁虛造。蓋（一）出此說之《牟子理惑論》（作於漢末）上距永平不過百餘年，而《四十二章經》則據襄楷上桓帝書可知其於桓帝以前已譯出，〈經序〉或已早附入，較之《牟子》距永平更近。據此，則求法故事出於佛徒，雖或有附會虛飾，但不應全屬無稽。（二）《牟子》述求法故事時，稱立寺於城西雍門外，雖未記寺名，但用彤歷考寺院之變遷，認為此寺即酈道元所指為白馬寺之址，且東漢初立此寺亦非不可能。(三)梁任公等據《後漢書・西域傳》所謂永平十六年以前，漢與西域交通中絕者六十五載，立論以為永平中期求法為必無之事。用彤以為此論缺乏分疏，乃歷數此六十五載中與西域交通之事，說明所絕者乃役屬關係。又〈西域傳〉中謂交通中絕，及西域三絕三通，其全文並不能理解為漢人不能西遊。故遣使西去求法並非不可能。

接著，用彤又廣搜史實，證蔡愔、摩騰故事為更晚出之事實；《高僧傳》於求法故事、摩騰之外增益竺法蘭之名，實事出無徵；

求法傳說並非王浮假造。總上所述，則求法故事應有相當根據，非向壁虛造；佛教之流傳，並非始於東漢初葉，而應上推至西漢末葉；《四十二章經》並非吳晉間人偽造，其出世當在桓帝以前。如此，便確定了佛教入華的大致年代及最早出現之漢文佛經的性質和產生之時間的下限。在這一考證工作中，既包含了辨偽（如斥《高僧傳》中的增益之無稽，等），也有在辨偽中存真（如不因傳法故事之虛飾而斥之為向壁虛造）。而其結論之價值則在於為考察印度佛教最初與此土文化之關係確定了社會、文化背景，所謂「佛道」說便與上述考證結論有著深刻的內在關係。

至於佛教入華之路線問題，則不僅涉及到佛教在此土的地理分布，更涉及到入華佛教之性質及與之接觸之地域文化的性質，故亦不可忽視。用彤對此一問題常詳考各種史料，力求得出公允平正之結論。

近人梁啟超立論以為漢代佛法之傳入先由海道，又謂江淮人對於玄學最易感受，故佛教先盛於南。用彤則平情立言，一方面不否認佛法由海上輸入之可能及佛徒之個人信仰受地方思想薰染的事實，另一方面則詳考史實，進行具體分析，立論以為佛教最初之輸入主要由陸路。蓋漢武帝銳意開闢西域使佛法得東侵之便利，而漢代中國佛教之淵源，則首稱大月氏、安息與康居三國。其中安息國固善海上貿易，但其通中國則並非全由海道，而月氏、康居則常經陸路來華。其時涼州、長安乃成為佛法東來必經之地，而東京洛陽更是漢代譯經的唯一之地。支讖、安清止於此，嚴浮調於洛都出家，桓帝於北宮立浮屠之祠，城西亦已立佛寺，《般舟三昧經記》校定於洛陽佛寺，凡此均為確證。用彤還廣取史地經籍，說明當時佛教已流傳於洛陽以東、淮水以北。而楚王英之以罪廢徙丹陽涇縣，從

其南徙者數千人，更使佛教因之而流布江南，致漢末丹陽人笮融在
徐州、廣陵間大起浮屠寺。接著，用彤羅列、統計了漢代佛教分布
之地，以無可辯駁的事實說明漢代佛教之入華，主要由陸路。雖有
交趾之牟子著論為佛道辯護，顯示佛法由海道輸入亦有可能，但此
個別之例並不足以動搖上述結論。至於漢代佛教獨盛於齊楚和江淮
之間，而不盛於南陽、荊襄或大河以北，用彤乃以區域文化之性質
釋之。蓋其時燕齊之學（方術）已廣布江淮之間，故東漢之初，濟
南、阜陵、廣陵及楚諸國王，均信方術。方仙道亦盛行於淮濟一帶，
此種地域文化使得初來即被視作道術之一種的佛教易行於彭城廣陵
之間。至若琅邪，則近道教之發源地——海上之勞山，楚王英、笮
融、襄楷所在之地，均距之不遠，而當時常並祠佛老。黃老之道以
及方士託名於黃老之方術，其盛行之地理所當然地成為佛教流布之
處。因此，所謂佛徒個人之信仰受地方思想之薰染只能從此一角度
理解，方可得出較正確的結論。梁任公以楚王英之信佛證佛教自海
道移植，而志其所處地域之文化實亦北方風氣之南播，故其結論實
失之遠矣，徒能快人耳目耳。

　　關於佛教之入華主要由陸路這一結論，用彤認為它同樣適於漢
代之後，如兩晉時，天竺僧徒來華亦大多不取海道。至南朝，與天
竺之交通始多由海程，南朝傳經求法者，多泛海經今之錫蘭、爪哇
或婆羅洲諸島，至中國之交通口岸則為廣州、龍編（交趾）、梁安
郡、膠州。由海道傳入者，多為流行於錫蘭、緬甸、暹羅、馬來半
島、南洋群島之小乘巴利文佛教。

　　但經陸路傳經求法者仍較取海程者為多，用彤將陸路分為南北
二路：南路，由涼州出關至敦煌，越沙漠至鄯善，再沿南山脈達于
闐，西北進至莎車，再經巴達克山南下，越大雪山達罽賓（迦濕彌

羅);北路:由敦煌之北,西北進至伊吾,經吐番、焉耆進至龜茲、疏勒,再經葱嶺西南行至罽賓。此為西行求法者通常所經行之兩路。而東來傳者,則多以陸路先至涼州,使涼州成為當時中印文化交流融會之中心之一。然後由涼州東下至長安,再至洛陽。亦有由涼州南經巴蜀、東下江陵以達江東者(主要在東晉南北朝時期),西去求法者亦有取此道者(如法獻)。職是之故,荊州在南朝時,其在佛教交流之地位乃可略比涼州。當然,西域、中亞之僧人亦有迂迴取道南海而來中國者,但為數甚少。至於從西域、中亞傳來之佛教,自與來自海道之小乘佛教迥異。蓋印度西北為大乘盛行之地,故傳至北方之佛教,多《般若》《方等》;而罽賓為一切有部發祥地,因而《發智》、《毗婆沙》諸要籍均傳譯於吾國北方;于闐為《華嚴經》盛行之地,故西行求法之慧遠弟子支法領於此得梵本《華嚴》而歸南方。以此事實均說明中印交通之路線,與中國佛教關係甚大。故用彤對東來傳教之名僧、西行求法之大德,均不惜筆墨,詳考其艱苦卓絕之事跡、行程、行跡、動機、傳譯、撰述,一一窮研精述,生動地鉤勒出中印文化交光互影的歷史畫面。由於這幅歷史巨卷涵蓋面極廣,時間跨度甚長,一一展示幾不可能,故筆者於此不再贅述,僅略陳上述之見,以示用彤考據取材之豐富、考證之精審、立論之平情公允。

(二) 考釋儀式

佛教名相繁多,往往令欲入門者望而生畏,此是治佛史者常須面對的一大難題。除此之外,常有一些指稱宗教儀式、活動的名詞,往往難得其真義,學者亦常視為畏途。蓋此類名詞或譯自梵文、西域文字,不通此類文字則難知其原義,加之佛教華化後,此類名詞

又失其本意，致歧義頗多；或因使用此類名詞之古人多不加解釋，後人遂妄自猜度，望文生解，致失其本真。治史者若不加審辨，人云亦云，則不但難得佛教史之真實面目，甚至有可能因曲解而致謬誤百出。職是之故，用彤對此類名詞亦頗為注重，常考鏡源流，求其本義，且以文化學方法釋其演變。以下僅舉兩例，以見用彤在此方面之貢獻。

其一曰念佛。常人見此，多理解為口宣佛號，實則念佛最初本為禪法十念之一，雖不排斥稱念佛名，但此種修行方法之根本乃在於修定坐禪，非後來世俗之人僅口宣佛號。作為一種宗教行為，念佛與淨土之信仰密切相關。東晉釋道安曾與弟子法遇、曇戒等八人於彌勒前立誓往生兜率，以期決疑。用彤考其釋教撰述，立論以為道安藉以往生兜率之彌勒念佛，仍得禪定原意，即入三昧定，神乃昇兜率。雖然其弟子曇戒死時口誦彌勒名號不輟，但當時人仍知念佛乃禪法之一種。曾追隨道安之慧遠亦作如是解，即以念佛為心學，具體則為六時大眾於法堂坐禪。

當然，淨土信仰或淨土教本分二種，除上述淨土念佛外，尚有淨土崇拜。後者以禮佛建功德為主，如禮彌勒、或禮彌陀，以至崇拜接引諸佛如觀世音，又如造像建塔，為父母發願往生樂土。此種淨土在北朝頗盛，乃世俗一般人之所行，用彤認為其性質與西洋所謂宗教信仰相同，而此種崇拜極為普遍，勢力頗鉅，在中國歷史及社會上為一大事件。但淨土念佛在佛教史上亦為值得注意之理行。其方式既以念佛禪定為主，而其目的則在於期冀因禪定力，得見諸佛，得生安樂土。至淨土宗初祖曇鸞，仍以念佛為禪定，即念佛三昧。觀其《往生論注》所言：「人畏三塗，故受持禁戒。受持禁戒，故能修禪定。以禪定故，修習神通」，即可知知其仍以禪定為主。

　　用彤又廣取釋教經籍、撰述，詳析「念」字本意，認為中譯念字本有三義。其一為禪定憶念，如曇鸞所言之「若念佛名字，若念佛相好……無他心間雜」，「隨所觀緣，心無他想」，均為憶念之意。其二為時間之念，如念念生滅是也。其三方為口唱之念。此中與淨土宗相關者，為第一、三兩義。世人常謂羅什所譯《阿彌陀經》中所謂「執持名號」乃最早之口念，用彤則不以為然，蓋執持者，持念也，持念又譯為念住或念處；佛經中雖言唱佛名號，但並非念佛，與「執持名號」根本不同。當然，用彤並不否認口宣佛號實早有其事，東晉曇戒固如是，即淨土宗初祖曇鸞亦予以提倡，其《淨土義》即倡「稱阿彌陀佛，願生安樂，聲聲相次，使成十念」，致後人以為聲聲相次之十念為口念佛名十遍；而其《往生論注》更引道教之《抱朴子》，論贊嘆佛名可具不可思議之威力，直以口宣佛號比之咒語。用彤乃採文化學方法，說明曇鸞之倡口宣佛號及此舉之流行，實因佛道二教之融合。蓋「北朝釋教本不脫漢世『佛道』色彩。曇鸞之大行其道，與口宣佛號之所以盛行，當由於世風使之然也」❷⁹。此後，唐之道綽（淨土二祖）更教其徒眾稱念，口誦佛名，日以七萬為限。自此，禪定之念佛始轉而盛行口唱之念佛。用彤還取敦煌殘卷《佛說決罪福經》，說明唱名之說久行於民間，淨土初祖實採納世俗之信仰也。

　　作為一名頗重僧德的佛史大家，用彤之所以不慊於口宣佛號者，乃在於淨土古師多重禪定，很少專重口念之業，而後世俗僧則只知唱號，而不修禪定，實誤解念字之本義。可貴的是，用彤不僅考念之本義，更能從歷史文化的角度解釋念字在此土的演變，展示

---

❷⁹　同上書，第580頁。

了佛教華化及民間化的生動歷程，更說明了淨土信仰為何易為此土民眾接受並擴張其勢力之原因。可謂隻字之釋，知微見著。苟無此一考釋，則吾人不僅難知淨土信仰之原初面貌（或本質），更難以理解何以唐代之後淨土之發達以至於幾獨占中華之釋氏信仰。蓋唐代淨土教深入民間（其原因在於口宣佛號易行），且染及士大夫階層。六朝時士子僧徒之間的玄理之契合既不復存在，則唯有死生之恐懼能使二者結合。故自唐初之唐臨至晚唐之白居易，幾專言冥報淨土，作來生之計，期往生淨土，成為士大夫信佛之根本原因。如此，口宣佛號之念佛不僅盛行於民間，亦為此土士子所接受，僧俗莫不如此。可見「念佛」之蛻變，實大可注意者也。

其二曰俗講。用彤治佛教史亦頗留意近人之研究成果，蓋唯有如此方可在了解研究現狀的基礎上，將研究工作向前推進，糾正謬說及發前人所未發均須以廣聞博見為基礎。關於何謂俗講這一問題，用彤發現中外學者雖多有研究之者，但對其真義卻無人給出明確的界定。例如，日人道良端秀於1958年出版的《唐代佛教史之研究》雖論「俗講」頗長，卻未能給出令人信服的解釋，且在取材上亦有重大疏漏。用彤研讀佛教文獻不僅細心認真，而且目光敏銳。五十年代末六十年代初，他在病中重檢佛藏時，發現一則頗有說服力的史料，即日本沙門圓珍所撰《佛說觀普賢菩薩行法經記》（收入《大正藏》五十六卷），乃著為短文〈何謂「俗講」〉，解決了這一歷史懸案。

圓珍於會昌毀法後（853年）入唐求法，西元858年歸國，其人對唐代佛教組織、活動均有深入之了解，故其記載頗為可信。茲先摘錄圓珍之記敘如下：

　　言講者，唐土兩講：一俗講。即年三月就緣修之，只會男女，
　　勸之輸物，充造寺資，故言俗講（僧不集也云云）。二僧講。
　　安居月傳法講是，（不集俗人類，若集之，僧被官責。）……

用彤在對這則材料略加考訂，糾正其中個別文字錯誤後，又旁引其
他相關史料，將僧講與俗講進行比較，為俗講作出了一個清晰而又
明確的界定。用彤的解釋分以下三方面：一曰對象。根據圓珍所記，
用彤認為俗講的對象是未出家的人，而僧講的對象則為出家人。二
曰內容。由於聽講的對象不同，所講的內容也就有差異，俗講所講
較為通俗。而且按照定制，未出家者不得聽僧講，而出家者則不得
聽俗講，違者當受「官責」。　三曰作用。宣傳佛法，勸化民眾固為
其作用之一，而更重要的或許在於聚斂財物，充實寺資，謀求寺院
經濟之發展。當然，史載中也有與此不同的「僧講」之說。用彤在
《宋僧史略》（卷上）中就發現有兩條材料，有「僧講」、「尼講」
之說。對此種例外之史料，用彤亦給出令人滿意的解釋，即「其所
言者是指講經者是『和尚』還是『尼姑』，而不是指聽講的人，故
與圓珍所言『僧講』意義不同。」　另外，還有些材料一時難以給出
完滿的解釋，用彤則以史家的真誠而取存疑的態度。例如，有些學
者以押座文為俗講的組成部分，根據是〈八相押座文〉有言曰：「西
方還有白銀臺，四眾聽法心聰開。」此中所謂四眾自當包括「和
尚」、「尼姑」。此例說明或是圓珍所言有誤，或是僧講亦有押座文，
用彤認為此一問題尚待研究❸。

　　儘管有例外、有疑問，較之前此學者們籠統地以「俗講」為通
俗的講述佛法，用彤的界定還是廣為學者們所接受。對〈何謂「俗

---

❸　《湯用彤學術論文集》，第314—316頁。

講」〉這篇千餘字的短文，近人有高度之評價。史家鄧廣銘言：「幾十年來，研究『俗講』，發表了那麼多文章，對何謂『俗講』都不太明確，但湯先生這篇文章，可以說把問題說清楚了。」唐史專家汪箋在生前也有類似的評價❸。

用彤的考釋之所以令人信服，原因在於廣聞博見，取材謹嚴、恰當、可靠，而立論則邏輯嚴明，界定清晰明確，故能發前人所未發，令人心服其精審。

（三） 考證人物

如前所述，用彤治佛教史有一重要人文關懷，即欲使「古聖先賢偉大之人格思想，終得光輝於世。」故其治佛教史一則以考察佛學思想之演變或疏尋往古思想之脈絡、宗派之變遷為主線，二則以人物之研究為核心，就中尤以對先賢大德之研究考證最為詳盡。綜觀其漢唐佛教史撰述，可知其對人物之考證異常注重。舉凡傳說中最早譯經的攝摩騰，早期入華譯經弘法的安世高、支婁迦讖，三國時期的支謙、康僧會、朱士行，兩晉之竺法護、竺道潛、支遁、釋道安、支道林、支愍度、鳩摩羅什、佛陀跋多羅、僧肇、慧遠等，南北朝之釋玄高、曇曜、竺道生、興皇法朗、菩提達摩、曇鸞、真諦，以及隋唐各宗之創始人，乃至明末四大名僧，等等，用彤都以相當的篇幅一一予以考證研究。而取材豐富、考證極詳者就有十餘個，對他們的生平、行跡、思想源流、地位都有詳盡之考證、闡發。五十年代，在反思自己的佛史研究方法時，用彤自認過分強調了佛教史中個別人物所起的作用，這大概也是他在當年研究佛教史注重

---

❸ 見〈昌明國粹融化新知——紀念湯用彤先生誕生100週年〉，載《中國文化》第9期，1994年2月。

人物之考證研究的原因之一。他還特意列舉了一些例子，認為自己
誇大了道安、慧遠、鳩摩羅什等人推動佛教發展的作用。今天看來，
用彤此論或許出於接受新思想時的真誠，但當年他對以上三大德之
推崇，又何嘗不是出於史家和人文學者的真誠？況且，思想雖有社
會歷史的內蘊隱含其中，卻也離不開個人的創造。故治思想史之注
重個人，實無可厚非。此是另一問題，不能詳討。茲從用彤所推崇
的三大高僧中揀出慧遠，以觀用彤對人物之考證研究。

　　用彤以一章的篇幅專研慧遠，此則因為慧遠其人德行淳至，巋
然不群，所謂精神卓絕，至德感人者也，此就人格而言。就學說而
言，則提婆之毗曇、覺賢之禪法、羅什之三論，乃東晉佛學之大業，
使之廣泛流布於南方者，則慧遠和尚也。在用彤看來，慧遠之人格、
思想誠足使之在中國佛教史上永享崇高之地位。史家陳寅恪亦有類
似的評價，其言曰：「當六朝之季，綜貫包羅數百年間南北兩朝諸
家宗派學說異同之人，實為慧遠。」❸❷由此可見，慧遠其人誠須詳
研細究也。茲撮用彤考證之要者，列述如下：

　　1.考生平

　　《高僧傳》稱慧遠卒於晉義熙十二年，享年八十三，張野《遠
法師銘》（《世說注》引）同此說，唯謝靈運《遠法師誄》謂其卒於
十三年，享年八十四。用彤坦承二說未知孰是。以下，用彤列其年
歷，謂慧遠於晉成帝咸和九年生於雁門婁煩，二十一歲就道安出家，
年三十二隨道安南投襄陽。慧遠東下事頗重要，故用彤考之略詳。
《高僧傳》謂慧遠東下，在秦建元九年符丕寇斥襄陽時，但丕寇襄
陽實不在彼年，而在建元十四年；又慧遠卒於義熙十二年或十三年，

---

❸❷　見《陳寅恪史學論文選集・大乘義章書後》。

而《僧傳》稱其「卜居廬山三十餘年」若依建元九年東下之說，則卜居廬山當四十餘載，故《僧傳》東下年不確，用彤以晉孝帝太元三年（378年）為慧遠東下年。

　　2.考寺廟

　　慧遠東下，先荊州，後止廬山，居龍泉精舍。用彤引陳舜俞《山北篇》，證龍泉精舍即龍泉庵。又據《水經注》，考訂龍泉精舍在廬山之北石門水近旁，蓋《水經注》云：「廬山之北有石門水，其水歷澗經龍泉精舍南，太元中沙門釋慧遠所建也。」又，慧遠之同門舊好慧永先期到達廬山，住西林寺，乃邀慧遠同止。後又以所棲褊狹，不足相處，而詢刺史桓伊。桓於是為慧遠於山東更立房殿，此即東林寺。用彤多年在講席之暇，於夏日卜居匡山之大林峰左近，於匡山佛教遺跡自頗親切。乃考東林寺之建立年代，約在太元十一年（386年）。蓋《晉書・桓伊傳》,《晉略方鎮表》稱桓伊於太元九年為江州刺史，曾移鎮潯陽，約至十七年卒。故東林寺之立，約在此諸年中，而陳舜俞則引《十八高賢傳》，直謂東林寺成於太元十一年。至論寺址，則據陳氏《廬山記》所載，東林寺距龍泉精舍十五里遠。

　　3.考護法弘法事

　　用彤廣搜史料，先證《毗曇》學之大興，乃因慧遠之提倡及其徒眾之靡從。蓋《毗曇》（六朝時特舉一切有部之學而言）本盛於罽賓，以其國風保守，其學於道安前未得大傳。符秦統一中國北方後，罽賓沙門乃得來長安，大出一切有部經律論。一切有部之大家僧伽提婆曾譯《阿毗曇》（即《發智論》），其人於晉太元十六年南下至廬山，是年冬在南山精舍譯出《阿毗曇心》，用彤據《祐錄》十所載之慧遠序文，證請譯《阿毗曇心》者，即慧遠也。又據《名

僧傳抄》所載，證慧遠於匡阜曾大力提倡一切有部之學，致《毗曇》之學在廬山風靡一時。

次證江東禪法之流行亦得力於慧遠。禪法自漢末以降，即頗流行。然因江南好尚偏重智慧，致江東闕禪法，慧遠一方面使弟子往西域求之，另一方面則迎名師覺賢（即佛陀跋多羅）入廬山，請其出禪經（《達摩多羅禪經》），留下一段佛史佳話。蓋覺賢者，受禪師佛大先之託，於長安弘法，以其所學與時風大異，乃受鳩摩羅什門下之擯斥，不得不與慧遠之弟子慧觀等人東下廬岳。慧遠迎之，且致書姚主及關中眾僧，請解其擯事，又請其譯經，致江東此後頗行禪法。用彤認為，覺賢被擯，非得望重德劭之慧遠之維護，亦不能風行也。

當然，慧遠之佛學宗旨仍在《般若》，此其所力弘者。詳細闡發見用彤原著第十章，茲不贅述。

4.考結社事

慧遠一身又與淨土之信仰之流行有莫大之關係，嘗因生死之懼而於元興元年與劉遺民、周續之、宗炳等人於精舍無量壽佛像前建齋立誓，發弘願，期生淨土。據《祐錄》及《高僧傳》慧遠本傳，同志立誓者共一百二十三人。但後人卻據此附會出結社事，謂慧遠與十八高賢立白蓮社，入社者百二十三人，外有不入社者三人。且傳說各異，所載各不相同。對此事之辨偽，用彤先之以定底本之性質。蓋此一傳說之根據為《十八高賢傳》，北宋陳舜俞《廬山記》載其文，自稱該傳不知何人所作，文字淺近，以事驗諸前史，往往乖謬，讀者陋之。但陳氏仍因舊本，參質晉宋史及《高僧傳》，粗加刊正。志磐《佛祖統紀》更依懷悟之意補治，收載該傳。用彤認為，據此可知《十八高賢傳》乃妄人雜取舊史，採擷無稽傳說而成。

陳舜俞、志磐在刊正、補治時，又加入一些可靠材料，但仍不妨該傳說之偽。吾人試觀用彤所列之材料，則可知該傳說誠一典型之層累而造成之偽佛史。僅憑底本之偽謬，即可知其確為偽說。但用彤仍以嚴謹的史家態度，詳考該傳說之各種偽誤。這裏僅述其要者：一曰最早記載並未涉及慧遠立蓮社事。隋時固有智者大師在匡山致晉王書，中有謝靈運穿鑿流池三所之語，然既不言為蓮池，亦未言及立社。中唐以後，方偶見蓮社之名。且至宋代，對蓮社之名仍解釋不一。又，發願立誓之諸人曾唱和纂為《念佛三昧詩集》，證諸該詩集及慧遠所撰〈念佛詩序〉，均未言及蓮花。僅劉程之誓文有言曰：「藉芙蓉於中流，陰瓊柯以咏言。」文中言及荷（即芙蓉），或為此後蓮社說之本。但此二句僅文人之辭藻，非必指有實事（蓮社）。二曰十八高賢之說亦不見最早記載中。唐法琳見聞廣博，諳熟六朝逸史，然其《辯正論》卷三僅列劉遺民、雷次宗、周續之、畢穎之、宗炳，稱為五賢。可見唐初尚無十八賢之說。再往上推，隋代費長房《歷代三寶記》亦未記十八高賢結蓮社事。由此可知，六朝時目錄及長房所見諸書，並無言及蓮社事者。中唐以後，方見十八賢之名，如《白香山集》代書云：「廬山陶謝泊十八賢已還，儒風綿綿」云云。此是用彤以詩文證史之一例。三曰所謂十八高賢者，羌無故實也。蓋十八高賢中之釋慧持於隆安三年（399年）辭別慧遠，入蜀不返，佛陀跋跋多羅於義熙六十七年（410或411年）頃方到廬山，決無同時於元興元年（402年）共立蓮社之理。宗炳是年則年僅十六，亦無高列於十八賢中之可能。用彤還另列三端以辯此事之偽，茲不贅述。僅以上三端，即可證十八高賢共立蓮社乃純係偽說。

　　此外，用彤還考訂慧遠之念佛為坐禪，而非口宣佛號；又以其與桓玄之往返書信，說明當朝廷僧尼遺臭，引起攻難時，慧遠為僧

伽爭人格（不致王者），為教法作辯護，實佛法之中流砥柱。凡此，均非文字遊戲之考證。

綜觀用彤對慧遠之考證研究，其所引之材料之豐富，令人咋舌。所引文獻有篇名者近一百，且範圍極廣。有正史、內典、史地經籍、碑銘、誄文、佛史撰述、傳說，乃至詩文、朔閏表，等等。豐富的材料和博洽的論辯，自然使其考據成果具有至上之價值，歷久彌醇。

　　　　　　※　　　　　　※　　　　　　※

需要指出的是，用彤在考據方面涉及面廣，成果亦很豐碩。其在經籍、釋教選述、佛教的分布、戒規、宗派、佛史大事等方面都有深入而嚴密的考證，所得之結論大多難以移易；至於對中外學者之誤說謬論的破斥、糾正，在其《漢魏兩晉南北朝佛教史》和《隋唐佛教史稿》中，可謂俯拾皆是。其《大林書評》對日本學者的批評更是引人注目，不僅態度客觀公正，而且在辟其偽誤時，目光銳利，證據確鑿，立論精審。由於篇幅所限，這裏只能略加提及，不再詳述，但吾人從以上簡述，似可略窺用彤考據成就之一斑及其超勝乾嘉諸老之處。

第五章　慧發天真解玄音（上）

一、緣　起

　　當湯用彤提出「文化之研究乃真理之討論」這一重要命題時，其旨不僅在於為「五四」前後流於蹈空、淺隘的文化批評樹立必要的學術規範，而尤在於將文化批評引入哲學的堂奧。三十年代在北大講授《哲學概論》一課時，用彤曾更為明確地闡述過這一宗旨。在討論哲學之發生時，他講道：文化的批評是哲學思想的初步。自西洋文化傳入中國以後，中國的文化批評就嚴重了，而且很多。用彤認為，此種批評是必須的，而在批評中比較中西文化之優長劣短時，又須對自己的文化加以評估（evaluation）。「五四」運動前後，思想界介紹、輸入了大量的西方文化，且對中國文化作了嚴格的批判。但這些都還只是批評，是沒有原則的，甚至是空泛無益的。因此，他呼籲人們要基於由文化批評所引起的哲學興趣，而進入哲學的理論殿堂。

　　用彤的呼籲不久便成為哲學界的共識。四十年代初，用彤的同事賀麟發表了〈文化的體與用〉等重要論文，建立其以理性、精神為體，以文化為用的文化哲學體系。賀麟的嘗試亦出於對「入主出

奴」、附會比擬的文化批評之不滿，轉而嘗試「直探本真」，即對文化作一番形而上的反思，不再「滯留在文化批評的階段……力求浸潤鑽研神遊冥想於中西文化某部門的寶藏裏，並進而達到文化哲學的堂奧。」❶賀麟深知用彤之學術、思想，其文化本體論或為對用彤之呼籲的回應，或至少是二人之共識。

與賀麟不同，用彤則以文化人類學理論為基點，取徑於對中古哲學史、中外思想交流史的研究，希冀從哲學自身的發展歷史中總結出文化哲學的若干原則，或體現、闡發他在《學衡》時期形成的文化理念，並解決他在學理、現實生活中所面臨的一系列重大的文化難題。

用彤稍長即「寄心於玄遠之學」。他對中國佛教史為時甚長、最富創造性的全面、深入之探究，使其對魏晉時期的中國哲學思想不僅有資料方面的熟稔，更有深相契合的妙悟慧解。在用彤發表其魏晉玄學方面的研究成果之前，學界已有多人注意到這一時期的哲學思想，但均有明顯之缺欠。章太炎為貫通古今之大師，然其對魏晉思想的了解、分疏顯然缺乏現代哲學的眼光和深入的哲學分析。好開風氣之先的胡適在出版《中國哲學史大綱》上卷之後，雖試圖賡續其作，且曾發表過其《中國中古哲學史》的若干章節，但學力之不逮，使他終未能在中古哲學史領域中有系統卓然之建樹。馮友蘭在幾年之內以其堅韌不拔的毅力和哲學家的膽識，在三十年代初陸續出版了其《中國哲學史》上、下兩冊，這是中國第一部哲學家的《中國哲學史》系統巨著。但該書作者多年後還承認他「於佛學

---

❶　參見拙文〈文化哲學與新文化的建設〉，載《中國文化與中國哲學》，1988年。引文出自賀麟〈答謝幼偉兄批評三點〉，載《思想與時代》第22期，1943年5月1日。

沒學通」，「講佛學失於膚淺」，「魏晉那一段太簡略」❷。

　　簡言之，中國中古哲學史的魏晉一段因其與佛教有至深之關係而一直成為令人生畏的礁石，打通這一難關的工作是由用彤卓有成效地完成的。

　　用彤本擬採文德爾班寫西方哲學史的方法，以問題為中心，寫一部斷代哲學史《魏晉玄學》。此項工作初始於抗戰之前，抗戰後，因生活顛沛流離，用彤終未能遂其夙願完成這部著作。這對於「為學必重全體系、全組織，絲毫不苟」的用彤來說❸，不能不說是終身遺憾。不過，他在四十年代撰寫、發表的一系列關於魏晉玄學的論文，仍不失為價值至高之碩果。1957 年出版的《魏晉玄學論稿》單行本更收入了未刊稿〈言意之辨〉及〈附錄：魏晉思想的發展〉。這個單行本及後人據其講義或講演提綱整理成文的〈魏晉玄學與文學理論〉、〈崇有之學與向郭學說〉、〈貴無之學——道安與張諶〉、〈王弼與郭象〉，可以說展現了一幅清晰全面、深入系統的魏晉玄學產生、演變、發展的輪廓，完全體現了其考鏡源流、統計全局、平情立言，以探求真理為鵠的的治學態度和宗旨，更展示了他會通中西、不露斧鑿之痕，知微見著，尺幅千里的深厚學養和史識。

　　這裏還需要說明的是，用彤之採文德爾班治西方哲學史的方法，可謂其來有自。他在美國留學期間，對文氏之方法就非常熟悉，且偏愛有加。文德爾班認為「哲學史作為體現人類對宇宙的觀點和人生的判斷的基本概念的總和，是種種不同的單個的思維活動的產物」，這一定義中已包含了對哲學的界定。用彤在講授「哲學概論」一課時，雖曾明確反對對哲學擅下論定，而願學生在了解哲

---

❷　馮友蘭《三松堂自序》，第225—230頁。

❸　引語見錢穆〈憶錫予〉，《燕園論學集》，第24頁。

學之基本問題後，再各自引發出自己的哲學定義，但通觀其《魏晉玄學論稿》，可見出他基本上以哲學為人類對宇宙的抽象觀點和對人生的基本判斷。這使他的哲學史研究不唯重人類對宇宙、自然之了解、認識，亦重人類對存在之意義、價值的反思和追求。文德爾班又認為哲學史的發展並非取決於黑格爾式的「宇宙精神」（Weltgeist）的思維，「而同樣也依靠從事哲學思維的個人的思考、理智和感情的需要、未來先知的靈感以及倏忽的機智的閃光」。文氏對哲學史發展中的個人因素的重視深契用彤對前聖往賢之人格、思想的敬意。文氏對來自文明史的因素對哲學發展的促進、推動作用的關注，則化為用彤對時風或時代思潮之影響的考察與注重。文德爾班還認為哲學史既是一門語文——歷史的科學，也是一門批判——哲學的科學。前一種性質決定了治哲學史者必須對歷史資料作全面的檢驗、爬梳，後一種性質則要求治哲學史者不能以其個人的理論或哲學信念為批判之標準，而須用一種開明的歷史遠見靜觀歷史上的思想著作，由於尊敬別人而克制自己，不去責怪哲學界傑出之士對於後起之秀的才智茫然無知，那種從「當前的思想成就」出發，靠咒罵或鄙視古人思想過活的做法完全是愚蠢、無知的驕傲❹。此種對客觀性的追求，對古哲的溫情則尤為契合用彤「發潛德之幽光」的客觀、虛心之態度，那種以「仇恨死人為進道之因」的孟浪之舉是用彤不屑為之的。這或許也正是他在五十年代稍得自由的環境（百花齊放）中印行《魏晉玄學論稿》時，不曲附「大批判」式的學風而修改原作的原因之一，所謂「僕病未能也」不過是表面原因。

　　用彤不是一位喜建自己體系的哲學家，而是一位在哲學史、宗

❹　見羅達仁譯文德爾班《哲學史教程》上卷，〈緒論〉，商務印書館，1989年第2版。

教史園地裏豎立了一座座豐碑的史學大師。但這並不意謂著他沒有自己獨立的哲學思想，他曾明言：「真正高明的哲學，自應是唯心哲學。然而唯心之心，應是空靈的心，而不是實物化或與物對待之心。」❺此種哲學識見可見諸他對魏晉玄學的深悟妙發之中。

二、論玄學的變遷發展之跡

漢末以降，中國政治混亂，國家衰頹。用彤在伯克利大學授課時，稱漢末至隋代之前為中國的「黑暗時代」，同時也是中國的「啟蒙時代」。因為這一時期的精英之士如哲學家、詩人、藝術家基於逃避苦難之要求，在思想上勇於創新，在精神的自由解放中獲得了「人的發現」（Discovery of Man）或人的自覺，從而使這一時期的思想獲得了深刻、鮮明的哲學意蘊。因此，「漢魏之際，中國學術起甚大變化」，乃學界之共識❻。但此種變化之根本特點何在？魏晉思想的發展是否有其內在的路數或邏輯？此種演變、發展是否有跡可尋？用彤之前，這些問題似未得到徹底、系統之解決。

用彤治學向來頗喜疏尋往古思想之脈絡，而豐厚的文化思想史素養又使他堅信漸進論，即「文化學術雖異代不同，然其因革推移，悉由漸進。」就玄學而言，則「固有其特質，而其變化之始，未嘗不取汲於前代前人之學說，漸靡而然，固非驟漬而至。」❼此種思想漸進論使用彤鉤沈繪出的魏晉思想的變遷、發展之跡，既凸顯了本期思想之特質及其內在的發展理路，又注重其與前期思想

❺　前引賀麟《五十年來的中國哲學》，第22頁。

❻　引語見《湯用彤學術論文集》，第196頁。以下簡稱《湯文集》。

❼　同上，第214頁。

間的因革損益。

　　自用彤始，學界統稱魏晉思想為魏晉玄學，而玄學在他看來即是「本體之學，為本末有無之辨」❽。他認為，此種玄風之漸起，其思想蛻變之跡，當求之於二事：一為名學，一為易學。名學非先秦惠施之名學，而是鑒識人物的名理之學，其作為「準玄學」為正始玄學準備了思想氛圍（詳見下節），而其內容則偏於人事。易學則關涉天道，如果弄清漢魏間易學之變遷，則可確知漢代宇宙學說如何演進為魏晉玄學之本體論❾。

　　用彤對玄學本體論的興起的發生學探究，是以王弼的大衍義為例，說明新學是如何在與舊學（漢易）的鬥爭、衝突中，逐漸獲得其主流思想地位的。他說，漢易偏於象數，率以陰陽為家。魏晉新易則漸趨純理，常以《老》《莊》解《易》，新舊易學，思想不參，遂常生爭論。舉凡管輅對何晏之易學的輕鄙，太原王濟之嫌王弼以老莊解《易》「背爻象而任心胸」，潁川荀融之難王弼大衍義，均為舊學對新學之反動，或為新舊學衝突之實例。

　　衝突之劇，尤可見於王弼之釋大衍義時對漢儒舊學的徹底摒棄。王弼在釋大衍之數何以其一不用時，擯落象數而專敷玄旨，立論極精，掃除象數之支離，而對於後世之易學並有至深之影響。用彤以此為「中華思想史上之一大事因緣。」❿

　　此大事因緣之大，在於漢儒或依筮法解大衍之數何以其一不用，此可於鄭玄《易說》卷七，《易圖明辨》卷一見之；或依卦爻

---

❽　同上，第242頁。

❾　「準玄學」之說見《理學・佛學・玄學》，第332頁，餘見《湯文集》，第245頁。

❿　見《湯文集》，第245—247頁。

以解其一不用，此可於《周易正義》所引荀爽之論見之。凡此，均
未脫陰陽家言。漢儒京房、馬融之釋大衍義，則或依宇宙構成而立
論，或依宇宙運動而立言。王弼之釋大衍義則迥然不同，韓康伯引
王弼文曰：

> 演天地之數，所賴者五十也。其用四十有九，則其一不用也。
> 不用而用以通，非數而數之以成，斯易之太極也。四十有九，
> 數之極也。夫無不可以無明，必因於有，故常於有物之極，
> 而必明其所由之宗也。❶

用彤認為，王弼釋大衍義之創見正在於他以蘊含新義的太極釋不用
之一。而在王弼看來，太極不是漢儒之元氣，而是無、極、宗。此
宗極又名曰道，是萬理之全，是作為一大秩序的宇宙之全體。而此
本體又不是在萬物之外之後的另一實體，而實即蘊攝萬理孕育萬物
之理。所以，太極（不用之一）也就是有物之極（四十有九），不
可在有物（四十有九）之外，別覓本體（一）；也不可認為有物或
用可離體而在。此種由釋大衍義而闡發的體用一如論（玄學本體論）
或形上學主張體用相即不離，用者依真體而起，故體外無用，體者
非於用後別為一物，故亦可言用外無體。這與漢儒的宇宙論或宇宙
構成論（cosmology）自有天壤之別。後者主張萬物依元氣而始生，
元氣永存而執為實物。自宇宙構成而言，萬物未形成之前，元氣已
先存；萬物全毀之後，元氣不滅，也就是說，在萬有之外、之後別
有實體。據此而言體用，則體用分為二截。漢儒雖常用太極解「不

---

❶　王弼之文見樓宇烈《王弼集校釋》下冊，第547—548頁，中華書局，
　　1987年第2版。

用之一」，但其「一」與「四十九」固同為數。「一」或指元氣之渾淪，或指不動之極星，「四十有九」則指十二辰或日月等等，「一」與「四十九」分為二截，絕無體用相即之意。而王弼則盡棄象數家言，用彤認為王弼之太極新解是「漢魏間思想革命之中心觀念」❶。

　　但此種思想革命又絕不可理解為「鹵莽滅裂」的驟潰。世人多以為玄學之興源自老學、莊學之突盛，而忘忽玄學實亦儒學之蛻變。王弼解老固精，苦心獨創處甚多，而其注《易》釋《論語》更稱絕倫。然而，王弼注《易》之絕倫似為突創，而實亦淵源有自，即遠承今古學之爭，而近續荊州章句之「後定」。

　　關於王弼與荊州之學的關係，用彤有精審之考察。從他的分析中，我們可見出其對兩漢三國經學之熟稔，及純熟地駕馭史料、立論言簡意賅的史學大家之功力。茲簡述如下：漢末，中原大亂，荊州獨全。劉表為牧⋯⋯好名愛士，天下俊傑，群往歸依，學術大盛。而儒生中最有影響者則為宋衷，宋氏曾撰立五經章句，被稱為「後定」。其學異於鄭玄，開輕視章句之路，「守故之習薄，創新之意厚」，大開「喜張異議」的荊州學風。王弼雖未必曾居荊州，但他的家世與荊州關係至深。劉表曾受學於同郡王暢。漢末王暢之孫王粲與族兄王凱避居荊州依劉表。劉表以女妻王凱；蔡邕嘗賞識王粲，末年以數車之書贈王粲。王粲之二子與宋衷均死於魏諷之難。蔡氏贈王粲之書悉為王凱之子王業所有。魏文帝因王粲二子均被誅，乃以王凱之子王業嗣王粲。而王弼即王業之子，王宏之弟，亦即王粲之孫。王氏家族自王宏始，即好玄言，而其父祖兩輩均與荊州之學有至深之關係。用彤認為：王粲、王凱及王業必均熟聞宋衷之道，

❶　《湯文集》，第253頁。

「後定」之論。「則王弼之家學，上溯荊州，出於宋氏。夫宋氏重性與天道，輔嗣好玄理，其中演變應有相當之聯繫也。」而荊州之學的最大特點即喜張異議，並已開輕視章句之路。荊州之學對王弼之影響，即在於使其具自由之精神，因而使其在本費直之易學時，能駕輕就熟地以傳解經，慧發哲思。所以，用彤立論曰：「王氏之創新，亦不過繼東漢以來自由精神之漸展耳。」此種對漢魏之際思想變遷之跡的疏尋，完全以史實為依據，發前人所未發，且在思想旨趣上最終回到他的文化漸進論上來，其立論可謂具有不可抗拒的說服力。

用彤雖持漸靡而然的文化漸進論，但他同樣肯定個人在哲學中的創造性的巨大作用。他認為：「王弼之偉業，固不在因緣時會，受前賢影響。而在其穎悟絕倫，於形上學深有體會。」王氏注《老》、《易》每每有迥出眾流、卓然拔出之建樹，均在於他對前人著述之取捨能隨意所適，以合意為歸，而不拘之於文字，綜儒道之籍，證成一己之玄義。「其思想之自由不羈，蓋因其孤懷獨往，自有建樹而然也」❸。質言之，王弼之大倡玄風，使玄學蔚為大流，其思想雖淵源有自，但學者不應以承續關係之網絡遮蔽王弼這位大哲的身影，其在變遷之跡中實為里程碑式的人物。此種對個人因素的充分肯定實非所謂「誇大」，因為像王弼這樣的大哲，不僅對於哲學問題的選擇和綜合起著重要的示範性的作用，而且既在他自己的學說中，亦在其繼承的學說中，對於創制概念、思想體系以提供問題的解答，也起著重要的示範性的作用。

用彤對漢魏之際學術變遷之跡固有精妙之探究、論述，而其對

---

❸　以上均見《湯文集・王弼之周易論語新義》。

玄學本身之發展及其流變之跡則有更富體系建構意味的絕倫之鈎勒與分疏。

玄學大暢於正始時期，作為**魏晉**時期的「普通思想」或一般思潮，玄學固然在某些方面可以有跟別的時代相同的地方，如一些思想家仍未脫離漢代以元氣為萬物之始的宇宙構成論之窠臼，但使玄學成為玄學的仍是其新的思想成分，即關於本末有無的本體論、形上學及與此密切相關的一系列重要問題。玄學之發展雖在各期中各有特點，但用彤認為其路向則均延此新思想問題而延伸。

魏晉乃罕有之亂世，哲人們一方面立言玄遠，希冀在形而上的思辨王國中逃避現世之苦難，以精神之自由彌補行動之不自由甚且難全其身的困苦。另一方面，他們又難以逃避鐵與血的現實關係之網，因而對何為自足或至足之人格不能不有深切之思考。用彤通過對其時之歷史考察及對思想史資料之綜合，立論以為：**魏晉**時代「一般思想」的中心問題是，「理想的聖人之人格究竟應該怎樣？」由此而引發出「自然」與「名教」之辨。

根據魏晉名士對上述中心問題的回答之不同，用彤將他們區分為「溫和派」與「激烈派」。此二派人物都一致推崇「自然」，但對「名教」的態度則判然有別。溫和派名士並不特別看重名教，但也不公開主張廢棄「禮法」，**何晏、王弼**是這派人物的代表。他們究天人之際，其道德論主人君為道配天，臣下有德為人。以「道」、「德」與「天」、「人」相匹，而主「天」、「道」不可名狀，即「無」不可以說，「人」、「德」可以言說，即「有」可以言說。又主人君以「天道」或「自然」為體，以「名教」為用，聖人之治天下即以此為本。在現實生活中，這派人本出於禮教家庭，早讀儒書，雖研習、注解《老子》，亦宗《周易》等儒家正經，故以自然為本，而

又不非聖棄禮（名教）。

至元康年間，「激烈派」大張其軍，在社會各方面均有較大之影響。這派人物以阮籍、嵇康為代表。他們徹底反對「名教」，主張越名教而任自然，其思想具有鮮明的浪漫色彩，完全表現出一種《莊子》學的精神。激烈派雖然影響甚大，卻也遭到當代名士的批評。如樂廣聞王澄、胡毋輔之之流以任放為達，竟至裸裎，乃笑之曰：「名教內自有樂地，何必乃爾！」用彤認為，樂廣之論並非像一些人認為的那樣是特別推崇名教，而是本於玄學，立論以為棄名教而任自然是有體無用，即隔裂體用，因而是不對的。又如裴頠之作《崇有論》雖出於「深患時俗放蕩」，而其立論則更富有玄學意味，其立論之旨在於說明不可去「有」以存「無」，棄「用」而論「體」。質言之，他們都是從形而上或玄學家的立場來討論名教與自然之關係的，即，他們的思想都是玄學之發展。在激烈派的言論中，我們可以聽到哲人們在苦難中的低迴長吟及其對自由的籲求。而在溫和派的言論中，則可見出其孤懷獨往、直面現實而又追求玄遠之境界的關切。

永嘉時期，以注《莊子》而名重天下的向秀、郭象在自然與名教之辨中，更承續王弼、何晏的溫和派態度，他們以「寄言出意」之法，消弭《莊子》一書中詆毀孔儒，攻擊名教之論中的激進思想，取消自然與名教的對立。向郭之注《莊子》，仍以聖人觀念為核心而展開。郭象認為《莊子》之宗旨即是「明內聖外王之道」，所謂「內聖」即是取道家之旨，順乎自然，而「外王」則取孔儒之旨，不廢名教。此種以儒道為一的溫和思想主張「名教」合乎「自然」，以「自然」為本為體，「名教」為末為用。用彤又明確指出，向郭在名教與自然關係上的立場固然承繼了何晏、王弼之溫和派態度，

但他們在形而上學方面則以「崇有」為的，與何王之「貴無」大異其趣。由此更可見出玄學是以聖人觀念或名教與自然之辨為中心問題而呈現出異計繁興的發展態勢的。

西晉末葉以後，佛教通過數百年的移植、傳播，開始大行於華夏。東晉之思想家竟多為僧人。用彤認為，東晉佛學固然發達，然以佛學多與玄學在理論上相牽合，其專門術語多取老莊之名辭，故佛教不過是「玄學」之同調。東晉前後流行的「二諦」「法身」諸義，亦熱衷於討論聖人的人格問題，並進而為本體論的追究。在此種形而上的探究中，佛學給與玄學很豐富的材料，很深厚的理論基礎，這是不可否認的事實。而佛學與其他思想的爭論，對名教與自然又行分途，即使二者再次對立起來，又發揮了重大影響。因為印度佛教原本是一種出世解脫之道，多求「內聖」，而忽「外王」。此種觀念之影響改變了晉末的聖人觀念，使「體極」者可以「不順化」，即不循名教的思想重又抬頭。

據以上分析，用彤將以聖人觀念或自然與名教之辨為核心的魏晉玄學之發展分為四期，即：（一）正始時期，易、老思想最盛，何晏、王弼為其代表。（二）元康時期，莊學頗盛，在自然與名教問題上，激烈派的「越名教而任自然」大行其道。（三）永嘉時期，「新莊學」大盛，至少有一部名士上承正始時期的「溫和派」之態度，調和名教與自然之關係。（四）東晉時期，佛學最盛，名教與自然之關係再行分途❶。

用彤對魏晉玄學發展之跡鉤沈發微，不唯強調其一以貫之的特殊精神或哲人們試圖解決的時代課題，更注意凸顯各期思想間因革

---

❶　以上見《湯文集·魏晉思想的發展》。

損益的漸進關係及其思想特質。就中以東晉佛學為玄學之同調，尤透露出迥出眾流的新消息（後文再述）。而其對玄學發展之分期，則允為定論，至今突破這一體系框架者仍不多見。

在鈎勒魏晉思想發展之跡的基礎上，用彤對玄學之流別亦作了清晰之分疏。而此種分疏同樣亦將魏晉時期諸位釋子的思想納入玄學範疇之中予以考察。

用彤對魏晉玄學中新義疊出，異計繁興，流派競起的原因作了簡要而精當之分析。他認為：玄學固然圍繞著聖人觀念或自然與名教之關係這一核心問題而玄談本末有無之理，且大多雅尚老莊，或祖述佛家般若之學，但因解釋老莊各有不同，而使玄理各異；又因般若有六家七宗之分，中士據此所立之論亦各自有異。用彤此種分析純從學理著手，若從所謂物質生活條件或經濟基礎中尋求原因，則恐難得出令人信服之結論，因為相同的物質條件很難解釋名士們何以會各立異說。由此可見，哲學思想的相對獨立性常常需要論者更多地關注其內在的演變之因。用彤之解玄大多以此為第一要務。

用彤在廣搜精研魏晉僧俗之著述的基礎上，將玄學中最重要的流派總結為以下四種：

其一為王弼之學，佛教中與王弼之義相近者為本無宗。用彤認為哲學為對宇宙、人生的根本看法，以此界定為出發點，用彤立論以為王弼之學包含兩方面，即形上之學以無為本，而人生之學則以反本為鵠。關於其形上之學，用彤認為《晉書·王衍傳》所說「何晏、王弼立論，天地萬物皆以無為本」，最能概括其特質；又認為王、何深識宗極之貞一，至道之純靜，其思想之根本歸趨在於貞一純全之本體。王弼注《周易》曰：

　　凡動息則靜，靜非對動者也。語息則默，默非對語者也。然
　　則天地雖大，富有萬物，雷動風行，運化萬變，寂然至無，
　　是其本矣。

用彤對王弼此論的哲學闡釋是：萬有群變以無為本，因此萬有歸於
一本，群變原即寂無，不可謂在本無之外，另有實在與之對立。所
以，萬物品類固富，變化固烈，未有不以無為本者。但這個無對之
本體雖以無為名號，卻不是有無之無，而是超乎言象、無名無形的
道之全。

　　就人生之學而論，正因為萬有群生皆以無為本，不能脫離此本
體（Substance）而別為實有，所以，人若昧於其所以成，而自居於
其成，就會失去其存在的依據，失其本，喪其母，永墮於有為之域，
宥於有窮之量。所以，人必須法天法道，沖而用之，本全體之用。
如此方能不自居於成，不自宥於量，捨有窮之域，反乎天理之本。
而反本者，即是以無為體。故王弼之人生觀與其形上之學實有至深
之關係。

　　用彤對王弼思想意蘊的闡釋，使其哲學之意義系統呈現出一種
可以讓現代人深契妙悟的開放性。而用彤對王弼人生之學的闡釋則
尤具了解之同情或發潛德之幽光的溫情。在未刊稿《哲學概論》中，
他曾以柏拉圖思想為例，說明人要回到本體境界或界段方可見到真
理。用彤之以王弼思想為偉業，為中華學術中之一大事因緣，且在
《魏晉玄學論稿》中花大量篇幅深究王弼之思想，均說明他對王弼
的形上之學及追求本體界段的人生之學有至深之體悟和相當之同
情。

　　與對王弼思想之態度不同，用彤認為佛教中類似於王弼之學的

本無宗則失之太偏。此宗之代表人物有釋道安、竺道潛、竺法汰等，其宗名「本無」乃印度佛教中「真如」之古譯。佛家多以此指本體。道安的解釋是：「無在元化之先，空為眾形之始，故稱本無。非謂虛豁之中，能生萬有也。」（語見《名僧傳抄》）用彤認為這是以本性空寂為本無。而道安之高足慧遠則立論以為本無與法性同實而異名。用彤通過具體深入的分析，得出以下結論：本無宗人大多以格義之法，取經中事數擬配外書，釋本無或真如時則尤多取證於《老子》，故釋氏之本無宗，實可謂與王氏同流。但因其過於著眼於實相之崇高，而使本末對立起來。所以，僧肇譏之曰：「本無者，情尚於無多，觸言以賓無」，又說：「此直好無之談，豈謂順通事實，即物之情哉？」這是分別譏斥本無宗崇無太偏和畫本末為兩截，因而蹈空談玄。用彤對王弼執體用一如、本末相即不離的形上之學多有激賞，故對本無宗之分有無為二截不能不責其「失之太偏」。

其二為向秀、郭象之學，佛教中與之對應者有支道林之即色義。向郭之學說主要見諸《莊子注》，包括主獨化的形上之學和主安分的人生之學。郭象之所謂獨化說主張物各自然，無使之然者，即造物者無物，而有物各自造。如果說王弼之學為貴無，向、郭之學則可謂為崇有。此種崇有論力主物之自生、自然，故以天為萬物之總名，而非萬物所從生之源。此論甚至認為有不能生有，故無更不能生有。郭象之注莊，以為莊、老之所以屢稱無者，其旨在於說明生物者無物，而自生耳。

用彤以比較之法，通過分析向郭之學與王弼之學的同異而見出其哲學特質。他認為向郭與王弼一樣，均深感將體用分為兩截之不通，此為貴無、崇有兩論之相同處。但王弼之著眼點在本體，故恆談宇宙之貞一；而向郭則著眼於自生，故多明萬物之互殊。所以，

王郭兩人之形上學雖同樣立意於體用不可分為兩截，但推論卻大為不同。

至於王、郭二人的人生之學則大異其趣。王弼既深見於本末之不可離，故以為物象雖紛紜，運化雖萬變，然寂然至無，乃為其本。萬殊既歸於一本，則反本抱一者，可見天地之心，復其性命之真，此種人生之學即以反本為鵠。向、郭對體用不二也深有所見，故立論以為群品獨化自生，而無有使之生者。萬物無體，並生同得。因此，如果物能各當其分，各任其性，全其內而無待於外，則物之大小雖殊，其逍遙一也。此種人生之學以安分求逍遙為的。

用彤認為，在「自然」問題上，向郭之義與王弼之義亦大異其趣。質言之，王弼之自然，即無妄然也；而向郭之自然則為自爾、塊然、掘然、突然。王氏之自然與佛教因果之論並不相違，向郭之自然之義則反之。此種不同之原因在於二者之形上學大異。

至於與郭象之義相對應的釋子支道林之即色義，用彤認為其受向、郭之影響頗深，這一點可證諸孫綽之《道賢論》，孫氏以支遁比向子期（秀），其論蓋有見而云然。支遁之即色義可以《世說新語・文學》注引支遁之《妙觀章》之文為代表，其言曰：

夫色之性，不自有色。色不自有，雖色而空。故曰「色即為空，色復異空。」

對於此種即色義的哲學內涵，用彤充分運用其深厚的西方哲學素養，對其給予了深入的理論探析。他認為，支遁所謂色不自色，即在於明色法無有自性。所謂「不自」，意指無支持（support, or substance）。也就是說，其色雖有，而自性無有。色既不自有，則雖有色，而是

假有，亦即是空。而「空」之古譯即是無。此空、無被玄學中一派引為萬物之本，支遁與向、郭則反是，而主萬象紛紜，無本無體。既然色象無體，或無自性，則非別有空。無體，故曰「色復異空」。非別有空，故曰「色即是空」。　支遁既主色無體，無自性，故認為不是在色象（appearance）滅壞之後，乃發現空無之本體。所以，支遁乃立論以為「非色滅，空」（慧達《肇論疏》引支遁《即色論》語）。　用彤認為支遁此論與向、郭崇有義多有牽合之處，不同之處僅在於向郭之《莊子》注「粗稱曰萬物，《即色論》析言曰形色耳。」但支遁之《即色論》與向、郭之義的相似處在歷史上卻被忽視，而其差異反被誇大。《世說》載支遁通〈逍遙遊〉，卓然標新理於二家之表，即認為支遁與向、郭立義懸殊。用彤認為此亦不盡然。因為向、郭之逍遙義分有待與無待。有待自足，芸芸眾生是也；無待者至足，神人聖人是也。而支遁之新義，以為至足乃能逍遙。此論實際上是取向、郭二家之說，去其有待而存其無待。支遁獨許聖人以逍遙，不過是佛學理論之重視凡聖差異的表現。

　　其三為心無義。用彤認為，王弼本無之學以及向、郭與即色之說，均源遠流長，是魏晉南朝的主要學說。而心無義則僅流行於晉代，所以，曾以《三宗》總評魏晉南朝之學的周顒未提及此宗。但用彤對此一未多受注意的玄學流派卻給予關注，認為它是「新穎可注意之學說」。原因乃在於玄學家們詮無釋有，多偏於空形色，而不空心神，唯有支愍度立「心無義」，空心而不空色，與流行的學說大相逕庭，堪稱異說。關於「空色義」和「色無義」與「心無義」之別，可見諸《世說・假譎》注文：

　　舊義者曰：「種智是有（原作有是），而能圓照。然則萬累斯

盡，謂之空無。常住不變，謂之妙有。」

無義者曰：「種智之體，豁如太虛。虛而能知，無而能應。居宗至極，其為無乎。」

流行之說與心無義之差別在於前者以心神為實有，後者則以心神為虛豁，但空心而不空形色。僧肇述心無義曰：「心無者，無心於萬物，而萬物未嘗無也。」

用彤據史料對心無義之流行地域亦給予界定，認為此說在南方頗為風行。此種駭俗之論之所以值得重視，更有思想或學理上之原因。自漢代以降，佛家歷來主張住壽成道；神明不滅，經修煉以至成佛是佛家通說。如果主張心神空無，則成佛無據。所以，即使是精於玄理的僧俗，也不敢思及心神虛豁之義。等到鳩摩羅什來華後，譯中百二論，識神性空之義才大白於天下。僧肇為羅什之門人，其評心無義曰：「此得在於神靜，而失在於物虛。」這一評論仍認為心無義有所得，並未全盤否定❶。而支愍度在未知印度佛教原典的情況下，能自創心無義，亦可謂匠心獨具之玄學家。

其四為僧肇之不真空義。用彤對此宗最為贊賞，以僧肇為「中華玄宗大師」，又以其三論為「中華哲學文字最有價值之著作」❶。其價值在於深悟有無、本末、動靜之全真。如果說此前玄宗各派有所得的話，也只是各得其一偏。「學如崇有，則沈淪於耳目聲色之萬象，而所明者常在有物之流動。學如貴無，則流連於玄冥超絕之境，而所見者偏於本真之靜一。於是一多殊途，動靜分說，於真各有所見，而未嘗見於全真。」惟有僧肇卓然獨秀，悟發天真。

❶　以上見《湯文集・魏晉玄學流別略論》。

❶　見《漢魏兩晉南北朝佛教史》，第237頁。

在總結、批評前人之缺失的基礎上，孤明先發，立論以為宜契神於有無之間，游心於動靜之極，不談真而逆俗，不順俗而違真，知體用之一如，動靜之不二，則能窮神知化，而見全牛矣。

　　用彤對僧肇之不真空義有很具體深入的條析，茲不一一贅述。而其獨許僧肇之見真理之大全者，則在於僧肇「繼承魏晉玄談極盛之後，契神於有無之間，對於本無論之著無，而示以萬法非無。對於向、郭、支遁之著有，而詔之以萬法非有。深識諸法非有非無，乃順第一真諦，而遊於中道矣。」而其思想雖頗具談玄者之趣味，但又鄙薄老莊，服膺佛乘，幾乎突破了玄學之藩籬❼。對這位解空第一的玄宗大師，用彤喜其遊於中道，由此亦可見用彤之哲學主張蓋在「極高明而道中庸」矣。

三、玄學探源：論漢魏之際的時風

　　用彤對玄學興盛之因、發展、流別如上節所言，均有「孤明先發」之研討、分疏和探析。在探討玄學興起之因時，他曾著力分析漢魏之際易學的變遷，以證解易中自由精神對有無、本末之辨的催發作用（上節已詳），　此為其探本溯源的著眼點之一。另一方面，他又曾明言應從玄學受之於時風者，尋求漢魏之際學術變遷的理由。具體而言，即從當時頗為流行的名理之學中見其端倪。

　　用彤選擇了劉劭《人物志》作為分析漢魏之際的時風及此種時風對玄學興起之影響的範例，而其獨選此書的原因則在於當時之著述，存者甚少，而讀此書「於當世思想之內容，學問之變遷，頗

---

❼　同❺。

可知其涯略。」

論者多以為漢魏之際學術起甚大變化，用彤亦如此立論，且更具體地將此變化之分水嶺確定為正始前後，亦即以西元 240 年為界限。這一結論自非筆者之揣度，因為用彤曾明言：「正始前後學風不同，談論殊異。」而劉劭《人物志》之可貴或值得注意，正在於其為正始前學風之代表作品。

就《人物志》一書本身之大義而言，用彤認為其中可注意者有八。即，（一）曰品評人物由形所顯觀心所蘊，即據人物之外形觀察其內心之蘊涵，此皆本於形名家之原理。故論聲音則以氣稟為根據；論情味則謂風操、風格、風韻，而尤重傳神之眸子。（二）曰分別才性而詳其所宜。人以其所稟之形氣各殊而各有名目（形名），聖王體天設位，各有攸宜，謂之名分。為求名目與名分之相宜，乃不能不辨才性之大小與同異。（三）曰驗之行為以正其名目，劉劭主都官考課之議，實即其行檢之輔翼。（四）曰重人倫則尚談論。漢代以察舉取士，士人進身之路端賴言行，而以言顯者尤為輕易，所以天下之士，競趨談辯。為識論難之名實相符，乃不能不明瞭言辭與義理之關係，如此才能以準則指導人倫之識鑒。（五）曰察人物失於奇尤。品藻之術僅以常士為準，而不可用於超奇之人，原因在於奇尤之人，其實質難知。（六）曰致太平必賴聖人。一者情性之理甚微而玄，惟聖人能究察此理，使甄拔之名實相符而致天下太平；二者甄別才性只可以得常士，難識超奇之士，更難識聖人，不得聖人，自難致治平。（七）曰創大業則尚英雄。聰明秀出謂之英，膽力過人謂之雄。此皆偏至之材，如果一人能兼具英雄，則可長世。（八）曰美君德則主中庸無為。

從上述用彤對《人物志》大義的總結和條析中，可以見出漢魏

之際時風之特徵，即重辯論，喜論才性，品藻人物等。而該書很早就被列入名家，其原因則在於漢魏名家與先秦惠施，公孫龍實有不同，凡循名責實，含攝量材授官、識鑒之理者均被稱為名家。質言之，檢形定名為當時名家學說之中心理論。所以，名家之學又被稱為形名學或刑名學。

用彤認為，此種形名學之大盛，與政治之關係至深。漢代取士之途徑為地方察舉、公府徵辟。而察舉則以輿論為標準，這樣，人物品鑒就顯得極為重要。它可以使有名者入青雲，無聞者委溝渠。而有名、無聞乃鄉里人物臧否之結果，所以，民間清議實際上隱操士人進退之權。由是，月旦人物，流為俗尚；講目成名，具有定格，乃成社會中不成文之法度。此種流風又直接導致兩種後果，即一方面由此而士人重操行，潔身自好，而名教乃因此而可以鼓舞風氣，獎勵名節。另一方面，由於清議之勢力大盛，士人便特重交遊，黨人之禍便由此而起。其流弊所及，致士人輾轉提攜，互相吹捧。屬行者不必知名，詐偽者得播令譽。以致有民謠譏之曰：「舉秀才，不知書；舉孝廉，父別居；寒素清白濁如泥；高第良將怯如雞。」此種名實不相符的現象令一部分士人痛心疾首，乃轉而求檢形定名，控名責實，「漢魏間名法家言遂見流行」。漢末最重要的政論家崔寔、仲長統，分別作有《政論》、《樂志論》，前者以其重綜核名實而被稱作法家，其對世人徒以一面之交而決定人物之臧否頗為不滿。後者立身行己，則服膺老莊。又有王符作《潛夫論》，主張考績，以此為太平之基；徐幹作《中論》，立論以為「仲尼之所以貴者，名實之名也。貴名乃所以貴實也。」凡此均說明由於察舉、清議積弊甚多，致使漢末學術界非常關注形名、名形之辨。

而最能代表漢魏之際的這種社會思潮或時風的，當推劉劭《人

物志》，或換言之，《人物志》是漢代品鑒風氣的結果。是書之宗旨即在以名實為歸，而按當時流行之看法，凡束名實者，即可稱名家言。《人物志》各篇表明劉劭品鑒重名實，察人重考績，其作都官考課之法，亦在補偏救弊。此舉亦說明劉氏長於法制，這一點可證諸劉氏所作之《法論》、《律略論》。用彤對劉劭所代表的漢晉間流行之學說作了簡要的概述，即認為「王者通天地之性，體萬物之情，作為名教，建倫常，設百官，是謂名分。察人物彰其用，始於名目。以名教治天下，於是制定禮法以移風俗。禮者國家之名器（劉劭勸魏明帝制禮作樂），法者亦須本於綜核名實之精神。」而名實或名形觀念則為此種流行學說之中心，其為名家之言實為不疑之事實。至於純粹之名學則在當時極為少見。

劉劭《人物志》代表漢末魏初之社會思潮，其清談當然與正始及其後之玄風有重大差別。此種差別在於：魏初士人一方面承繼東都之習尚，而好正名分，評人物，另一方面由於魏帝好法術，重典制，精刑律，與士人一樣以綜核名實為歸，因而名士所究心者多為政治人倫，其言多為「金華殿語」。雖然魏初名士論政事人物時不能不涉及一些準則、原理，但像正始名士那樣高談性理及抽象原則者，絕不可見。

見之於《人物志》的魏初清談，在用彤看來並非「以虛薄為辯，而賤名檢」，其特點反在於以「當實為清」，即以循名責實為歸趣。此種清談與其所承之漢代清議，在性質上相差不遠。但它卻終於演變成玄學之清談，個中原因何在？用彤對此作了探討，認為其原因有二。其一在於正始以後之學術兼接漢代道家之緒，老學的影響逐漸顯著，劉劭《人物志》已採用道家之旨。其二，清談既久，由具體人事以至抽象玄理，乃學問本身演進的必然趨勢。漢代清議之根

本特點是非議朝政，月旦人物。而魏初清談在談論實事時，更繹尋辯論、品評之原理。劉劭《人物志》雖然並不是純論原理的哲學著作，其學亦非純名學，但劉氏已就漢代識鑒之事轉而總論其理則，其學因此被稱作形名家言。而由於其所討論的題材原理與更抽象之原理有關，便不能不談玄理，亦即使學術轉向玄遠不近人事的形而上學之領域。

用彤固重從學術內部尋求其變遷之理由，同時亦重社會環境對學術變遷之影響。乃立論以為：自東漢黨禍以還，曹氏與司馬歷世猜忌，名士少有全者。士大夫為遠禍而不論時事、不臧否人物。因此，漢晉間學術由具體事實至抽象原理，由切近人事轉向玄遠理則，也是時勢造成的。

《人物志》之可貴，即在於上述轉變可徵諸該書。劉劭論君德時本道家之言，以人君配天，據此自然可以進探天道之本真。此項學理演進之趨勢，在王弼之書中最為明顯。此其一。其二，《人物志》以情性為根本，且只論情性之用。學理發展之勢自然要求學者進而對人性本身加以深究，才性之辯實際上順沿了此一必然趨勢。傅嘏、荀粲之善名理、尚玄遠，於才性之辯卓然有述，均體現了學理的發展趨勢。

在探討魏初清談演為正始玄學的原因時，用彤曾以正始學術兼接道家之緒、老學影響較著為變遷理由之一（上文已略述）。對於這一點，用彤在〈讀「人物志」〉一文中專闢一節，給予了詳盡的分析。他認為，從《人物志》一書中，可見出魏初學術雜取儒名法道諸家之風貌大概，因而更增加了該書的史學價值。茲略述如下：

漢末魏初之清談家固為形名家或名家，但他們以檢形定名為宗而推之於制度人事，多祖述儒家固有的正名之義，憲章周孔而論名

教。劉劭《人物志》之序文在分別品目、敘列人物時，自謂其學本於儒教。因此，劉氏使名儒二家相通，自不待論。劉氏又與《九州人士論》之作者盧毓一樣，同主依名選士，考課核實，且同定刑律，彰顯法家之精神，則其學兼名法儒三家之言亦為事實。

與此同時，道家之學亦逐漸興盛，並最終演為正始玄風。因此，可以說正始以前名士中兼取老學者實際上是學術大變中的過渡人物。這些名士包括夏侯玄、荀粲、鍾會。其中夏侯玄上接太和年間名法之緒，下開正始玄理之風。而鍾會之書以道名（《道論》）而內容卻為形名，原因亦在於其雜取黃老之說與名家之言。

至於何晏、王弼已是正始時期的玄學家，他們與魏初名士迥然不同，但他們雖有學術革命之功，卻並非橫空出世、驟潰而至的怪物。其思想仍受時代思潮之影響。何晏具有法家精神，選人各得其才，說明他也擅長魏初流行的名家之術。至於王弼，雖為一純粹之玄學家，但他同樣也論君道，辨形名，「並為名家之說」。用彤明確指出，王弼《老子注》並未受劉劭《人物志》之影響，但王弼所採名家理論，卻多見於《人物志》。

那麼，劉劭《人物志》兼取的道家之說究竟何在呢？用彤認為主要有二，一為立身之道，一為人君之德。《人物志》本為鑒人序材之書，而書末卻加有釋爭一篇，其核心內容即在引《老子》之說，以卑弱自持為立身之要道。這一闡釋雖與該書主題關係不大，卻說明劉劭對《老子》之說深為契賞。此為其一。其二，劉劭立論以為平治天下端賴聖人，因為聖人明智之極，能知人善任，垂拱而治，因而能勞聰明於求人，獲安逸於任使（《人物志》序文）。用彤認為，此說實際上是對人君無為而治的一種解釋。此後裴頠之釋無為，郭象注《莊子》之解無為之治，均與劉劭之文無大差異。而最可注意

者，劉劭之解同樣也見於王弼《老子注》。而尚書令陳矯跪阻魏明帝至尚書門欲案行文書及明帝慚而返一事，更說明當時上下共知齊賞「無為而治」——老學之精神。劉劭對聖人之所以能知人善任，垂拱而治者亦有解釋，認為根本原因乃在於聖人有中庸至德。中庸本為儒教之說，劉劭卻以老子思想釋之。其言曰：

> 凡人之質量中和最貴矣。中和之質必平淡無味，故能調成五材，變化應節。
> 夫中庸之德，其質無名，鹹而不鹻，淡而不䤲，質而不縵，文而不繢，能威能懷，能辯能訥，變化無方，以達為節。

而王弼稱美聖德曰：「中和質備，五材無名」，其文意與《人物志》完全相同。即都認為聖德中庸，平淡無名，不偏不倚，無適無莫，因而能與萬物相應，明照一切，不與一材同用好，故眾材不失任。平淡而總達眾材，故不以事自任。但是，劉劭、王弼所陳君德雖同，而其發揮則殊異。魏初清談所言君德中庸，僅用之於政治，以之為知人任官之本（以《人物志》為代表），而正始玄學則以《老子》君德無名證解玄學家之形上學說（以王弼為代表），即認為君德之能守樸中庸平淡，乃在於其能法道之無形無名，因任萬物之自然，並因此而可以成天功而躋於至治❶⑧。由此可見，正始玄學之根本旨趣乃在於建構以有無、本末之辨為核心的形上之學。而玄風之大暢，固為中華學術之巨大變化，但決非驟潰而至。王弼《老子注》雖未受劉劭《人物志》之影響，而其文意相同之處，則說明劉氏所代表的魏初清談實為正始玄學之溫床。而用彤對玄學之探本溯源則可謂

---

❶⑧　以上見《湯文集・讀「人物志」》。

獨具慧眼，引人入勝。

四、奧康的剃刀：論「言意之辨」

論者多以為中國哲學家建構其體系時，大都缺乏自覺的方法論。但據用彤對玄學的深入探究，上述結論至少對玄學家而言是缺乏普遍性的。

用彤本人治學極重方法，而研究玄學則尤重玄學家治學之眼光、方法。在探討漢晉學術變遷之理由時，他一方面注重學理自身演變之趨勢，亦重時風環境之影響，另一方面更以新方法之發現、運用為新學之依託。在他看來，如果沒有新眼光、新方法，則為學只能有支離片段的言論，而不能有組織完備之新學術。

玄學的方法論即是言意之辨。玄學家們之發現並自覺使用這一方法，可以說出於玄學本身的要求。作為一種形上之學，玄學貴尚玄遠，其特點是略於具體事物而究心抽象原理。玄學論天道則不拘於構成質料（cosmology），而進探本體存在（ontology）；論人事則輕忽有形之粗跡，而專期神理之妙用。在玄學家們看來，具體之跡象是可說的，有名有言的；而抽象之本體，則是無名絕言而只能意會者。[19] 因此，可以說，玄學家的本末有無之辨便與言意關係之分疏、辨析有密切關係，或者說，跡象本體之分乃由於言意之辨。而玄學家們所發現的新眼光新方法，就是依據言意之辨，普遍推廣運用之，使之成為一切論理的準則和方法。質言之，玄學系統的建立都依賴於言意之辨。

---

[19] 以上見《湯文集・言意之辨》，「奧康的剃刀」之喻見《理學・佛學・玄學》，第319頁。

　　當然，言意之辨亦非無源之水，它的來源同樣是漢魏之際源於評論人物的名理之學。彼時品藻人物者多認為才性之名理或志識之名理最為玄微，難於辨析，而聖人識鑒之要道在於瞻外形而得其神理，視之而會於無形，聽之而聞於無音，然後評量人物，百無一失。《抱朴子‧清鑒》認為這些都只能「存乎其人，不可力為」，亦即可以意會，不能言宣，也就是「言不盡意」。晉歐陽建〈言盡意論〉有言曰：

> 世之論者以為「言不盡意」，由來尚矣，至乎通才達識咸以為然。若夫蔣公之論眸子，鍾、傅之言才性，莫不引此為談證。[20]

清談人士均喜月旦品題，在品評中漸漸悟及言不盡意，謂觀眸子可以知人的蔣濟，辨論才性的鍾會、傅嘏，均引言不盡意作為談證。由此可見名理之學中此說甚為流行，亦可知言不盡意實為推求名理應有之結論。關於言不盡意的本義，歐陽建〈言盡意論〉中曾有紹述：

> 夫天不言而四時行焉，聖人不言而鑒識存焉。形不待名而圓方已著，色不俟稱而黑白已彰。然則名之於物無施者也，言之於理無為者也。

用形對此申述道：名家在形名之辨中，以形為本，名由於形，而形不待名，言起於理，而理不俟言。聖人識鑒人物，更無需於言，只

---

[20] 以上見《湯文集‧言意之辨》。

是意會。由此而引出言不盡意之說，並歸宗於無名無形，即推及無名，通於道家。玄學中人則因精研本末體用而更有所悟，如王弼乃玄宗之始，深於體用之辨，因而上採名家言不盡意之說，加以變通，而主得意忘言。這樣，名學的清談原則便演變為玄學家的談玄理、辨本末有無之方法。

言不盡意本為《周易‧繫辭》中語，王弼以老莊解易，援用《莊子‧外物》中筌蹄之言，作《易略例‧明象章》，對言意關係作了新的辨析和解釋。王氏立論以為「盡意莫若象，盡象莫若言」。但「言者所以明象，得象而忘言。象者所以存意，得意而忘象」。「是故存言者非得象者也，存象者非得意者也」。反之，「忘象者乃得意者也，忘言者乃得象者也」。用彤認為，王弼得意忘象論是以言為象之代表，象為意之代表，二者均為得意之工具。其說以得意為貴，不能執工具為目的，若滯於言象反會失去本意，因而王氏之說與此前的言不盡意論同主得意廢言也。王氏以得意忘象解易，反對滯於名言，主張忘言忘象，體悟言象所蘊含的玄理真意，如此方能使聖人之微言大義昭然若揭。王弼正是依靠這一方法，將漢易中的象數之學一舉而廓清之，由此而奠定了使漢代經學轉變為魏晉玄學的方法論基礎。因此，用彤將言意之辨喻為奧康的剃刀（Ockam's razor），玄學家們以此利刀消除漢人繁瑣經學中的蕪雜。

用彤對言意之辨在魏晉玄學中作為方法論的重要性和流行的普遍性如此肯定，是有充分的史料證據的。因為王弼對言意關係的辨析和所唱之得意忘象，魏晉人士用之極廣。舉凡所謂「忘言忘象」、「寄言出意」、「忘言尋其所況」、「善會其意」、「假言」、「權教」都襲自王弼之《易略例‧明象章》所言，或略有變通，而且與各期玄學家之思想的關係至為深切。用彤又據對史料之疏尋精研，

將言意之辨在玄學中的運用領域歸納為四端。茲略述如下：

第一，用於解經。漢代經學繁瑣拘泥，往往支離不通，如孔子有言曰：「君子而不仁者有矣夫，未有小人而仁者也。」孔安國注云：「雖曰君子，猶未能備也。」此為拘泥文句，謂君子猶可不仁，這種章句之學自然令人費解。王弼則不然，其佚著《論語釋疑》解之曰：「假君子以甚小人之辭，君子無不仁也。」（皇疏七）用彤認為這是以假言之說釋《論語》中之滯義，而其餘澤所及，使晉人注疏多用此法，其實質是以寄言出意之法，不拘泥於文字而會通經籍之義。此種貴尚玄遠之學，雖頗乖於聖道，但因其主得意，乃使言論較為自由。魏晉名士之鄙薄章句，或其注疏之要言不煩，自抒己意，學術思想之清通簡要，均因此種方法論之流行甚廣。用彤甚至認為，學術歸宗於忘言得意，實際上是玄學第一義諦之所在。

第二，用於證解、建構形上學。用彤認為，言意之辨與玄學宗旨深相契合，玄學所貴之虛無，無名無象；作為道之體，它超言絕象。因此，本體論的體用之辨實即方法論上的言意之辨。體用之辨與言意之辨在術語上雖有不同，但作為其根據的原則實為同貫。如，玄宗中貴無者沒有不以得意忘言之說以證成其理論的。王弼以得意忘象大唱貴無玄風，為眾所周知之事實，無須贅論。至於嵇康，其人宅心曠達，風格奔放，其學則與王弼大異。但其學說的骨幹同樣還是得意廢言。嵇康所契賞的是天地之和美，他對音樂造詣極深，與阮籍一樣，嵇康的宇宙觀頗具藝術美學之眼光。他的思想雖然浮雜難求其系統，但仍可概括為以下兩點：其一是由名理進而論音聲。其〈聲無哀樂論〉曾引「得意」語曰：「能反三隅者得意之言」，論中又謂聖人鑒識不借言語。因為他認為心不繫於所言，言或不足以證心。嵇康有言曰：「夫言非自然一定之物，五方殊俗，同事異號，

舉一名以為標識耳。」這是以言為心意之標識，為工具。意有定旨，而言則可因俗而殊。因此，可以認為聲僅有和音，而哀樂則因人心不同而有異。用彤據此斷言，嵇氏之意在托大同於聲音，歸眾情於人心。「和聲無象」，不以哀樂異其度，猶之乎得意當無言，不因方言而異其所指也。這一結論自與言意之辨關係至深。其二，由對音聲的玄學新解而探求宇宙的特性。嵇氏既立論認為聲無哀樂（無名），因心之不同而「歡戚具見」，則其論旨一如道體無象（無名），而萬象由之並存。由此不能不由聲音而推及萬物之本性，而其結論則是：八音無情，純出於律呂之節奏，而自然運行，亦全如音樂之和諧。阮籍〈樂論〉有言曰：「夫樂者，天地之體，萬物之性也。」「昔者聖人之作樂也，將以順天地之性，體萬物之生也」。此論與嵇康大同。由此可見，嵇氏也是以得意忘言之義，托始於名學而歸宗於道家。

第三，用於會通儒道二家之學。玄學固為漢代繁瑣經學之反動，且多祖述老莊以成玄學家之形上學，但由於三國晉初玄學家所受教育多在於家庭，而家庭之禮教未墮，因而這一時期的名士都曾精研儒經，且仍推孔子為聖人。也就是說，玄學中人並未廢棄儒學，相反倒多有著述。如王弼、何晏曾注《周易》、《論語》，向秀曾注《周易》，郭象曾述《論語》，此類著述在當時都是備受關注的名作。玄學家們之治儒經，其精神誠然大異於漢儒，但他們很少誹謗儒經。偶有一二人非堯舜而薄湯武（如阮籍）也是有激而發。玄學家們不但不非議儒經，反而對孔書中之令人生疑的地方巧為之說，以釋人之疑。如王弼《論語釋疑》就曾以自然之義為子見南子進行辯護。當然，此類辯護之實質乃是陽尊儒道而陰令道家奪儒家之席。

此類曲為辯護、慧釋滯義之舉固然精妙，但儒道之根本差異及

儒道典籍中文句上的攻擊、衝突仍為明顯之事實，玄學中人乃不得不求一方法以救之。這一方法即是忘言得意。

關於前者，即儒道之根本差異可概述為：孔子重仁義，老莊尚道德；儒書言人事，道家談玄虛。祖述老莊的玄學貴尚虛無，而孔子則未嘗致言。儒學貴名教，老莊重自然。二者之衝突既全面亦深刻。玄學中人調和此種衝突的根本方法有二，其一是立論以為虛無之義固為聖人所體，但教化百姓如果不採用仁義名教，則會雖高而不能行。這是以聖人體無而不得不用有（名教）之義調和儒老。其二則是以虛無為本，教化為末，本末即體用。致用須以言教（儒經），而本體（玄旨）則絕於言象。既然不能棄本體而徒言其末用，則亦不能執著言教而忘象外之意。玄學家們正是以這一方法，一則調和儒老，二則妙發哲思。如孔子有言曰：「予欲無言」，「天何言哉？」王弼《論語釋疑》（皇疏九）解之曰：

> 夫立言垂教，將以通性，而弊至於湮。寄旨傳辭，將以正邪，而勢至於繁。既以道中，不可勝御，是以修本廢言，則天而行化。

王弼此解，仍是以得意忘言之義，說明寄旨於言或立言垂教，本以出意。如果像漢儒之學那樣使言教趨於繁瑣，以至湮沒本旨，則當反求其本。反本修本則須廢言，則天而行化。這是釋儒歸老，高立玄旨。晉人張韓之〈不用舌論〉也同樣採王弼之言以釋孔子之「予欲無言」及「夫子之言性與天道不可得而聞也」。關於性與天道云云，漢儒多拘泥於文字以釋其義，或以為非其人則不傳（《史記·天官書》），或以為天道性命均聖人所難言（桓譚上光武帝疏），而玄

宗人之解釋則迥然相異。張韓曰:

> 余以留意於言,不如留意於不言。徒知無舌之通心,未盡有
> 舌之必(疑本不字)通心也。仲尼云:「天何言哉,四時行
> 焉。」「夫子之文章可得而聞也。夫子之言性與天道不可得而
> 聞」。

張氏之解其旨在於說明得意者廢言,仲尼之所云,均在於昭示廢言
之義。聖人雖以言教人,而其根本則在於無言。

用彤據此認為:玄學中人之釋孔書滯義難句,根本宗旨乃在於
說明,聖人之所言雖與玄學宗旨有異,但如果善於在聖人所無言處
探求,則虛無實際上仍是聖人之真性,與老莊之書所述者無根本差
異。玄學家們正是以這種方法,一方面解答儒經與老莊何以面目全
非,另一方面又以老莊為本,儒教為末。並說明學者不應存言忘意,
修末廢本。此種玄論雖然調和了儒道,但實質上仍是崇道卑儒。此
種傾向發展到極端,乃有荀粲之以儒經為聖人之糠粃。荀氏仍是以
言不盡意,立論以為至道超乎象外,出乎系表。性與天道,自不可
得而聞。因此,六經不過是聖人糠粃。此說一出,便從根本上推翻
了孔老之差異。但荀粲此說不過是言不盡意發展到極端而得出的結
論。

關於後一種衝突,即文句上的衝突,如老莊之書絕聖棄智,而
儒家著作又鄙薄諸子,其間之矛盾更為明顯,甚難調解會通。《莊
子》之非聖人,《法言》之鄙老莊,均為典型之例。於是有向、郭
之注《莊》,李軌之注《法言》,而其方法亦均為寄言出意。

《莊子・大宗師》貴尚遊方之外,而將孔子描述為只遊方之內

的鄙陋之人。郭象則以寄言出意之法，主張讀《莊》須「要其會歸，遺其所寄」，如此方能明瞭「遊外者必弘內」，而知《莊子》之言與孔子之學並不相悖。據此，用彤稱郭象之解莊堪稱絕倫。其表面上尊聖道，而實質上則大唱玄理，融合儒道，使賴鄉奪洙泗之席，其功甚大。而東晉李軌之注揚雄《法言》，亦採同樣之方法，消弭孔教與諸子間的文句之衝突。

第四，用於為名士建構人生哲學或立身行事之道。用彤認為，中國哲學或學說有一特點，即欲了解任何一派學說，都必須先知解其立身行己之旨趣。就玄學而言，雖然立言玄遠，其流弊至於遺害國家，但玄學中人仍求玄理與其行事能保持一貫，所以，玄學決非空疏不實用之哲理也。也就是說，魏晉名士談理，雖互有差別，但其宗旨卻並不在致力於無用之言，而與人生了無關係。

用彤研討魏晉名士之人生觀，多從詩文見之，這種方法說明他不僅有深厚的文學素養，更顯示其「詩文證史」（哲學史）的功夫。嵇康〈贈秀才入軍詩〉云：「俯仰自得，遊心泰玄，嘉彼釣叟，得魚忘筌，郢人逝矣，誰與盡言。」盧諶〈贈劉琨詩〉曰：「誰謂言精，致在賞意，亦忘厥餌，遺其形骸，寄之深識。」凡此均表明魏晉名士宅心玄遠，重神理而遺形骸，以神形分殊為立足點。學貴自然，行尚放達，一切學行均由此演出。雖然各人求高遠超脫之行徑有所不同，而忘筌之致，名士間實際上沒有差別。

總之，魏晉名士的人生觀之核心思想與其形上學一樣，都是依靠言意之辨而得以建立的。名士們多主得意忘形骸，或雖在朝市而不經世務，或遁迹山林、遠離塵世，或施弛以為達，或佯狂以自適。這裏的所謂得意，乃指心神之超然無累。如果真能超然無外，心神遠舉，也就不必數數然刻意追求忽忘形骸。所以，雖然有嵇康、阮

籍之流貴得意忘形骸,而何劭則在〈贈張華詩〉中說:「奚用遺形骸,忘筌在得魚。」這同樣也是以得意忘言之旨述其人生之學。

用彤對本期佛教史了如指掌,故亦得心應手地討論言意之辨在佛玄理論中的方法論意義,以其涉及到佛教與玄學之關係,當另節專論。以下僅就用彤所作分析之意義略加討論。

對中國哲學史的系統整理、疏尋,是始於「五四」前後的一項學術偉業,而注重中國哲學家建立思想體系的方法論蓋亦始於同時。梁漱溟在他那部轟動一時的《東西文化及其哲學》一書(初版於1921年)中立論以為「中國生活是理智運用直覺的」,孔子之「不講理」,率性而為的道德哲學是此種直覺方法的集中表現[21]。後有馮友蘭以中國哲學中占統治地位的方法為負的方法,此種方法以「直覺的概念」為出發點,對形而上學的對象不加言說,其實質是神秘主義的[22]。用彤治學素求統計全局,反對以偏概全,於淺陋之見尤為不滿。他自然不會以某種方法為整個中國哲學之方法。其對魏晉玄學情有獨鍾,而於其方法論即言意之辨則尤有神契妙悟,晚年還認為對言意之辨的條析為「自家體貼」之出品[23]。我們認為,用彤對「言意之辨」在魏晉玄學中的方法論意義之分析,其價值決不僅在於指出該方法在魏晉玄學中流行的普遍性及其重要性,而更在於

---

[21] 梁漱溟《東西文化及其哲學》,第124—125頁,商務印書館,1987年版。

[22] 馮友蘭《中國哲學簡史》,第393—394頁,北京大學出版社,1985年版。

[23] 1957年,用彤為《魏晉玄學論稿》撰寫「小引」,認為「如說本書尚有出版價值,那只是因它指出了若干可注意的資料,指出了這一時期思想史的一些突出問題(例如『言意之辨』)。」見《湯文集》,第194頁。

用彤把語言與意義的關係問題提升到哲學基本問題的高度上來，認為言意之辨在玄學中等同於本末體用之辨。他對玄學家們以形上的抽象本體為無名絕言（What cannot be said）而只能意會的哲學玄理是深為契賞的，而對僧肇契神於本末有無之間的思想更是玩賞有加，體悟至深。這不僅表明了他本人的哲學主張（如認為人要回到本體界段才可以見到真理），更說明他是以現代哲人對語言與意義之關係的深刻思考而達到這一認識的。

我們之所以說用彤的分析具有現代哲人的眼光，是因為他所契賞的玄學形上學（似應也包括他本人在內）認識到了日常語言的局限性，排除了以言象陳述形而上學的東西的可能性，而主張對形而上的本體只能以意會，不能以言宣。這些思想與維特根斯坦《邏輯哲學論》有驚人的相似之處，維氏此書之宗旨即在於「為思想的表述劃定一條界線」，認為「凡是能夠說的事情，都能夠說清楚。」所不同的是，維氏認為「凡是不能說的事情，就應該沈默」[24]。而用彤則認為對不能說的東西固不能言宣，卻可以意會。用彤是否研讀過維氏之著，我們目前尚不得而知。但我們可以說，雖然用彤所契賞的還是傳統本體論、形上學，因而其所謂不能言宣者與維特根斯坦有重大差異，但從語言的界限或局限性來思考它與「意」的關係及與此相應的本末、體用、有無的關係，則實有深邃之現代哲學精神。

五、尺幅千里：論聖人觀念之變化

---

[24]　維特根斯坦《邏輯哲學論》，引語見維氏自序，商務印書館，1985年版。

用彤對玄學各派如貴無論、崇有論等均有精深之探析，對其思想特性也各有精當之界定，以其流行甚廣，為學人所耳熟能詳，且本章第一節也有略述，故筆者不擬再作紹述和分析。本節則擬從用彤對魏晉時期聖人觀念的變化之疏尋中，見出其知微見著、尺幅千里的大家史識。

世人多知用彤精通中國佛教史、魏晉玄學、印度哲學，而不知其人素養之深厚，既能會通中西，亦能學貫古今，對先秦學術、宋明理學亦有諳熟之了解，對中國學術大勢尤有高屋建瓴之把握。其論中國各期聖人觀念之變化曰：「人皆可以為堯舜」乃先秦已有之理想。但就中國思想之變遷前後比較而言，宋學精神在於謂聖人可至，而且可學；魏晉玄談則多謂聖人不可至不能學；隋唐則頗流行聖人可至而不能學（頓悟乃成聖）之說❷。用彤的這一概述自然建立在對中國思想史資料的廣搜精研的基礎之上，允為精論，但他更感興趣的則是魏晉思想中的聖人觀念是如何轉變而下接隋唐禪門之學的。這一探討可以說已不復局限在魏晉玄學中了，但又始於對魏晉思想的分析，終於對中華學術變遷大勢的宏觀把握。他解剖的「麻雀」或範例是謝靈運的〈辨宗論〉。

如本章第一節所述，用彤認為魏晉「一般思想」的核心是自然名教之辨，而對此核心問題的探討則又是圍繞著聖人觀念而展開的。玄學家們或主孔子為聖人與老不及聖，立聖人有情義（王弼），或立聖人常遊外以弘內義，唱內聖外王（郭象）。但王弼、郭象作為玄學領袖，在聖人是否可學可至的問題上均給予否定性解答，即認為聖人不可學不可至。王氏立論以為「聖人茂於人者神明也」，認

---

❷ 見《湯文集》，第288頁。

為聖人智慧自備，非學而得；郭象則在《莊子注》中立「學聖人者學聖人之跡」之義。凡此均說明「聖人既不能學，自不可至」，是魏晉時期流行的學說。其原因則在於玄學作為玄遠之學，其談玄遠之與人事本源於漢儒究天人之際之學，在玄學家們的心目中，「天」（道）為「人」之所追求憧憬，在玄學中被懸為永為人們追求而又不可及之理想。

當然，玄學家們也大談「學」的重要性。其原因則在於他們認為儒經如《論語》將〈學而〉置於首篇，目的在於勸教，勉勵凡人。皇疏〈志學章〉言：「此章明孔子隱聖同凡……皆所以勸物也。」又引孫綽曰：「勉學之至言。」用彤認為，此論與所謂「聖人不須教也」（〈中人以上章〉疏），及「孔子謙以同物，自同常教」（〈我非生知章〉疏）都是依寄言出意之原則以解經，旨在說明經中雖常言說，其宗旨則不過在於勸教，至於聖人則決非學而能至也。皇疏還認為雖好學，而其所達到的境界亦不過庶幾為聖而終不及聖。郭象則認為儒經雖明言孔子亦學，而其宗旨亦不過在於勉學，百姓雖須學，聖人固無所謂學。

用彤對六朝人之聖人觀念的總結曾遭到馮友蘭之質疑。後者在與用彤的交談中，引《莊子・大宗師》七日九日之文，立論以為既有階級則自須學。用彤不以為然，認為所謂學有階級與聖非學至並不衝突，因為當時人們認為學固可有階級，而聖人則卓絕居階級之外。質言之，魏晉名士普遍相信聖人不可學亦不可至。

但彼時佛教極發達，在聖人問題上，「釋氏之論，聖道雖遠，積學能至。」確實，釋教修持，目標本在成佛。雖然小乘的三道四果之說，大乘的十住十地之論，表明佛徒致聖之路道阻且長，但其能達到目標則是沒有疑問的。如果不能成佛，斷絕超凡入聖之路，

佛教就會失去其宗教魅力和作用。這樣，在聖人是否可至以及如何可以至的兩大問題上，在當時便產生學術思想中兩大傳統的對立，即主聖人不可學不可至的中國傳統與聖人可學亦可至的印度傳統之間的衝突。此種衝突之劇烈幾至無法調和，常使學人徘徊歧路墮入迷惘。

　　謝靈運〈辨宗論〉的根本意義即在於力圖建立一種折衷之新說。用彤認為，謝康樂在文學方面堪稱天才，在哲理方面則無太多的創造性。但其短文〈辨宗論〉雖不及二百字，卻集中表述了儒釋二教在聖人觀念方面的根本不同，進而折衷以道生之論，在中國中古思想史上顯示一極重要之事實。所謂道生之論成於佛教人士就一闡提成佛義展開激烈爭論之時。晉末六卷《泥洹經》譯出，一闡提不能成佛說便有了經籍之證明，這樣便從印度傳統自身中產生一種異說。竺道生卻精思絕倫，孤明先發，根據法體之貞一（謝文稱理歸一極），力駁此說之妄偽。道生之論立論以為佛性乃群生之真性，一闡提乃屬群生，何得獨無佛性。既具佛性，自能成佛。此說不久又得到了《涅槃》新經之證可。謝康樂之〈辨宗論〉在哲理上依傍道生之論，述道生之旨，指出兩大傳統之不同，進而折衷調和之。

　　用彤以排列組合之法，將聖人是否可學可至這個問題的解決方法分為四種：

　　（一）聖人不可學不可至，此乃中國傳統。

　　（二）聖人可學可至，此乃印度傳統。

　　（三）聖人可學不可至，此說無理不能成立。

　　（四）聖人不可學但能至，此為〈辨宗論〉述道生之新說，所謂「閉其累學」、「取其能至」是也。

　　所謂道生之新說，即上述一闡提能成佛、成佛之方在頓悟。梁

釋僧旻有言曰：「宋世貴道生，頓悟以通經」，用彤認為道生新說的意義決不只在於通經，而更在於調和魏晉學術中兩大對立之傳統，從而將當時義學中的迷惘一舉廓清之，故其價值甚大。

　　道生以頓悟為成佛之不二法門，謝康樂則立論以為得道應需慧業，即成聖者非由學至。二人均主張聖人能至而不可學。用彤認為，了解魏晉學人眼中的「學」字之涵義，對於理解道生、康樂立說之由來至為重要。根據對史料的廣搜精析，用彤將當時學字之義，分為四種：（一）學者乃造為。道家任自然無為無造，玄學棄智，學者即有所欲為，此為王弼、郭象等人所不取。（二）學者效也，乃由教，由外鑠。這種「非復外足」，自外而來之學，玄學中人亦不取之。（三）學者漸進，累積而有成。此為主頓悟義者所不取。（四）學者由於不足，不足乃有所謂學。此為主眾生本皆自足，人皆可成聖者（王弼、郭象）所不取。綜此四義，自可得出「聖人不須教，佛為無學道」的結論，那麼，至聖成佛的方法是什麼呢？這就是竺道生的頓悟學說。而道生之頓悟義，在用彤看來，乃是綜合中印兩大傳統之是而成。用彤認為：中國傳統謂聖不能至固非，而聖不能學則是；印度傳統謂聖可至固是，而聖能學則非。道生正是去兩種傳統之非，取二方之是，創立頓悟之說，立論以為聖人可至，但非由積學所成而在頓得自悟。也正是從道生之後，至聖成佛便成為眾生均可企及之人格理想。而至聖成佛在魏晉玄談中則是不可思議的事，當然也是不可能的事。

　　用彤認為，自道生之後，玄遠之學乃轉一新方向，由禪宗而下接宋明之學，其間過程雖很長，但道生的頓悟新義卻是這一思想變遷的關鍵人物。而謝康樂之〈辨宗論〉則明示當時學界兩大傳統的衝突，並指明道生之說是調和之論，「其作用不啻在宣告聖人之可

至，而為伊川謂『學』乃以至聖人學說之先河。」 ❷❻後者（程伊川）作為宋學初起時重要哲學家，在世人多言聖人可至而不能學的思想氛圍中，曾作〈顏子所好何學論〉， 而令胡安定見後大驚。胡氏所驚者，蓋在「好學即在聖人」。用彤以道生所立、謝康樂所述之學為程伊川思想之先河，又於此中見出中華學術思想變遷之跡，自是知微見著的大家史識。

---

❷❻　以上見《湯文集・謝靈運〈辨宗論〉書後》。

第六章 慧發天真解玄音 (下)

一、文化難題之解決：玄學與佛教

用彤之所以能被譽為學術大師，不惟在於其人具有深厚的乾嘉功底，也不僅在於他有學貫古今、會通中西的學養基礎和深刻的哲學洞見，而尤在於其人能龍蟲並雕，在對微觀、具體的問題深入探究的基礎上，拓寬視野，為其宏大的文化關懷提供可以鑒往察來的解答。前文曾說過，用彤在完成傳世名作《漢魏兩晉南北朝佛教史》之後，移其注意於魏晉玄學，其目的一方面在於打通中華學術思想之難關，另一方面則在於從這段中古思想史裏中印文化衝突、會通的歷史經驗中取精用弘，為處理現實生活中本土文化與外來文化的關係提供歷史的借鑒。

關於魏晉玄學與佛教的關係問題，素為用彤所關注。在《漢魏兩晉南北朝佛教史》與《魏晉玄學論稿》中，用彤對此問題均有論述。茲僅撮其要者，作一簡單紹述和分析。

用彤認為，上述問題實際上包括兩個方面，即：（一）玄學的產生是否受佛學的影響？（二）魏晉思想在理論上與佛學的關係如何❶？

　　關於第一個問題，用彤曾指出，玄學的產生或生成有兩個主要因素：其一是漢魏間由研究《周易》、《太玄》等而發展出的一種天道觀，其二則是當代偏於人事政治方面的思想，如現存劉劭《人物志》一類那時所謂「形名」派的理論，此派融合三國時流行的各家之說。後者使學界在善談名理的思想氛圍中，因時勢之所迫，由談具體之人事轉向抽象之理則的建立。前者則使學界發展一種自由解經、以傳證經的談玄風氣，掃除漢儒易學中的象之支離，棄漢儒之宇宙論，而進探本體存在。用彤稱漢儒之學為舊學，魏晉思想為新學。而舊學之思想多以陰陽五行的間架為本，其宇宙論拘於質料之構成（cosmology），新學則用老莊「虛無之論」作基礎，關於宇宙人生各方面都有根本不同的新見解，以形上學為其核心和根本特徵。

　　從玄學產生的兩個來源即易學與名學來看，可以說玄學的產生與佛學無關。因為玄學是從中華固有之學術思想中自然演進而產生的，是從過去思想中演出的新義，並漸成系統，蔚為潮流。所以，玄學與印度佛教在理論上沒有必然的關係，也就是說，佛教並非玄學生長之正因。

　　近有學者立論與用彤反其道而行之，認為般若學先於玄學六十年出現於中土，「以無為本」（貴無論）的玄學思想受「本無」概念影響痕迹明顯❷。實則此說亦非新論，與用彤曾同為支那內學院之導師（歐陽竟無之學生）的呂澂在六十年代初講學於中國社會科學院哲學社會科學部時，就曾有相似的推論。他認為王弼受般若思想的影響也是有可能的。因為支謙譯出《大明度經》的時間應在西元

❶　見《湯文集》，第304頁。

❷　文丁〈早期佛教般若學和貴無派玄學的關係〉，《中國哲學史研究輯刊》第2輯，上海人民出版社，1982年。

222年至241年之間，也就是在這個時期稍後一點，正是王弼、何晏倡導新義的時期。支謙雖在江南，但洛陽一帶也有人講習般若學。兩種思想發生交流，玄學受般若的影響，並不是不可能的❸。

　　對此一重大問題，用彤並非沒有注意，曾立論以為「『本無』一語，在魏晉玄談佛學上至為重要。魏世何晏、王弼祖述《老》、《莊》，以天地萬物皆以無本（《晉書‧王衍傳》）。晉裴頠《崇有論》始見『本無』之概念。但在佛經中，則漢時已常用之。支讖《道行經》第十四品，為《本無品》……蓋『本無』者，乃『真如』之古譯」❹。用彤既明察秋毫而注意到此一史實，何以仍執玄學未受般若思想之影響？原因蓋在於用彤注意到另一更重要的史實，即般若是否對於正始玄談有影響，並無事實證明❺，而且般若學之普遍流行完全得力於名僧與名士之結合。雖然「孫權使支謙與韋昭共輔東宮」為此種結合之濫觴❻，而此種結合之風行於世及般若思想之廣被名士接受則是西晉中葉以後的事。另一方面，王弼之學受荊州易學之影響，本費氏易以老解易，其受王粲校練名理之影響，又均有充分的文獻證據，故用彤堅執玄學之產生非由外緣薰習所至，而為「中國學術自然演化之結果」❼。至論呂澂、文丁之反論，則僅為據般若學經籍傳譯年代所作出的推測，並無充分的文獻證據。

　　對第二個問題（即魏晉思想在理論上與佛學的關係如何？）的回答，用彤的結論包含兩個層面，即一方面佛教是先受玄學的洗禮，

---

❸　呂澂《中國佛學源流略講》，第33頁，中華書局，1988年第3版。

❹　湯用彤《漢魏兩晉南北朝佛教史》上冊，第103—104頁。

❺　同上書，第192頁。

❻　同上書，第108頁。

❼　《湯文集》，第228頁。

這種外來的思想才能為我國人士接受，另一方面以後佛學對於玄學的根本問題有更深一層的發揮，所以魏晉時代的佛學也可說是玄學，佛學於玄學為推波助瀾之助因是不可抹殺的事實❽。對於此一結論的論證，在《漢魏兩晉南北朝佛教史》和《魏晉玄學論稿》中可見者甚多。茲亦僅撮其要者分述如下：

第一，玄學乃本體之學。魏正始中，何晏、王弼祖述《老》《莊》，立論以為萬物皆以無為本。及至晉世，玄風尤甚，士大夫競尚空無。凡立言借於虛無，則謂之玄妙，於是大唱貴無之學，而建賤有之論。因此，本末、有無之辨實際上乃玄學之中心問題。而佛教義學與玄學之萌芽（清議）一樣，均自漢末以後取道家之旨或與道家合流。《般若》諸經，盛言「本無」——「真如」之古譯。般若學之真俗二諦實即玄學之本末，真如為真，為本。萬物為俗，為末。這樣，在根本理想上，佛家哲學已被引而與中國玄學相牽合。《安般守意經》有言曰：「有者謂萬物，無者謂空。」釋道安曰：「無在萬物之前，空為眾形之始。」與此相似，六家七宗亦均不出本末有無之辨，而且其學說之中心也都是真俗二諦之論。而道安之同學竺法雅創格義之法，以佛經中的事數擬配外書，使中土人士據其熟悉之名號、概念解悟佛理，雖其根本精神或在依附漢學，但同樣旨在融會中國思想於外來思想之中，從而使佛教得以傳播。

又，玄學中人之論本體者，可以說都未嘗脫離人生，都以在人生中實現本性為第一要義。所謂實現本性，即反本之謂。歸真、復命、通玄、履道、體極、存神等等，均可謂為反本之異名。佛教本來是解脫之道，其與人生之關係尤為密切。至魏吳之世，東來佛教

---

❽　同上書，第304頁。

中神與道合之說大興。此說以為三界皆苦，無可樂者，而苦難相侵之因在欲滯，心滯於有，眾邪並至。有道之士，懼萬有之無常，知遷化者非我。於是力求以禪智雙運，由末達本（道安〈道地經序〉）。妙道漸積，損以至無。無物於物，故能齊於物，無智於智，故能運於智。因諸佛之玄鑒，還神明於本無，歸乎本無，即言成佛。所謂成佛，亦即順乎自然，亦即歸真反本。

用彤據此認為：「輕忽人事，逍遙至足，晉代名士與名僧之心胸，本屬同氣。貴無賤有，反本歸真，則晉代佛學與玄學之根本義，殊無區別」❾。也就是說，佛學在形上學、人生觀兩方面，亦即在整個哲學思想方面均在在與玄學相牽合，接受玄學之洗禮。所以，用彤或稱佛學為玄學之同調，或以佛學為玄學之支流，或稱之為佛教玄學。在〈言意之辨〉一文中，用彤還立論以為佛教之會通三教、建構其理論體系的方法論也是玄學家們常用的寄言出意之法。並以佛學之依附玄學為其擴張思想勢力的根本原因。

第二，佛學對於玄學的根本問題有更深一層的發揮，其推動玄學之發展也是不可抹殺的。如僧肇之契神於本末、有無、動靜之間，「其所作論，已談至『有無』、『體用』問題之最高峰」❿，幾至突破玄學之藩籬。此為最明顯之例證。其他例子還有不少，茲不贅述。

總上所述，用彤對佛教與玄學（包括整個中華學術）之關係，至為關注。他從中華學術自身發展的必然趨勢中探求玄學生長之因，決非出於文化偏見，而有充分的史實證據，而立反論者則只能據孤證而推測，自難服人。另一方面，他又充分肯定外來文化對本土文

---

❾　《漢魏兩晉南北朝佛教史》第9章。

❿　同上書，第240頁。

化之發展的推動作用，而不像韓愈那樣以為儒家道統或中華文化的
血脈因外緣之薰習而中斷了。他曾立論以自創《周易》《論語》新
義的王弼為「聖門之功臣」**⓫**，於此則尤可見出其對中華學術之連
續性、獨立性的基於文化史實的堅定信念，及其對儒家文化的態度。

二、統計全局：玄學與文學

　　如第二章所述，用彤堅執文化整體主義。此種文化整體觀使其
治學尤重統計全局。所謂統計全局不惟在於考鏡源流，對思想之來
龍去脈作全面研究，也不僅在於對思想學術史的相關材料作竭澤而
漁式的搜尋，而在於對哲學、思想史中來自文明史的其他因素也給
予相當之重視。在研究玄學時，用彤對玄學與文學、政治的關係也
作過相當深入的探討。本節先述其對玄學與文化之關係的研討。

　　用彤與同代的其他學術大師（如陳寅恪、馮友蘭等人）一樣，
有相當深厚的文學素養。他三歲即喜誦〈哀江南〉，清華時期曾寫
過長篇章回體小說和短篇紀實，更撰〈談助〉一文以述其重真性情
的文學觀。留學美國時，亦不改此好，在哈佛大學選修了「比較文
學」，從而得到了文學理論上的系統訓練。凡此均說明他關注玄學
與文學之關係既毫不足怪，亦有充分的學養基礎。

　　在計劃撰寫的《魏晉玄學》一書中，用彤擬專闢一章討論玄學
與文學之關係，惜乎此書未能完成。現存〈魏晉玄學和文學理論〉
一文是其次子一介據其在昆明西南聯大的講演提綱和在美國加州大
學授課時的講義（英文）整理而成，該文首載於《中國哲學史研究》

⓫　《湯文集》，第269頁。

1980年第一期，後又收入《理學·佛學·玄學》一書中。

用彤從文化類型學出發，認為往昔某時代的哲學思想一般都具有特殊的方法、態度，由此而較之前代有新異之理論，而這個時代的哲學家、思想家也很少能超出其時代之思想定式。同時，此一時代各種文化活動又都無不受其時之新方法、新理論之陶鑄而各發此一時代之新型。因此，用彤從整體文化觀出發，立論以為要想研究此一時代，明瞭其特點，必須詳悉其文化各方面，如哲學、道德、政治、文學藝術的新動向，對各方面的關係則尤其要予以注意。

就魏晉時代而言，其特有之思想與前之兩漢、後之隋唐，都有鮮明的差異。其思想定式、新方法自然會影響到其他文化活動，使之各自遵循玄學新理論之演進而各有新貢獻。而用彤〈魏晉玄學和文學理論〉一文的目的即在於指明「玄學與其時文學實同為此新時代之出品，而文學受玄學之影響其根本處何在。」

用彤將文學分為技巧與思想兩方面，而思想則是文學的內容。古今人士論玄學與文學之關係者多著眼於思想方面。如檀道鸞《晉陽秋》曰：「正始中，王弼、何晏好老莊玄勝之談，而世遂貴焉，至過江佛理尤盛」；沈約《宋書·謝靈運傳》曰：「在晉中興，玄風獨扇，為學窮於柱下，博物只於七篇。」又如劉勰《文心雕龍·時序》曰：「自中朝貴玄，江左稱盛，因談餘氣，流成文體。是以世極迍邅，而辭意夷泰，詩必柱下旨歸，賦乃漆園之義疏。」凡此均是就文學之內容而論其所受玄學之影響。用彤之論則另有角度，他關注的是文學理論或文學批評所受玄學之影響，因為他認為魏晉文學在思想方面不僅限於命意遣辭之依傍老莊。

受過西方文論之系統訓練的用彤，認為「文學理論者，即關於文之何以為文，或其詩學者何謂文學，何為文之特性」，這實際

上就是中國的「論文」之作，西方「文學批評」的根本理論。魏晉南北朝文風鼎盛，文學理論方面的著作也不少見。如魏文帝曹丕的《典論論文》，陸機之《文賦》，劉勰之《文心雕龍》等都屬論文之作，其對文學的基本看法與玄學也都有深切的關係。一方面，玄學對文學的影響在於文學之內容充滿老莊之辭意，另一方面，即使行文不用老莊，但論文之所以為文者所據之原理也多出於玄談。如果說玄言詩富於老莊辭趣固然是由於「溺於玄風」，那麼，老莊告退後，謝靈運之頤情山水，也同樣是清談在文學中的表現。劉勰〈明詩〉謂江左詩什「嗤笑徇務之志，崇盛亡機之談。」但當時文學的玄學化實際上不僅在其所笑所崇，即不僅在於文之內容，而同時也在於文學所據之理論。有鑒於此，用彤本文之興趣自不在於摘出當時文中所引用的玄理，而在於為了進一步了解文學、玄學兩者何以同具此一特殊時代之新精神，而研討其時文學原理與玄學的關係之所在。

　　如上章所述，用彤認為魏晉時代是思想自由解放的時代，士大夫們由經世致用轉為個人之逍遙抱一或出世。其時思想之中心不在社會而在個人，不在環境而在內心，不在形質而在精神。其時之人生觀與哲理均呈現出嶄新的面貌。人們普遍嚮往玄遠，意在得道、證實相，揭開人生宇宙之秘密。其理想在與道合一，以大化為體，與天地合其德。而道、絕對、實相在他們看來又是絕言超象的。而文者，言也，既然實相絕言，則文可廢矣。但凡人既未能證體，文未能廢言，於是便產生一問題：文之功用何在？又，宇宙之本體為一切事物之宗極，文自亦為道之表現，於是又產生另一問題：文之性質為何？魏晉時期，對這些文學基本理論的討論很興盛。其原因在於其時文人學士因哲學上之問題，深感研求文章原理的必要。質

言之，魏晉南朝文論之所以繁榮，原因在於文人學士對於當時的哲學問題有所解答，而不僅在於當時文藝制作之優劣不一，致有批評之制作。

所謂文人學士對於哲學問題有所解答，其例很多。如庾闡〈著龜賦〉曰：「著者尋數之主，非神明之所存；龜者啟兆之質，非靈之所生」，又曰：「神通之主，自有妙會，不由形器；尋理之器，或因他方，不繫著龜。」這是以語言為工具，僅為宇宙本體之標識，而其本身自非宇宙之本體。但語言終出於宇宙本體，故如為充足的媒介或語言，則它既是尋常的物或言，但又不是尋常的物或言。尋常的語言，指示而無餘，意在言內；而充足的語言，則指示而有餘，意在言外。此論可見之於王弼之以老莊解易時所用之方法論──「得意忘言」。王弼論天道人事之任何方面都以此方法論為權衡，並建構其獨特的玄學體系。在他那裏，言意之辨與體用之辨是二而一的：宇宙之本體（道），我們能否用語言表達出來，又如何表達出來？此問題初看似乎只能有否定的答案，但實則不然。因為「道」雖然超言絕象，而言象究竟出於「道」。因此，對於宇宙本體，關鍵在於是否善於用語言表達出來，如果能找到充足的、適當的語言（媒介），證得實相或本體也是有可能的。

再從人生觀的角度來看，玄學中人所追求的超世之理想，精神之境界，玄遠之世界，雖說是超越塵世的，但究竟本在此世，此世即彼世。玄學家們之追求玄遠超世因此總是若即若離的，合現實的與理想的為一。他們超世的方法，一般都是人格上的、內心上的一種變換，是「結廬在人境，而無車馬喧」，「神雖世表，終日域中」，「身在廟堂上，心無異於山林之中。」因此，得意忘言的方法論成為一種流行之法，時人用之解經，用之調和孔老，用之為生活

準則，亦用之於文學藝術。文人們認為若具上述心胸本領，即能發
為德行，發為文章，樂成天籟，畫成神品。當然，文章、書畫、音
樂有能代表理想者，有不能代表者；有能揭開天地之奧妙者，有不
能者，有不能表自然者，也有能達到此一理想者。這要取決於具上
述心胸本領者所用之媒介或語言（文）究竟如何。

　　魏晉南北朝文人所追求的文是什麼樣的呢？劉勰言：「心生而
言立，言立而文明，自然之道也。」看來其時文人所謂「文」者，
都是那種能表現天地自然的充足的媒介或語言。〈情采〉之論述是
最集中的代表。以其文長，茲不贅引。

　　又，上述所說之「文」就形式而言，不僅限於辭章，而且包括
音樂、繪畫。就音樂而論，或以之為「自然之和」（嵇康），或以之
為「常音」（陸機），或謂為「天籟」。阮籍〈樂論〉則曰：「夫樂者，
天地之體，萬物之性也。合其體，得其性，則和；離其體，失其
性，則乖。」這是認為如有充足之媒體，發成音樂，就可以「合天
地之體」，「萬物之性」，以傳「天籟」。嵇康立論以為「聲無哀樂」，
雖然，其理論仍亦繫於「得意忘言」之義。正因為「聲無哀樂」（無
名），才可由之而「歡戚自見」，正如道體無名超象，而萬象由之並
存一樣。故八音無情，純出於律呂之節奏，而自然運行，亦全如音
樂之和諧。質言之，當時的音樂理論，大都以音樂為人類所採用「自
然」、實在之一種媒介，「自然」可助音樂之力而得以彰顯；美好的
音樂是宇宙本體和自然之道的體現，通過此種充足的媒介，宇宙本
體得以表現於外。音樂必再現宇宙之和諧，因為音樂曲調本於宇宙
本體之度量。因此，如不執著於音樂之有限，忘言忘象，而通於言
外，達於象表，則可「得意」。準此，便可以說其時之音樂理論實
為玄學之理論、方法在音樂領域中之表現，或對此領域中哲學、美

學問題之解答。

　　就繪畫而論，彼時之畫論亦根植於「得意忘言」之學說。顧長康畫人數年不點目睛，以其見傳神之難也。故時人之人物畫原理多以為畫人不在四體妍嬬，端在傳神寫照。此種畫論，在用彤看來已接近於精神境界、生命本體、自然之美、造化之工。但當時人物品藻多用山水字眼，以山水語言傳人物之神，由此而探生命之本源，寫自然之造化。於是繪畫或論畫者也逐漸覺悟到：既然寫造化自然用人物畫，而人物品藻又常擬之山水，則畫山水豈不是更能寫造化自然？由此而山水畫大興。用彤認為，繪畫史中此一轉向，即從人物畫轉到山水畫可謂為宇宙意識尋覓充足的媒介或語言而另闢蹊徑。而其原因則在於時人覺悟到揭示生命之源泉、宇宙之奧秘，山水畫較之人物畫是更好的媒介。晉人發現了此種更好的媒介，乃不但用之於畫，亦用之於詩。所謂「老莊告退，而山水方滋」，即此之謂也。

　　就文學理論本身而論，其與玄學之關係則表現在論文者對以下兩個根本性的理論問題的解決之法上：一方面認為有不可言說之本體而又不能廢文廢言，另一方面有不可違抗之命運而又力求超越。魏文帝之《典論論文》雖立通才、偏至說，又以文章為不朽之盛事，但對上述兩大問題並未從根本上予以解決。此後之論文者多圍繞這兩個問題而慧發哲思，其中尤以陸機之《文賦》、劉勰之《文心雕龍》最能體現魏晉南北朝的思想特點，表現玄學與文學理論之關係。

　　彼時文人多認為萬物萬形皆以自然之道為本體或本源，且認為此本源不可言；而文又是此本源之表現，且文本身又各有所偏。那麼，文人如何用語言表現其本源呢？陸機提出的解決方法是「佇中區以玄覽」，即要求文人以空靈之心，把握生命、造化、自然之奧

秘，「籠天地於形內，挫萬物於筆端。」所作之文當能「課虛無之責有，叩寂寞以求音。」也就是說，善於為文者，方能使文成為虛無、寂寞——宇宙本體之充分表現，方可成就籠天地之至文。所謂至文不能限於「有」，不可圍於音，當能即「有」而超出「有」，於「音」而超出音，方可得「弦外之音」、「言外之意」。最上乘之文即是「虛無之有」，「寂寞之聲」，即能由言得意、由末達本者，亦即不執於一偏，得無形希聲之大象、大音者，方可為至文。陸機此種文學理論可見於王弼《老子指略》對無名無形之道的論述，其所用之方法均為「得意忘象」、「得象忘言」。即都認為形而上的本體是「一」，無形希聲，形而下的萬有為「多」，為宮為商，為溫為涼，拘於一偏，所謂「體有萬殊，物無一量」，即此之謂也。而文人亦然，文體亦然，各有一偏，唯能為至文者方可得言外之意，弦外之音，體無得道。

　　與陸機《文賦》不同，劉勰的《文心雕龍》對文之所以為文者有更詳細、深入之探討，首篇〈原道〉曰：「文之為德，大矣，與天地並生者，何哉？夫玄黃色雜，方圓體分，日月疊璧，以垂麗天之象；山川煥綺，以鋪理地之形，此蓋道之文也……心生而言立，言立而文明，自然之道也。旁及萬品，動植皆文……夫以無識之物，郁然有彩；有心之器，其無文歟？……言之文也，天地之心哉！……」此論所說「文之為德」即文之為用，此用為體用之用。道為體，文雖非道體或天地自然之本身，但作為此體之用，文可「與天地並生」。並且，文作為用與體不離，不可或缺，「言之文也，天地之心」。

　　不過，用彤認為，劉勰對文之本質的論述已不復是「文以載道」的文學理論，而是主道因文顯。文以載道與文以寄興是對「文」之

德（用）的兩種理解，二者之同在於都承認「文」為生活所必需。但二者又有根本差異，前者是實用的，兩漢多持此論，曹丕以文章為經國之大業仍是此種實用的文學觀之餘響，後來的韓愈更是大唱此論。「文以載道」的理論實質是以人與天地自然相對立，而自外於天地自然，征服天地自然。主立於中道，或主體用不離的玄學理論自然不能贊同此種文論。他們所倡導的文以寄興，不以實用為的。其理論實質是美學的，即認為「文」是對生命和宇宙之價值的感受，是對自然的玩賞和享受，「文章之成亦因自然」（黃侃）。因此，文學當表現人與自然之合為一體的關係，且必須有深刻之感情、感悟。又，「寄興」之本在愉情，是從文藝活動本身引出的自滿自足或精神的愉悅，而決不是為達到某種實用目的的手段。從此種分析可以看出，在哲學上主體用不離，在文學上主真性情的用彤，對後一種文學理論契賞甚多。

既然劉勰認為文章與天地並生，而且惟有聖人能成天地之聖人，所以，他必然會主張文「必徵於聖」，「必宗於經」。因為聖人中庸之極，無所不能；經則平淡中正，無所不容，各種文體，均源於六經。這一點可以說明當時的文學理論與玄學一樣，有合儒道為一的傾向。

魏晉文人又都持一種大化觀，以變化為不可違者。即「天道興廢，自然消息」。此種對自然的感悟和情緒，自〈咏懷詩〉後充塞於文人之心胸，流露於文人之筆端。他們又多持「道因文顯」之論，故文因時變之論也頗為流行，所謂「質文時異」，「文變染乎世情，興廢繫於時序」，均指此之謂。

面對此種天道自然之大化，世道人生之無常，文人何以自遣？曰：文章本為遣懷，為發抒懷抱而有，故文人雖遭不可違抗之命運，

仍可以文自遣。《文賦》所謂「遵四時以嘆逝，瞻萬物而思紛……」
即此種理論之表述。但問題又接踵而至：文章何以具此種功能，即
何以能發抒懷抱？答案是：文本為一種精神作用之出品，可通乎自
然。「在心為志，發言為詩」，「人稟七情，應物斯感，感物吟志，
莫非自然。」人以此而能於「寸心」之中，「觀古今於須臾，撫四
海於一瞬」，超越時空之界限，直達宇宙人生之本真。故《文心雕
龍·神思》曰：「文之思也，其神遠矣……」這裏的所謂神（思）
即生命之源，宇宙之本，不可言說而為情變之源。那麼，文人又如
何依有形有象之文象而通無形無象的神思之極呢？本期文學理論的
答案是：努力使文成為一種傳達天地自然的充足媒介。雖然言淺而
意深，言有限而意無窮，但神思可與天地自然相接。所以，若能尋
覓到充足的媒介，則可通過文言達到天道，而不執著文言以為天道。
劉勰之論「隱秀」，其主旨即在乎此：「情在詞外曰隱，狀溢目前
曰秀」，此蓋謂「秀」為得意於言中，而「隱」則得意於言外。此
種解決之法是魏晉南北朝文學理論的核心問題，劉勰則堪稱集大成者。

　　綜上所述，魏晉南北朝的文學理論對一系列重大理論問題（如
文之性質若何？文之功用為何？又何以具此種功能？如何以文顯道？
又如何不離有限之文言而超越時空之限制，直達人生之本真？）的
解決，實際上都是以得意忘言為立論之基礎的。其核心的觀點則是：
言象為意之代表，而非意之本身，故不能以言象為意；但言象雖然
並不是意之本身，但盡意莫若言象，所以言象不可廢。而體悟實相，
得道得意，又須不執著於有限之言象，而須忘言忘象，以求「弦外
之音」，「言外之意」，即忘象而得意❷。凡此，均說明當時的文學

---

❷　以上均見《理學·佛學·玄學》，第315—330頁。

理論雖就其問題而言有其具體之性質、意義，但在本質上則可謂為魏晉的一般思想或時代精神之表現。而用彤對當時論文者所面臨的問題及其解決方法，則可謂既深有所契，又能以其系統、邏輯嚴明的思辨能力作絲絲入扣的層層發掘和條分縷析。此自非外行所能為者。「不通一藝莫談美」，用彤所談之深入，殆非一般通文學者所能及也。

三、統計全局：玄學中的政治思想

在探討玄學生長之因時，用彤曾立論以為漢末以降中國之衰頹混亂，使士大夫基於逃避苦難之要求而形成思想界的自由解放之氛圍；另一方面，名士少有全者的慘酷現實又使士大夫們不敢評論時事、臧否人物。因此，可以說清談者由具體事實而進探抽象原理，由切近人事而至玄遠理則，乃時勢所造成也[13]。但此一事實並不意味著玄學家們沒有政治思想，相反，正由於政治混亂，制度崩潰，士大夫們便不能不重構其政治理想，或對制度有所檢討。而且，思想界既呈現自由解放之氣象，各種學說並興，思想家們由此而推究各種問題，政治當然也不在例外。這是當時政治殘酷而政論多見的原因。為學重全體、重組織的用彤自然不能不對此予以關注和探討。

1945 年，用彤在看到陳寅恪所著〈陶淵明思想與清談之關係〉一文後，曾以「魏晉玄學與政治思想」為題，在昆明西南聯大作過講演，留下了一份提綱。五十年代中期，其助手任繼愈據這份提綱寫成了一本小冊子，即《魏晉玄學中的社會政治思想略論》， 1956

---

[13]　分別見《理學・佛學・玄學》第317頁；《湯文集》，第206頁。

年由上海人民出版社印行。本書主要參考講演提綱，並取小冊子中
的一些觀點、材料，對用彤的研究予以介紹、分析。

用彤認為，陳寅恪之文，即〈陶淵明思想與清談之關係〉注重
的是魏晉清談內容之演變與實際政治之間的關係❶，而用彤本人則
更關注理論問題，即玄學與政治學說或思想❶。

關於魏晉玄學中政治思想豐富之原因，用彤之分析見本節首
段。而本期思想中常見的政治論題，在用彤看來有以下三點：其一
是論個人之自處，名人們或謙以自處，或卑以自持。前者之目的是
在名士少有全者的慘酷現實中遠禍全身，後者之理論基礎則是以有
為無之用。名士之用藏行捨亦復如是，他們一方面認為亂世不可強
為，不強為之則可避禍；另一方面又認為因順自然方可遂性。其二
則是論治世之要則，流行的觀點認為此種治世之要則端賴於去爭去
私。蓋爭出於私，二者均為亂世之源。既然萬物以無為本，則須返
本，故治世應法天道自然之無私。《易泰卦》王注云：「處天地之將
閉，平路之將陂，世將大革，而居不失其正，動不失其應，艱而
能貞，不失其義，故無咎也。」這是說，處動亂之世，人之自持或
治世應不失其正，以無為本，方可免咎。其三是論行政（指用人行
政）之基礎。從漢代清議到魏初清談，名士們或以品鑒人物之法，
或以才性之辨為人才之選拔提供理論基礎。此項學術甚為發達，分
析細密，問題深刻，推論直到本源。而其祖述《道德經》五千言，
亦為明顯之事實。用彤認為，老子之書實際上是一部論君王南面之
術的政治著作。

---

❶　陳文見《金明館叢稿初編》，第180—205頁。

❶　〈魏晉玄學與政治思想〉（講演提綱），見《國故新知：中國傳統文化
　　的再詮釋》，第19—21頁。

　　當然，玄學政治學說中討論最多、最深入的問題則是「政治組織存在之理由」。用彤認為，此前對這一問題討論很少，而在政治大亂之際，思想自由之時，人人都感到此項問題至關重要，故關注頗多。用彤以其訓練有素的分析精神或方法，將此項問題所包含的內容條分縷析為以下三項，即（一）政治組織為何存在，（二）其存在是否必要，（三）應否存在。

　　在這一討論中，持論最激烈者為鮑敬言無君論（《抱朴子》四十八），其思想之核心是貴上古無君。其言有曰：「夫強者凌弱，則弱者服者服之矣。智者作愚，則愚者事之矣。服之則君臣之道起焉。事之故力寡之民制焉。然則隸屬後御，由乎爭強弱而校智愚。」這是認為政治組織分貴賤、辨名分，分別彼我，乃爭亂之起因。因此，政府有害無益，是不應有的，不具必然性的，故應取消。用彤認為，這是一種無政府主義思想。

　　不過，魏晉名士大概都認為政治組織之起因在於「自然狀態（state of nature）墮落而後有名教」，而且多以為是必然的，大多數人也認為政治組織是應有的。如王弼就認為「名教」是「自然」必然產生的結果。名教既然產生了，那麼禮、樂、刑、政也還是不可缺少的。只要安排得宜，以自然為榜樣，倒也是必需的❶。至於嵇康、阮籍則有所不同。一方面，嵇康「非湯武而薄周孔」；阮籍則在〈大人先生傳〉中宣揚無君主義，其言曰：「昔者天地開闢，萬物並生，大者恬其性，細者靜其形……明者不以智勝，闇者不以愚敗；弱者不以迫畏，強者不以力盡。蓋無君而物定，無臣而萬事理。」阮氏更認為人為的政治和社會只能給人帶來災害，不能

---

❶　《魏晉玄學中的社會政治思想略論》，第30—31頁。

給人以幸福:「君立而虐興,臣設而賊生,坐制禮法,束縛下民。」嚴刑重賞的統治制度更是貽害無窮:「竭天地萬物之至,以奉聲色無窮之欲,此非所以養百姓也。於是懼民之知其然,故重賞以喜之,嚴刑以威之。財匱而賞不供,刑盡而罰不行,乃始有亡國戮君潰敗之禍。」 **⑰** 凡此,均在於論述名教之反動。在嵇、阮那裏,名教與自然是對立的。用彤認為,這種思想之宗旨乃在於企圖重新估價人類社會組織和政治機構的實際價值。但另一方面,論者不應因其對當時政治現實之失望、指摘而認為他們完全否定政治組織之存在的必要性。事實上,他們嚮往的還是「庶物定、萬事理」的社會,只有這種秩然有序的社會才不會發生「德法乖易,上陵下替,君臣不制」的混亂現象。阮籍認為,若能順乎自然,合乎天道的功名富貴未嘗不是好事,中庸的政治也還是好的。刑罰不必全廢,貴賤不可易位。儒家的名教與道家的自然在實質上並不是對立不相容的 **⑱**,故阮籍〈達莊論〉曰:「六經之言,分處之教也;莊周之云,致意之辭也。」

　　至於向秀、郭象,則直接論證名教即自然的政治思想。所謂「聖人雖在廟堂之上,然其心無異於山林中」,「聖人常遊外以弘內,無心以順有」,等等,皆此之謂也。因此,政治機構、社會組織是合理的,必須存在的。《莊子・大宗師》郭注曰:「故天地萬物,凡所有者,不可一日而相無也。一物不具,則生者無由得生。一理不至,則天年無緣得終。」上下之分也是自然的,人應各安其本分。所謂「君臣、上下、手足、外內乃天理自然,豈直人之所為哉?」即此之謂也。

---

⑰ 以上引文見《阮嗣宗集》卷三〈大人先生傳〉。

⑱ 同**⑯**。

　　總上所言，可以見出玄學家們對政治組織存在之理由的大體看法是：名教是自然之演變或墮落，名教出於自然雖或為遺憾，或為必然，但卻是必要的；如能順乎自然，免去其流弊，則亦是應存在的。

　　魏晉政治思想中還流行一種虛君主義或無為主義。用彤認為，此一思潮之來源有二，其一是孔儒天無言而四時行，人君法天的思想，其二則是對老子無為而無不為的新解釋。蓋君為政治活動之源，其地位最為重要。君仁則莫不仁，君子之德風，故最要緊者為君德。而君德不在乎親躬萬機，而在安排得宜，或因道得體，或能純任天機。因君之德在中和無名，故其治世亦當無為。此說至魏晉而大行於世，舉凡法家之桓範、名家之劉劭，均或主治天下在乎法天之「化」，無事而治；或主君德中和不偏，無名無為。至論玄宗大師如在朝者何晏、在野者王弼，均主張「天地萬物以無本」的形上學和「無為」的政治學說；郭象則唱「君道逸，臣道勞。」四十年代，用彤認為郭象之無為主義的核心是「一切措施任之而已，治天下實天下自治也。」❶此論固與五十年代不同，而實最能代表其對郭象思想之看法。

　　用彤對玄學中的政治思想之分析，是以名教與自然之關係為基本線索的，並認為「名教即自然」是玄學家從王何至向郭所同信之觀念，當然，他們之間也有細微的差別，甚至有表面上認為二者是對立的，如嵇康之「非湯武而薄周孔」，但這並不能否認他們在實質上的共同性。

---

❶　見《國故新知》，第21頁。

四、評近人對湯氏玄學研究之批評

用彤的《魏晉玄學論稿》雖非系統、全面之斷代哲學史專著，然此書與《漢魏兩晉南北朝佛教史》可謂珠聯璧合，堪稱現代中國學術史上的雙峰。

在《魏晉玄學論稿》及其他相關的未刊稿中，用彤對玄學興起之原因或漢魏之際學術變遷之跡的探尋，對魏晉玄學發展階段及各期特點的劃定和把握，對玄學各流派思想特徵的分析，都有深入、獨到的見解。他對玄學統計全局的系統研究充分展現了其文化整體主義對他的學術研究的導引作用；而其對漢晉間學術變遷之際的疏尋，對玄學與佛學關係的探究，則表現了其因革損益的文化漸進論和文化功能學派之思想。當然，最引人入勝的則是他對玄學各派本身的哲學思想所作的深入分析。他把貴無論、崇有論均界定為形上學，即以本末、有無之辨為基本內容的本體論，而對各位玄學家乃至佛教中的玄宗大師的思想個性又都作了準確、深刻的分析和把握。他對言意之辨在各位玄談名士建構其哲學體系中的方法論意義，更作了令人釋然而後失笑的探究和總結。凡此均為哲學史家最必須完成的工作，而用彤所作探討之深入、迴出眾流，則不僅表現了他本人會通中西的深厚功力和慧發哲思的哲學思辨能力，更為現代中國學術樹立了一個光輝的榜樣。這一點完全可以證諸現代學人對玄學的研究，他對玄學哲學思想的界定和把握，一直是很多人都必須深入其中的一種框架或範型。謂之為玄學研究中的一道難以逾越的關隘或雄關，實非溢美之詞。

或許，對本世紀中國的學術、思想發展，我們亦應持用彤的漸

進觀。章太炎、王國維之超勝前人，乃不疑之事實；新文化運動後的現代學術史上亦湧現出一批卓爾不群，較乾嘉諸老更上一層的學術大師，如陳寅恪、湯用彤等，更產生了一批自創體系的哲學大家，如熊十力、金岳霖、馮友蘭。凡此，均為學術、思想漸進之例，亦足以消除一切「今不如昔」的慨嘆或退化史觀。然而，對近幾十年來的現代學術，我們似乎只能視之為漸進中的迂迴、曲折了，筆者此論也許還算是相當溫和的了。僅那十年所採取的魯莽滅裂之法，不但未收到革命以圖發展新運的效果，反而使學術橫遭塗炭，學者自己的園地淪為貧瘠之荒原。待新人輩出，重新耕耘這片園地時，他們發現必須先咀嚼、消化上半世紀學術大師們培育的碩果，然後才可能會略有進益——如果他們想精耕細作而不只是在這片園地上馳騁田獵的話。

就玄學研究而言，八十年代以來的大量專著、論文，很少有不直接受惠於用彤之《魏晉玄學論稿》者。在對玄學的整體把握上及對玄學各派思想之哲學意義的分析上，論者多採用彤之說，或就用彤所提出的問題進行探討。不論對用彤之成果採取什麼樣的態度，作何種評價，大概很少有人繞過《魏晉玄學論稿》這座關隘。甚至在對魏晉文學的研究中也存在此種現象，只是有些人不喜注明或間接受益於該書罷了。

當然，我們不能因此而對八十年代以來學者們在這一領域裏的努力採取妄加菲薄的態度。對玄學更全面、系統的闡釋、分析，對哲學史中來文明史其他因素之影響的探討，都有不少新的進展，在材料方面亦有新的發現。如湯一介《郭象與魏晉玄學》一書對各期玄學中的哲學思想的深入詮釋，余敦康《何晏王弼玄學新探》向社會政治領域的縱深推展，王葆玹《正始玄學》對玄學興起與改制理

論之關係的探討及對王弼佚文一則的新發現，均可謂為新的創獲。但正如余敦康在其專著〈自序〉中所說的一樣，這些研究成果或多或少都是用彤之說的延伸。王葆玹之《正始玄學》立論以為「漢人有時也講本體論，王弼也講宇宙論」這個命題是可以成立的，又認為王弼玄學並未受《人物志》影響❷，這些結論並無不妥，但在用彤之書中也有說明，只是用彤之表述過於簡練罷了。用彤之論述，本章已有介紹，茲不贅述。

同樣，我們也不能簡單否定一切試圖超越《魏晉玄學論稿》的努力。學術是要漸進的，跪在大師面前只能永為侏儒，勇敢地站起來，則也許能爬上大師的肩膀，也許能超越。但需要說明的是，超越又需以準確之了解為前提，如此方能明其成就與問題之所在，方能以新的視角、方法或材料，超越於切實緊要處。如無準確之了解，甚至心存誤解，則只能是浪言超越了。質言之，超越的前提是準確的了解和批評。此蓋為須臾不可離棄之學術規範。

批評《魏晉玄學論稿》的最新、最激烈之文字恐要說是陳明博士之〈六朝玄音遠，誰似解人歸——魏晉玄學研究四十年的回顧與反思〉了❷。陳君之博士論文為《中古士族現象研究》，其於魏晉玄學自為專家，對近四十年來的玄學研究亦可謂廣搜精求，深入其堂奧，評各家之得失。陳君之研究頗重方法、視角之轉換，試圖將解釋學與庫恩的科學哲學中的範型理論結合起來，一方面用於對玄學的研究，另一方面用於對近四十年來的玄學研究進行反思。以陳君之好學深思，其對玄學本身自當有不少妙解慧發（惜尚無緣得見其

---

❷　《正始玄學》，第1、161頁，齊魯書社，1987年第1版。

❷　該文載《原學》第2輯，中國廣播電視出版社，1994年第1版。以下所引陳文均出於此。

博士論文），然其對各家得失之評論，則有頗多可商榷之處。其他各家姑暫不論，僅其對用彤之評價或批評，便有頗多不甚準確、精當之處。不論是以解釋學理論，還是以其他學說來為此種批評辯護，筆者認為其立論之欠妥均有違前文所述之學術規範。

陳君對《魏晉玄學論稿》一書的評價不可謂不高，他認為，如果將用彤此書置之不顧，則可以說四十年對玄學的研究就乏善可陳了。但在此種抽象的肯定背後，卻是諸多具體的否定。茲針對陳君之批評，作如下紹述與回應：

其一，陳君認為八十年代在關於哲學史方法論的討論中「所確立的哲學史即認識史這一共識即是回到了湯用彤」，又追根溯源地指出，是新康德主義者文德爾班的影響，使湯用彤用歐洲近代以來對哲學的知識理解框架（或範型）來對玄學進行純學術的研究、考察。陳君此論中確實指出了一些事實，如文德爾班對用彤之影響。但文氏的新康德主義是否認為哲學史僅是認識史或只有「對哲學的知識理解框架」呢？答案是不盡然。確實，文氏曾聲稱哲學史是「體現人類對宇宙的觀點和對人生的判斷的基本概念的總和」❷。初看此論，或許會認為文氏所說的哲學史即是認識史，但文氏何以不直接以「認識」取代「觀點」、「判斷」？原因在乎對宇宙的觀點和對人生的判斷並非全是理性的認識。哲學得自宗教、藝術的觀點、判斷就不一定是認識，而可能是神秘的體悟、直覺所致。所以文氏論述道：「哲學對於其他文化活動的關係並不比哲學對各門科學的關係更不密切。因為從宗教、倫理、藝術各種生活而來的概念……一股腦兒擁進帶有形而上學傾向的哲學所欲形成的宇宙觀

---

❷　見文氏《哲學史教程》，第20頁。

念中來……除人類理智的真知灼見外，人類的信念和理想就以這
種方式也在哲學中得到表現。如果認為這些信念和理想就因而取
得科學知識的形式（這種看法往往是錯誤的），那麼這些信念和
理想就可能從中在某些情況下受到價值的闡明和改造。」 ❷質言
之，文氏新康德主義之新，不只在於其認為哲學即認識，而尤在其
重視文化與價值，即重視來自文明史的因素對哲學的影響。而就用
彤之治玄學而言，其受文氏之影響確實是明顯的。在〈魏晉玄學流
別略論〉一文中，他對王弼、向郭、支愍度、僧肇各位玄學家的分
析都是從形上學與人生之學兩方面著手的，從中我們自然可以看到
文氏哲學史概念的影子。而其對佛教玄宗大師如竺道生所得之解脫
道或人生信念（按，用彤認為晉代佛學乃玄學之支流），即頓悟成
佛說對中國哲學發展之影響的探討，對當時文學理論與玄學關係的
分析，對本期「悟入實相、見道弘深」的佛玄之深契妙賞，均說明
很難認為他的哲學史等於認識史。相反，應該說，他原擬撰寫的斷
代哲學史是一部統計全局的文化史（關於此點，下文還要詳述）。

其二，陳君對《魏晉玄學論稿》特別注意思維的邏輯軌跡亦多
有責難，認為從中可以見到黑格爾老人《精神現象學》中那絕對理
念的影子；玄學的本質在湯氏筆下成了「不近人事」的純粹思維形
式；由於明顯（原文為完全）忽略了理論與社會的橫向聯繫，把概
念命題中蘊含的文化意義也抽象掉了；本體思維之說終究有些空洞。
確實，《魏晉玄學論稿》的最大特點即在於注重當時哲學變遷、發展
之跡，亦即注重疏尋思想發展的內在因素及其變遷的線索，這恐怕
是任何一個哲學史家都不會忽略的，實在無可非議。陳君本人也認

---

❷　同上書，第14頁。

為「哲學史研究的這種純淨是必要的」。用彤在探討漢魏之際學術變遷之跡時，立論以為「談論既久，由具體人事以至抽象玄理，乃學問演進之必然趨勢。」此論果真是《精神現象學》中絕對理念說的映射嗎？就我們所知，用彤之治哲學史在方法上頗受文德爾班之影響，而哲學思想則多受新實在論之影響（他在哈佛的導師是培里，Perry）。他對黑格爾興趣不大。此為背景之分析，即就用彤上述分析而言，亦難以見到黑格爾的影響。在用彤看來，玄學家所追求的本體、真如，乃是終極實在（他在《漢魏兩晉南北朝佛教史》中曾以本體與實在互用），談論本體的抽象玄理自然不是論述精神、意識自身發展的現象學。再就黑格爾哲學而言，其絕對精神或理念之發展恰恰不是從所謂「具體人事以至抽象玄理」，而是從抽象、無規定性發展至獲得豐富的規定性的真理之大全。陳君之妙論或許有些「義理之學」的望文生義。又，用彤所謂「更抽象者，玄遠不近人事也」乃是就玄學中的形上學之探究本末、有無等本體論問題而言，很少像漢魏之際名士們品藻人物時那樣每每涉及到具體的人事。他並未完全忽視玄學與社會的橫向聯繫。相反，他認為，玄學之興起，玄風之大暢，其原因即在於：(一)「自東漢黨禍以還，曹氏與司馬歷世猜忌，名士少有全者。士大夫懼禍，乃不評論時事、臧否人物。此則由漢至晉，談者由具體事實至抽象原理，由切近人事至玄遠理則，亦時勢所造成也」❷❹。(二)思想之自由解放，而此種自由解放則又基於人們逃避現實之不自由、難以全身的苦難之要求。用彤甚至認為「混亂衰頹實與自由解放具因果之關係」❷❺。此種探析固然簡練，但其中所含之意義則是豐富的。陳君

---

❷❹ 《湯用彤學術論文集》，第206頁。

❷❺ 《理學·佛學·玄學》，第317頁。

應當能從中見出名士們的現實關懷罷。用彤在伯克利大學授課時(1947年夏—1948年夏)，曾認為魏晉乃是一個人的發現的時代（有英文講義），在《魏晉玄學論稿》中又稱其為啟明時代。凡此，均說明他對魏晉的社會及思想本身的特點有深刻的洞察，對所謂「橫向聯繫」亦非不注意。

其三，陳君對玄學研究中由李澤厚開啟的文化學研究視角最為契賞，而認為《魏晉玄學論稿》則抽掉了玄學中的文化意義。但正如上文所述，用彤對玄學家們追求自由的精神極為贊賞，對其文化價值亦多有肯定。至於其「人的發現」(Discovery of Man) 之說雖鮮有人知，但此說與魯迅或李澤厚所謂「人的自覺」之說則極為契合。又，用彤之治佛教史與玄學是有自覺的文化人類學理論意識的。他接受了功能學派的理論，力圖取經於中古時期中國與異族交往的歷史研究，為現實生活中中西文化的衝突與調和，提供借鑒。並在切實的歷史研究基礎上，撰寫了〈文化思想之衝突與調和〉，總結文化交流過程中的規律。此種研究最可稱為文化學視角。不知陳君的「文化學視角」當作何種界定和理解？

其四，陳文認為，《魏晉玄學論稿》一書「以本末體用諸概念為魚為兔，卻以自然名教關係問題為筌為蹄，豈不是以言為象為意麼？湯氏才德俱佳，明足以察秋毫而又輿薪不見，實在是那個時代的認識論式哲學研究範式所蔽」。陳君此論尤為怪異，未審其根據何在。不錯，用彤確實稱玄學為本末有無之學，此是就其形上學而言。但他也曾明確指出，魏晉時代一般思想的中心問題為：「理想的聖人之人格究竟應該怎樣？」因此而有「自然」與「名教」之辨（此蓋就玄學的「人生之學」而言）。又特別申言：「自然」與「名教」以至體用本末的關係……都成為最重要的問題、「新學」（按指

玄學）的骨幹了❷。他認為，玄學的發生與發展都是圍繞著自然與
名教的關係問題展開的。用彤之論可謂明矣，何以言其興薪不見？
（至於用彤對玄學與儒釋關係的論述，余已專論，茲不贅述。）

　綜上所述，陳文對用彤之批評有頗多可商榷之處，其失在於過
於「義理」。或對用彤之論「興薪不見」，或了解不甚準確。整理現
代學術史，評各家之得失，以求學術之新進展，本為無可厚非之事。
但必要的學術規範還應遵奉，以陳君之雅量，自應能聽此逆耳之言。
至論陳君在具體研究中的新進展或超越前人之處，則只能翹首以待
其博士論文之早日面世了。

❷　分別見《湯文集》，第297、300頁。

第七章 梵音咀華

一、小引

　　論者或有一共識，即治佛教史者在學養方面須旁通中印史地、西域之語文，而尤須精通梵文、巴利文，庶幾可知中國佛教各宗之源流，及佛教中國化之程度。近世學者之能臻於此境者，可以說並不多見，用形可謂此類學貫中西、兼通華梵的少數大家中之佼佼者。其勝人之處，不僅在於能熟練運用梵文、巴利文兩種語言作為其研究佛教史之輔助工具，更在於他對印度哲學本身亦頗有造詣。此種深厚的學養基礎使其在研究佛教史時，不僅能考鏡源流，更能平章華梵。關於這一點，我們可舉兩例證之。（一）關於達摩「四行」之來源，胡適在〈菩提達摩考〉一文中以「四行」為達摩教旨，但對其來源則難有論述。用形於1928年見此文後，曾致書胡適，以存疑的態度寫道：「達摩『四行』非大小乘各種禪觀之說，語氣似婆羅門外道，又似《奧義書》書中所說。達摩學說果源於印度何派，甚難斷言也。」❶後來，隨著研究的深入，用形判定達摩所依

---

❶　見《胡適說禪》，第12頁。

「南天竺一乘宗」，上承《般若》法性之義。蓋南天竺者，乃龍樹空王發祥之域。佛法自大眾部之小空，以至《般若》之大空，均源出南印度。達摩本南天竺人，故受地方學風之影響。故達摩可謂取法大乘虛宗，其禪法之旨在證真俗不二之中道❷。此論不僅考明了達摩思想之源，而且辨明了其教旨之根本所在，自非不通印度哲學之胡適所能比擬。（二）用彤對僧肇思想素所激賞，原因在於他認為僧肇能出神入化，以華化之語言將印度般若學之精華悉數表達出來。他曾對學生馮契說：「中國人天分高，印度人說那麼多，也就是《肇論》那麼些思想。」❸此其平章梵華之典型一例，而其立論之基礎則自然是對中印宗教、哲學思想之深入了解和研究。

用彤之留意於印度哲學之研究，可謂其來有自。1924年，他就已在《學衡》雜誌上發表了《印度哲學之起源》一文；1929年，任教於南京的用彤已編成一部印度思想史的講稿，該稿除緒論之外分十四章。後來，用彤任教於北京大學，又將原稿逐漸增補，改編成十二章，取名《印度哲學史略》，於1945年交付重慶獨立出版社印行。該書已由中華書局兩次重印。

三、四十年代，用彤的主要精力都用於漢唐佛教史與魏晉玄學的研究。但他對印度哲學仍較關注，五十年代重病後，他開始收集整理漢文佛典中的印度哲學資料。他認為，「關於印度哲學在中國文字中所留下的資料，是可以推測印度哲學各時代發展的大體情況，並也可推測得印度各地流行的學派的不同」，例如，「大乘兩派的著作漢文譯本內引用了不少的二、三世紀到五、六世紀印度哲學學說，而且這些作品大多數在印度已經失傳，故對其所包含

---

❷ 見《漢魏兩晉南北朝佛教史》第19章〈菩提達磨〉。

❸ 見前引《國故新知》，第38頁。

的印度哲學資料應廣為收集，並應依派別及年代整理出來，實可供中外學者研究印度哲學參考之用。」❹這項工作用彤在生前已完成大部，他在大正、頻伽、金陵、藏要等版本的漢譯佛經中廣泛搜羅了關於印度古代各派哲學的資料，集為一冊。但生前未能出版，後經人標點整理，於1994年由商務印書館印行，書名為《漢文佛經中的印度哲學史料》。全書近二十三萬字，對研究印度哲學極有價值。另外，用彤還廣泛收集了漢文佛經中關於印度佛教的資料。據悉，商務印書館亦將印行這部資料。

　　由上可見，用彤在印度哲學領域裏可謂用力甚鉅。若假以天年和健康，用彤本可留下一筆更豐厚的研究遺產。遺憾的是，五十年代中期後，用彤一直臥病在床，未能作更多的研究。不過，上述資料及其專著《印度哲學史略》仍可說具有不可磨滅的價值。據用彤自述，他以《印度哲學史略》之名於1945年印行其研究成果，有以下原因：（一）印度諸見——原音達生那（Darsana），如印人馬達伐之攝一切見集，實為一部哲學史。用彤之不曰印度諸見史而仍曰印度哲學史者，乃因舊譯佛經「見」字單指邪見也，非西洋之所謂哲學，亦非其所謂宗教也。（二）當時中印關係復漸密切，天竺文化，國人又多所留意。印行該書，可暫為初學者之一助。在筆者看來，用彤之如此留意印度哲學，除上述兩項原因（為治佛教史準備學養基礎、為初學者之一助）外，蓋亦有深意在焉。此即以人文主義者之胸懷，研究世界各大哲學、文化傳統，含英咀華，以綜合創造一種新文化，亦藉此了解作為世界三大文明之一的印度文明之特殊品格，以助文明之比較、溝通。

---

❹　以上均見《印度哲學史略・重印後記》，中華書局，1988年。

　　《印度哲學史略》起自上古，訖於商羯羅，時間跨度甚大。神遊冥想於漫長的異國精神歷史長河中，其中之艱難自可想見。故用彤亦嘗自陳其難：「國情不同，民性各別，了解已甚艱，傳譯尤匪易。固有名辭（或西洋哲學譯名）多不適用，且每易援引泰西哲學妄相比附，遂更淆亂失真，其難一也。學說演化，授受複雜，欲窺全豹，須熟知一宗變遷之史跡，更當暸然各宗相互之關係。而印度以通史言，則如紀事詩已難悉成於何時；以學說言，則如佛教數論實未能定其先後，其難二也。」❺用彤所陳之難，實非虛辭也。此前雖有梁漱溟在《東西文化及其哲學》一書中系統論及印度哲學之特質，然究為籠統之概述，非科學之印度哲學史。故用彤之著，在中國實具開山意義，其研究自然要飽嘗篳路藍縷之苦。所幸的是，用彤仍能以學者之使命感和艱苦卓絕之毅力，廣搜史料，為國人貢獻了一部價值不小的研究專著。

二、論印度哲學之起源

　　文化歷史主義者大多是「起源迷」，即在研究某種民族文化時，不僅注重其特性和連續性，也重視此種文化之發生、起源。用彤治中國佛教史、魏晉玄學、道教，均有此一特點，其關於印度哲學之著述也不例外。

　　首先，用彤對印度一詞給予明確的界定，認為並非指純一民族或統一國家，而是像希臘一詞一樣，代表一種文化、一種特殊精神。雖然在《印度哲學史略》一書的重印後記中（撰於1959年），　用彤

---

❺　同上書，〈緒論〉。

對舊說有所修改，強調此種特殊精神、文化的本土性，但先前用彤相信印度文化的主幹是雅利安民族。因為印度最古典籍《黎俱吠陀》所載多為雅利安民族頌神歌曲。

其次，用彤指出，雖然印土婆羅門大都尊崇《吠陀》，但吾人追溯印度諸宗哲理之源頭，則應注意到其興起「不在繼《吠陀》之宏業，而在挽祠祀之頹風；不在多神教極盛之時，而在其將衰之候」❻。此論之底蘊在於說明哲學與多神教是有本質差異的，應將二者區別開來。

用彤似乎是從相反於崇《吠陀》的因素或精神動因那裏來探溯印度哲理之起源的，其研討之結論可分疏為以下四端：

其一，由於《吠陀》神之式微，而有宇宙本體之討論。在雅利安民族以武力征服印度土著之前，印度人民已有自己的文化。據研究，西元前2750年至前1500年之間的印度河流域文明是印度最早的文明。其時居住在印度河河谷的人民已使用青銅製的勞動工具和生活用具，有象形文字❼。用彤認為當時印土人民在宗教方面蓋都崇多魔，為多魔教時期。此可證諸成書雖較晚，但必為集泰古之所傳的阿闥婆吠陀。其典型之特徵是教中多群魔、多詛咒、取無生之物（如木石等）為崇拜對象，等等。彼時人與神實際上立於對等或同等地位，祭祀崇拜具有商業交換性質。雅利安人入侵印度後，種族與文化都與本土人民發生關係，印度宗教開始由多魔教向多神教演化。在此交錯過渡時期，初民所崇諸神如因陀羅、雷雨之神，在性質上亦不高於俗人，但其威力則漸駕群神之上，人之對越極為卑遜。此外還有阿耆尼（火神）、法龍那（司世界之秩序）、須摩（原為醉

❻　《理學・佛學・玄學》，第61頁。

❼　參見黃心川《印度哲學史》，第30頁，商務印書館，1989年版。

人飲料）及《吠陀》宗教諸大神，凡此均說明印度宗教呈現出歷史與邏輯的統一，即由多魔教而進為多神教。

由多神教邁向一神教亦為歷史與邏輯之必然，此中之精神動因則在於人民對諸神之信仰漸衰。蓋在人民智力愚蒙、道德幼稚之時，神人幾可說同形同性。及至文化增進、民德漸高，神之性質遂顯卑下。例如，《黎俱吠陀》卷十之一百七十篇，只獎勵人為善，而根本不言及神。此其原因在於神德之衰，已不可為憑準矣；卷二之十二中更有否認因陀羅神之存在者。逮至佛陀出世之時，對於《吠陀》宗教持懷疑態度者更多：「彌曼差學者解釋祭祀之有酬報，非由神力；數論頌釋力攻馬祠之妄（見《金七十論》卷上）。而非神之說（或稱無神Atheism），不僅佛教，印度上古、中古各派幾全認之。」❽隨著人民對諸神之信仰之衰減，宗教遂向一元（一神）教演化。

用彤通過世界宗教的比較，立論以為各國宗教之一元化有不同的路向：「埃及之一元趨勢，在合眾神為一；猶太之一元宗教，始在驅他神於族外，繼在斥之為烏有；」❾而印度則獨闢一徑，其特點是由哲理討論之漸興，玄想宇宙之起源，於是異計繁興，時（時間）方（空間）諸觀念，世主、大人Purusha諸神，《吠陀》詩人疊指之世界之原。用彤認為此皆抽象之觀念，而非自然現象。凡此皆漸離舊日宗教信仰之特性，已為哲理之初步。此亦印度思想漸靡之跡，而吾人則可於初期《奧義書》中見此中變遷之關鍵。

蓋《吠陀》之宗旨在於宗教信仰，其中哲理之研討並不多見，而《奧義書》則以發明《吠陀》之哲理為鵠的，促成思想新潮之興

---

❽　同❻，第62頁。

❾　同❽。

起。此種新潮亦非無源之水，例如關於宇宙起源之玄想，在《黎俱吠陀》中雖無具體之宇宙構成學說，但已露端倪。例如，其中諸詩作者不盲崇常人所奉之諸神能創造天地，而發日與夜孰先造出，世界為何木（物質、本質）所造之天問。此種懷疑問難的精神可見於卷十之一二一篇及一二九等各篇中，而其影響亦甚大。用彤將此種影響分疏為三類：第一，使印度哲學形成因解決人生而先探真理的個性特徵。蓋印土出世之念甚深，人民之言行，幾全以滅苦為初因，解脫為究竟。及至吠陀教衰，神人救苦之信簿，遂智慧覺迷之事重。此種旨在解決人生問題的探本求真，自然大異於希臘古哲之以求知而探哲理，亦促成非宗教非哲學的印度思想的產生。第二，隨著宇宙起源之說的興起，大梵一元論遂定。此處所謂大梵，不僅是世界之主宰（如基督教之上帝），而且也是世界之本體。此後各宗均精於此種體用之說，且具有泛神論之特色。於是印度思想不僅擺脫了多神論之束縛，而且也突破了一神之藩籬。第三，由於《吠陀》諸神勢力的墜失，人神關係自然隨之變遷，此即由崇拜祭祀，進而究學源原。各宗對舊日所祈祝之因陀羅、阿耆尼均漠然視之。此種思想轉向在吠檀多、僧佉、勝論各宗中都有深刻而又具體之表現。

印度哲理起源的原因之二，在於因婆羅門之德重形式，失精神，於是便有苦行絕世之反動。婆羅門在印度社會生活中居於主導地位，其特權的確立則以階級之產生為前提。在進行此種階級分析時，用彤雖未能確定印度階級制度產生的具體時間，但他認為階級之分化，不但《吠陀》初期有之，在雅利安人入侵印度以前即或有之，並認為其分化之因在於社會分工，且此種分別初非固定種姓，彼時帝王可為僧侶，牧童亦可參與戰事。雅利安人征服印土後，黑色土著被迫成為奴隸，進而成為第四種姓。而婆羅門之僧侶則居四種姓之首，

他們壟斷了文化生活和宗教特權。但他們「觀祈禱祭祀為魔術，上天之福田利益，固不視人之良朽而授與也」，其主持宗教儀式之目的亦僅在金錢酬贈之豐。此種徒重儀式、拘執形式文字，甚且敗德逾檢、蔑視廉恥之種種行徑，在《黎俱吠陀》中即已有人痛斥之。至佛陀時代，智者們更唾罵祭祀，又有人發明苦行法，以代祭祀，毀身煉志，屏絕嗜欲，於貪字務刈之淨盡。此種苦行流行漸漬而出末流，致其旨不在除欲，而僅在受苦。因苦之昌，遂亦演成一派之學說，此即尼犍子派。其核心在重業力，認為一切事物悉憑因果業報；人生解脫之方，全賴苦行。由此可見，正如宇宙論伴隨著神德之衰而興起一樣，苦行則是由於僧德之衰而大盛的，而苦行之昌盛則又導致厭世之說大興。厭世又分兩類，即釋迦之厭世以救世和六師之厭世以絕世。尼犍子就屬六師之一，他們蔑棄道德，斥佛家為顛狂。而順世派則屬極端絕世之學說，其教為佛教及婆羅門所同詬病，最不信智慧，蔑視神權，力持死後無我，而舉一切歸之自然，遂以縱欲為解脫之正道。此種苦行絕世之說，在用彤看來「其興起必為道德敗壞之反動，尤必由痛恨婆羅門作偽者之所提倡，蓋無可疑也」❿。其斥《吠陀》為妄論，僧侶為下流，即是證據。

印度哲理產生之第三因，在乎對靈魂的探究引發神我人生諸說。神德之衰固使人信仰漸弱，然印度各宗哲學又多受宗教中靈魂人我學說之影響。用彤指出，雅利安人在征服印度之前即有對靈魂的信仰，此種信仰又順時而演化，分化為俗人之迷信與明人之學說。由於迷信全由僧侶掌管、淪為其謀生攫取財富的手段，鬼魂之術自多，鬼之種類亦繁。凡此卑行，均受到佛教之痛斥。但對靈魂的信

---

❿　見〈印度哲學之起源〉，收入《理學・佛學・玄學》。

仰（俗人）卻引起對靈魂的學理探究：「學理中真我之搜求，實基
於俗人鬼魂之說。真我是常，亦有藉於靈魂不死之見。俗人對靈
魂無確定之觀念，故學術界討論何謂靈魂之疑問甚烈。」用彤廣
引漢譯內典，說明印度各宗對靈魂之本質多有討論，可謂異執群出。
而且由於印度各宗皆以解脫人生為鵠的，故對於宇宙與人我之關係
此一哲學問題研究尤亟。如吠檀多以大梵即神我，梵我以外，一切
空幻；梵我永存，無名無著，智者如此，即是解脫。其他如僧佉、
瑜伽外道、正理宗均對此問題有深入之探究。由此可見，由俗人之
對靈魂之信仰演為明人對神我人生之學理探究，既是歷史的演進，
也是邏輯上的必然。作為一名人文主義者，用彤對俗人之信仰及其
被利用而產生之種種弊端固多有輕鄙，然對其催發哲理產生的客觀
作用卻從不忽視。

　　印度哲理產生之第四因，在乎業報輪迴之產生導致真我無我之
辯。印度最著名的學說是業報輪迴，但其成立則甚晚。用彤指出：
在《黎俱吠陀》中已有報應不死之說，但尚無依業報以定輪迴的思
想，而且對地獄之詳情、輪迴之可畏，雅利安人亦未曾想及。因此，
有的學者認為輪迴之說係雅利安人得之於印度土著，用彤對此雖持
疑議，但又認為印度厭世主義之受輪迴學說之影響，則屬情理中事。
蓋印土諸宗莫不根據輪迴以盡業緣、出輪迴為鵠的。也就是以厭世
為出世之因，悲觀（以世間為苦海）為樂觀（謂究竟可解脫）之方。
故用彤對常人之執持印度民族悲觀厭世，亦持異議，認為此論並不
恰當。

　　輪迴之說既廣為印土人士接受，則自然產生何物輪迴之問題。
印度各宗均有一分析傳統，即析知識、行為、享受與知者、作者、
受者為二事，如謂僅有神我輪迴，則人受生後必但有知者等，如此

則知識便失去了根據。於是便有數論立細身於神我之外，認為細身輪迴，而神我則超出生死之外。呋檀多亦有稍異之說。唯佛教立無我義，以人為五蘊積聚，五者之外，無有神我。人生各部悉為無常，無常即非我。色想行識，莫非如此。在用彤看來，外道固主無常即非我之義，然其推論不徹底，不若如來所見之精到。

以上四者在用彤看來，是印度哲理起源之要因。四者又互為因果，各宗從中選擇損益，成一家之言，使印度哲學呈現出異計繁興的局面。用彤探究印度哲理之起源旨在鈎勒印度哲理產生、進化之跡，所究之四因主要就思想發生、演進之精神動因而言，並不排斥另探他因。他認為，若從歷史事實出發探究此中原因，則有以下二者值得注意和論述：其一是印土民性富於理想，重出世觀念。比較而言，希臘人富於哲理，猶太人最重出世，而印度民族則兼而有之。其二則是獎勵辯難利己利他，即使是帝王與學者問詰，也不以勢壓人，而多依義理。此種相習成風的氛圍使印度思想的發展受益匪淺，故用彤曰：「印土哲理之能大昌至二千年者，言論自由之功固不可沒也。」 ⓫如第二章所論，用彤此說實為文化守成主義者對自由在人類文化史上之價值的充分肯定和闡發，可謂不易之論也。

三、論印度哲學之發展及其特徵

《學衡》時期之初用彤所發表的〈印度哲學之起源〉一文，可以說提綱挈領地鈎勒了印度哲學的發生、變遷之跡。此後經幾次修改而定稿付梓的《印度哲學史略》一書中有若干章的內容或為該文

⓫　同⓾。

之展開，或為其略述（因篇幅所限）之增補。另有最後兩章之內容
則為〈印度哲學之起源〉所未提及。具體而言，《史略》一書之第
一章〈黎俱吠陀及阿闥婆吠陀〉、第二章〈梵書及奧義書〉、第三章〉
釋迦同時諸外道〉等章節之內容在〈印度哲學之起源〉一文中均有
綱要式的表現，以探討印度哲學之起源為宗旨。而第七章〈數論〉、
第八章〈瑜伽論〉、第九章〈勝論〉、第十章〈正理論〉等章節的內
容在〈印度哲學之起源〉一文中均曾述及（較略）。 職是之故，茲
僅據《印度哲學史略》一書其他若干章之論述，撮其要者，以見用
彤對印度哲學之發展及其特徵的研討，以示其含英咀華之為學宗旨。

（一）　論印度佛教之精神與發展

　　西元前六至前五世紀正是人類文化的軸心時代，其時孔子在中
國傳播其仁、禮思想學說，釋迦牟尼則在印土創立佛教、行化中道。
孔釋幾在同一時期橫空出世，而其學說亦逐漸演為東方兩大思想、
宗教體系。

　　佛教本非印土之正教，佛出家為沙門時常受婆羅門之輕視，其
與六師亦爭辯甚烈。然佛教不久即大盛，執印度各派之牛耳，一度
幾被奉為阿育王時期之國教。用彤認為，「此其故不僅在其教義之
深宏，亦因其人格之偉大也」 ⓬。

　　在印度各宗哲學中，用彤獨重佛教，此其故主要在於他激賞佛
教與其他宗教不同之特殊精神。把握並闡揚此種精神是用彤治印度
佛教哲學的目的之一，用彤分以下數端揭示了佛教之特殊精神。其
一，佛法重實用，由此而重斷苦絕欲、重修證之方。戒、定、慧均

⓬　《印度哲學史略》，第52頁。

為佛教所重修證之方也。此種特殊精神自然排斥無關人生解脫的空洞理論，故佛之斥外道諸見，多鄙其空談。用彤引巴利文本之《箭喻經》佛法最初並不重思辨，而特重修道；雖以除去現世之生老病死愁哀苦憂懊惱為住梵行之鵠的，但其對涅槃之本體，也很少有理論上之推究，其最重者乃在滅苦解脫之實行。後世佛徒乃詳闡涅槃之體性。佛教不惟不重空談，亦不尚迷信，釋迦牟尼嘗謂婆羅門設大祭祀求福必得大罪，可見其於婆羅門祠祀卜占巫咒之術，均常痛斥。

佛教特殊精神之二，在於釋迦處處以自身修養詔人。在用彤看來，佛法所示之智慧旨在滅痴（無明）去苦，禪定旨在治心堅性，戒律則旨在持身絕外緣，佛所謂「我但教弟子於空閒處靜默思道」即是明證。且其戒律亦不似當時外道眩世欺俗、殘生太甚，即不重苦行。以沈於私欲與專苦自身為兩種極端，而主張趣於中道。佛教最初之受沙門其他各宗之排斥，原因即在於釋迦重修證，認為苦行與放蕩均無益於人生。

其三，佛陀教化之觀察方法亦甚特殊，主張如實知見，掃空同時諸外道所虛構妄想而全非事實者——如外道所執持之我。由於主如實知見，故佛陀一生於宇宙人生嘗作種種分析，如析為五蘊、或十二入、十八界、十二因緣，凡此皆欲從各方面如實知此有為法之世間。釋迦以如實知見為契於實相之不二法門，而此知見即智慧即般若，所謂禪定亦為契入實相之方法。

其四，佛陀教化之要旨與諸沙門婆羅門亦大為不同，此即佛陀一生之精義——三法印，亦即無常、苦、無我。因諸行無常，故痛苦生；因五蘊非常，故曰無我。用彤認為，無常一義最宜玩味，蓋綜計釋迦之偉大教法，無不首在無常義之真確認識。且釋迦雖立無

我，而仍深信輪轉業報之說。蓋婆羅門人有謂自我常在，此乃邪見；而沙門如六師中則有謂一切斷滅，死後無有，此則惡見。釋迦則卓爾不群，趣於中道，謂作業此生，依其自然牽引力而受果來世。五蘊散滅，因業另聚，非常見亦非斷見。此即中道之謂也。

　　佛教以上之特殊宗義、精神以及佛陀卓絕偉大之人格使其能在不久之後教化廣被，發展迅速，遠出最初與之居於同等地位的六師之上。

　　印度佛教之發展與中國學術有密切之關係，用彤對此十分注重，本擬於《印度哲學史略》外另撰《印度佛教史》，其生前所編之《漢文佛典中印度佛教史資料》蓋即一種準備工作，因精力所限而未能完成此一宏業。在著《印度哲學史略》第五章〈佛教之發展〉時，用彤亦感到疏理脈絡之困難。其時用彤雖已諳熟漢文佛典中關於印度佛教的史料，但尚未完成整理工作，故只能以相當之篇幅略述印度佛教之發展。

　　佛教在釋迦入滅後二百餘年而大盛，用彤認為此二百年中，教中之大事有二：一為結集，一為分部。結集旨在誦出經典，意在依佛說，制定聖言。其原因則在乎對戒律及學說有不同意見，故聚眾制定，俾得齊一。相傳結集有三次，但傳說至為不一。用彤一方面深疑結集之傳說，認為其事跡不免為後人所附會，有所為而增損其事實，另一方面則以了解之同情，立論以為雖不能決定結集之事的次數事實，但亦未可斷其全屬子虛烏有。

　　分部則更直接地反映了印度佛教的變遷和發展。現存巴利文、中文、藏文佛經中，多謂佛說原分上座、大眾二部，由此而漸分為十八部。但十八部之名稱及其傳授之次第則至不一，且所謂十八部者乃指除大眾上座二根本分部以外而言。用彤又以其語言文字功夫，

說明部之原字，義即為說，如今之唯心說，故部者原實僅意見之紛歧。至於分歧之原因，雖首在戒律之不同，而教理之異執，則於分部更為重要。正是由於理論之研討，後人或依己意解釋釋迦所未明言者，或受流行外道之影響，致佛說被分為小乘十八部，又由小乘演化為大乘。用彤廣搜史料，將各部所研討之最重要問題綜合歸納為四：一佛陀論、二阿羅漢、三諸法所依、四諸法之分析。由於對這些問題的深入研討而生分歧，由是而生上座、大眾之分別及小乘與大乘之差別（對這些分歧的詳細分析，見《印度哲學史略》第五十六至五十九頁，此處不詳述）。 當然，以上四端不過為總攝紛紜變化而舉其首要者四事，其實細分之自不止此。且佛教除因自身戒律與教理而生變化以外，還曾受外道之影響：或因與外道辯論而發明若干問題與理論，或因時代學風之變化而頗採外人之學說。此蓋佛教變遷之重要助因。

　　用彤治學具哲學家之明辨，善於從紛繁複雜的現象中把握其本質性線索。他認為，印度佛學之變遷雖極為繁賾，但若疏其脈絡，則可分為兩大系統。其一是自小乘之大眾部以至大乘之空宗，其二則是小乘之上座部演化以至經部（經量）， 再進為大乘法相唯識之有宗。就思想特性而言，大眾部係佛教中之激進派，其領袖為大天，而其宗旨則在於發揮佛說之精神而不拘泥於經句文字，後因闡發佛說之精神而注重法性之體認，且漸偏於談空；上座部則係反大天之長老所率之門徒所形成的保守派，因研討經教之文義而注重法相之分析，故趨於說有。就地理分布而言，大眾部初行於南印度，巴利文所傳之案達羅諸部即出於此部，其近於空宗之學說亦行於南印度，與般若方等之流布地類似。就系統脈絡而言，則自小乘大眾部以訖空宗固是一貫，而上座部系統由一切有部進而為法相唯識之學亦是

一貫。用彤對印度佛教兩大係統之變遷、發展線索之鈎勒相當明晰簡練，此處不詳述（見《印度哲學史略》第六十至六十一頁）。 唯需說明者，用彤認為佛教最能代表印度之精神，故能深契冥賞之。

（二） 論印度哲學之特徵或特殊精神

　　用彤對印度其他各宗之發展、變遷亦多有深究，茲不贅述。需要說明的是，用彤在探究印度哲學各宗之起源和發展變遷時，最關注的問題是印度哲學之特徵或特殊精神。《印度哲學史略》一書各章對此均有論述，茲據用彤之研究和論述，作一綜合歸納。

　　所謂特徵或特殊精神通常總是在與其他民族或系統的文化相比較而言的，用彤在把握和分析印度哲學之特徵時，常以之與西方哲學相比照，同時亦反對以西方哲學範疇為準繩妄加比附。用彤的比較研究之結論可略述為以下數端：

　　1.就印度與希臘相比較而言，希臘可謂以求知而談哲理，而在印度則以解決人生而先探真理。在西方哲學與宗教一般析為二科，而在印度，各宗均因理及教，依教說理。故印度思想因此而具非宗教亦非哲學之特徵。

　　2.西方可謂以知識為解決問題之根本，並演而為「為知識而求知識」，而印度一方面以人生問題為最急，另一方面則以智慧為覺迷得解脫之根本。在論及《奧義書》之解脫道時，用彤認為其解脫之道，主在智慧。並綜合立論曰：印度各宗均以智滅苦，佛家智慧亦最尊。而其所謂智慧與西方之所謂知識亦迥異其趣，它是一種徹底的或了悟一切的覺悟，是得之於禪定者。故重智慧亦是印度哲學的特性之一。

　　3.印度哲學各宗均重智慧，希冀以此解決人生問題，而其鵠的

則是得解脫。所謂得解脫即是超生死輪迴之苦。故業報輪迴為印度各宗之共同信念，求解脫之道則為其共同目標，而由此而產生的宇宙與人我之關係問題乃各宗所探討的共同之哲學問題。

4.印度哲學中出世之念最深。蓋各宗均以滅苦為初因，解脫為究竟，而大多數之宗派又均以智慧為途徑，故不能不出世修行，以求得到了悟一切之智慧。

5.方法上重分析。印度固未像西方人那樣將哲學與宗教析為二科，然其觀察方法卻不憚詳密之分析。此在佛教中表現最突出，如佛陀通過對宇宙人生作種種之分析，而有五蘊、十二入、十八界、十二因緣等說。佛教名相繁多，亦是詳分密析之結果。其他各宗亦有運用此法者。而印土之分析蓋亦有不同於西方者，其目的在得宇宙人生之實相，得解脫之智慧；而西方之分析方法主旨在得關於自然人生之知識，以求得對外界之駕馭。

以上數端乃用彤對印度精神之總體把握，此種把握之基礎則是其對印度各宗之源起、變遷之深究詳探。而其目的則在於明示世界文化之多元競起，非可以一種文化為中心或標準衡量他種文化，亦在於展示印度文化之精髓，以供世人取精用宏或擷精立極。

餘論：新人文主義與文化歷史主義的整合

　　如果說作為《學衡》派成員的用彤在文化學術理想上自覺地選擇了白璧德的新人文主義，那麼，綜觀其一生之學術研究及其成果，我們似乎可以說，作為宗教史家、哲學史家、文化史家的用彤在治學方法和態度上則與文化歷史主義有頗多暗合之處。所謂暗合，非謂自覺接受之、運用之，乃指孤明而發，隱然與之有頗多之契合。而吾人為闡發之便利與論述之明確，於比照中揭示其特徵，乃冠之以此一名號。同時，還需指明的是，新人文主義與文化歷史主義二者之間並非如水乳交融一樣和諧無隙。這便需要有所取捨、有所整合，此處之目的即在於指出用彤在這方面所作之探索，並在此基礎上綜論用彤在現代中國學術史、思想史上之地位。

　　誠如本書第二章所述，新人文主義作為一種文化守成主義，以批評西方自培根以來的自然主義和自盧梭以來的浪漫主義及其後果為職志，試圖從中西印三大文明的古典源頭中吸取立身行己之大端，從而擷精立極，建構一種與崇尚功利的近代精神相對抗、補偏救弊的、超越時空界限即具有普遍性的人文價值體系。此種文化理想中包含以下基本原則：向傳統折返，對世界文化持整體觀，有選擇的同情，追求普遍性。綜觀用彤的文化批評及其具體之學術研究，我們似可認為：上述原則的前三項在著述中都有相當深刻和生動的體

現。但是，不可否認的事實是，作為一名文化守成主義者，用彤雖曾以追求真理為其文化研究之目標，卻在向探求各民族文化之各別、獨特的精神或人文價值的思想轉型中，放棄了對所謂普遍價值、普遍真理的堅執和追求。他所說的「文化之研究乃真理之討論」，實際上應理解為對歷史文化之真實面貌的探求。當他斷言世界宗教哲學各有真理、各有價值、各有特質時，他便以文化價值多元論者的姿態表現出自己的思想個性，並顯現出他與《學衡》派之精神導師白璧德的新人文主義之間的分殊，從而展示了他的文化思想與學術方法的另一面，此即與文化歷史主義的契合。

陳寅恪在論述本世紀上半葉吾國學術風氣轉移之因時，立論以為「國人內感民族文化之衰頹，外受世界思潮之激盪，其論史之作，漸能脫除清代經師之舊染，有以合於今日史學之真諦。」❶陳寅恪與湯用彤等人之將歷史研究與文化史研究整合為一，原因蓋在於此。對他們這些曾留洋多年的文化守成主義者來說，外來思潮的激盪蓋亦最深刻。此種深刻性並不表現在於著述中言必用洋術語，而往往表現為一種內在的思想、方法之涵養，如鹽之化於水，能體其味而不能見其形。今人體味陳、湯之論著，常覺其高妙，而鮮能見其思想、方法中受之於西方之成分，此蓋所謂出神入化者也。指出此一點，並不意味著要否認其思想、方法中的獨創性。即以用彤與文化歷史主義之契合而言，筆者所欲論述者亦在於指出其出神入化之表述與獨具創意之具體運用。

歷史主義作為一種思想方法和研究方法產生於十八世紀，盛行於十九世紀的西方史學界。它是浪漫主義思潮的伴生物，作為機械

---

❶ 《陳寅恪史學論文集》，第506頁。

論、永久論、絕對主義等概念的對立性概念，在西方學術界一直發
揮著重要影響。它與浪漫主義史學具有相似的特點，即（一）認為
人類歷史和文化是一個自然變化和有機發展過程，強調從起源上來
分析歷史和文化現象，反對理性主義史學割斷歷史的做法，主張對
各個歷史階段的歷史和文化都作深入具體的研究。（二）否定理性
主義史學關於一切民族、時代和文化的理性統一性和永恆性的觀點。
強調各個民族、時代、文化都因各自的歷史條件的不同，而各具獨
特性和存在價值，反對理性主義史學家那種普遍的世界歷史觀念，
強調研究各個民族的歷史和文化，尤其是各民族固有的「民族精神」，
以探討它們各自的個性，並揭示人類文化的多樣性。（三）用情感
取代理性，強調研究中的直覺和溝通，要求設身處地地去理解各時
代和各民族的歷史和文化，並要求通過深入挖掘和考訂史料客觀地
展現具體歷史事實❷。在歷史主義的發展中，赫爾德爾（Herder，
1744年－1803年）可以說是一位相當重要的人物。上述「民族精
神」（Volkgeist）概念據說正是赫爾德爾首次提出來的❸，也正是
他大有功於將歷史主義發展為文化歷史主義，這種文化歷史主義又
被稱作民族文化本位的歷史主義。其理論前提則是與啟蒙運動時期
單一固定的人性概念不同的人性概念：此即各各不同的民族性格。
在赫氏看來，作為自然的生命，人分為各種不同的種族。每一種族
都和它的自然環境密切相關，並具有由那個環境塑造而成的特殊的
體質和精神特徵❹，由此而導致各民族的歷史和文化的個別性或個

---

❷ 參見張廣智、張廣勇《史學，文化中的文化》，第202－204頁，浙江人
　 民出版社，1990年版。

❸ 參見艾愷《世界範圍內的反現代化思潮──論文化守成主義》，第20頁。

❹ 參見柯林武德《歷史的觀念》，第102－103頁，中國社會科學出版社，

性。研究者的任務就是揭示各民族各自具有的獨特的民族性，展示
人類文化和歷史的多元性。為此，他提出了作為方法的民族文化本
位論的思想，並設計了一種與之相應的具體操作程序，此即「移情、
同化和直覺。」在他看來，只有採用設身處地的移情原則，同化於
研究對象，思索其行動，體驗其經歷，才能真正做到以各民族之文
化為本位而深入地理解其民族精神。用赫氏自己的話來說：「為領
悟一個民族的一個願望或行動的意義，就得和這個民族有同樣的
感受；為找到適合於描述一個民族的所有願望和行動的字句，要
思索它們豐富的多樣性，就必須感受所有這些願望和行動。否則，
人們讀到的就只是字句而已。」❺

　　赫氏的以文化為本位的歷史主義在十九世紀一方面演為狄爾
泰等人研究歷史和文化的釋義學方法，另一方面則發展為蘭克等人
的以政治為本位的歷史主義。後者重考證，又一脈相承地強調直覺
和同情之理解，認為在考證之後，就必須依賴直覺，以求最終設身
處地理解整體；其另一特點則是努力建立一套以理念或道德力量為
歷史之動力的理論，並非常重視國家、政治生活、制度和偉大人物
的作用。從蘭克學派這個堡壘自身中走出來並反戈一擊的瑞士文化
史學家布克哈特則為文化歷史主義奠定了更穩固的基礎。他將文化
史界定為從總體上來考察的世界史，以整體原則取代了乃師蘭克對
政治、軍事及偉大人物的片面重視，並以歷史就是解釋的治史原則
取代了蘭克所標謗的追求歷史之真相的客觀主義。其所著《意大利
文藝復興時期的文化》及《希臘文化史》作為史學巨著，充分體現

了其治史原則和方法。此後，在德國和美國興起的新史學運動亦是文化歷史主義在上世紀末與本世紀初的進一步發展，它將解釋、重建原則與整體原則進行綜合，試圖在最廣泛的意義上對文明歷史的總體進行重建。其力圖完成的兩項主要任務，「是盡力完整地重新研究以往的文明，和探溯現代文化及主要社會制度的各個重要方面的起源」❻。

　　對文化歷史主義的發展史，尤其對赫爾德爾前後那段時期(十八、十九世紀)的發展史，用肜是相當熟悉的。在哈佛學習期間，作為哲學系研究生的用肜曾完成一篇課外論文，題為《康德與費希特的普遍歷史觀念》(*Kantian and Fichtean Ideas of Universal History*)，其中就曾論及赫爾德爾的歷史觀。當然，用肜主要是從歷史哲學方面來予以考察探究的，但這並不妨礙他對當時治史原則和方法的了解。綜觀其宗教史、哲學史與文化批評之著述，筆者認為他在具體、廣泛而又非常深入的文化史研究中，不僅創造性地綜合了西方新人文主義和文化歷史主義的文化理想、治史原則和方法，也創造性地完成了中外史觀、治史原則和方法的綜合。茲列述如下：

　　(一) 取新人文主義之重視傳統文化中的人文價值、蘭克學派之探求人類文化發展的道德動因的思辨特性與中國傳統文化中的道德主義，將其整合為一種文化理想與學術原則，此即一方面力圖從各民族之宗教、哲學傳統中求取指導約束現代社會生活的價值、道德規範體系，另一方面則從道德之優劣、社會環境與個體精神之自由與否求取文化、思想的演變之動因。他對前者的表述是：「偉古聖先賢偉大之人格思想，終得光輝於世。」至於後者，則可說例證

---

❻　這是巴恩斯於1928年對「新史學」的概述。見魯濱孫《新史學》，第205頁，商務印書館，1989年第2版。

頗多。他曾以祭司道德之敗壞為印度上古神威之墜及哲學玄思興起的動因，又以僧德之優劣為中國佛教的盛衰之要因，更以精神之自由為印度哲學、魏晉玄學大興之前提。凡此，均使其學術文化史的研究具有一定程度上的思辨特性。五十年代，用彤本人對此曾有自覺的反思和表白。

（二）總體原則。新人文主義和文化歷史主義都強調從總體上考察人類文化史，用彤則將此原則具體表述為「統計全局」。他既反對以近代西方文化涵括整個西方文化，更反對以西方文化涵括整個人類之文化，主張從各種文化的古典源頭著手全面地考察其文化整體及其本質。不僅如此，他在具體的研究中，還非常注重從宗教、哲學、文學、政治、藝術等各個方面入手，考察某一民族在某一時代的精神文化之全面貌，分析其有機聯繫，把握其整體特性。對於取其一偏，失其大體，以某一方面概括一種文化之整體本質的大而無當之論，他是堅決反對的，亦不屑為之。

（三）去新人文主義之建構超越時空、普世的價值體系之幻想，像文化歷史主義一樣注重探求各民族文化之特性。他對印度人之重智慧覺迷的民性或精神之把握，對中國人之重中道、體用不二的民性之概括，均是其注重「民性」的研究結果。但必須指出的是，赫爾德爾等人由於對「民族精神」的極度誇張，而由文化本位論導向西方文化本位論或歐洲中心主義，即認為只有在歐洲，其種族、文化、精神才具有歷史性，一直經歷著穩定的積累與發展；而在中國、印度或美洲的土人中間，就沒有真正的歷史進展，而只有一種靜止不變的文明❼。用彤則堅決拒斥由普遍的世界歷史觀念導出的歐洲

---

❼　見前揭《歷史的觀念》，第103頁。

中心主義，認為中國、印度文化都有自身獨特的發展歷史，反對說什麼好東西都是從西方來的，並在對中西印三大文化思想之特性的研究中走向文化多元主義。另一方面，在對民族文化特性的研究中，尤其是通過對中印文化交流史的深入研究，用彤得出了一種作為研究方法的民族文化本位論。此種方法論的根本特徵就是強調民族文化的個性及其變遷演化的自律性。他所表述的那種文化類型論思想（民族精神之類型具有相對的穩定性，並制約著其自身的發展。參見本書第二章），他對中西印三大文化之特性的把握，均是此種方法論的體現。尤其是他對文化功能學派的接受和理解，以及對印度思想影響中國文化而又不能改變中國文化之基本路向，反而要改變自身方能在中國適存這一事實的揭示，更彰顯了民族文化本位論的方法論意義，也表現出其與同代史學家陳寅恪等人的治史原則的相似性❽。

　　（四）注重考證。由於要從總體上考察世界文化史及某民族在各時代的文化整體，這便需要對中外文化史料廣搜精求，去偽存真。因此，考證工作便顯得非常重要。本書第四章對用彤在考證方面之超勝乾嘉諸老之處已有所述，這裏需要指出的是，用彤之考證正如文化歷史主義者一樣，決不是文字遊戲，而是為了重建古往之歷史，為了再現古人的心靈之真實面貌。也就是說，對史料的搜尋、考證完全服務於對歷史的解釋和建構，只是手段，而非目的。在這一方面，用彤可說高度創造性地綜合了乾嘉之學與客觀主義及釋義學的治史原則，並在運用中卓有成效。

　　（五）由於民族文化都具有鮮明的個性，且某一民族在某一時

---

❽　關於此種相似性，參見尚定《走向盛唐》，第318頁，中國社會科學出版社，1994年版。

代的文化亦因環境、時代不同而具有自身的特性，因此，僅憑陳跡之搜討、文字之考證，是難以得其真精神的。這便需要導入同情的原則。如上所述，同情原則在史學中的運用乃是浪漫主義的伴生物，白璧德是反對此種無區別的同情原則的，而主張有選擇的同情。用彤則選取後者，自覺地以之為其文化歷史研究的治史原則，並將此原則表述為同情的默應和心性之體會。此種原則之本質是力圖通過心靈的直覺，設身處地地與古人處於同一環境、氛圍，感受其願望，思索其行動，體會其經歷，達到與古人的視野融合，從而得其精神、行動之真相，建構可靠的文化史之原貌。此種同情原則在實質上具有非理性主義特性，但吾人似不可因其非理性主義特徵而全盤否認之。作為一種治史原則，它所追求的客觀真實這一目的是無可厚非的，而它與那種以仇恨死人為進道之因、本能地仇視古人的治史原則相比，往往更具可靠性。

此外，對文化歷史的連續性的重視，也是用彤治史的基本原則。本書第二章已有闡釋，茲不贅述。

作為一位哲學史家、文化史家、宗教史家，用彤的貢獻也許主要不在於歷史哲學、治史原則等方面的創造，而更在於對其文化理想的踐履，更在於他審慎擇取、整合古今中外的治史原則，並以此為指導而卓有成效地展開具體的宗教史、哲學史、文化史研究工作。當民族文化衰頹、外來思潮激盪著中國知識分子的心靈之時，激進者人失去了對民族文化的信心，主張全盤西化，極端保守者則作孤臣孽子狀，固守一隅，無力回應現代思潮。用彤則與《學衡》諸公一樣，不激不隨，不偏不倚，特立獨行。以其在印度哲學、中國佛教史、魏晉玄學等領域裏所取得的輝煌成就，一方面展示了民族文化一脈相傳的自律性和連續性，提供了民族文化不致淪亡斷絕的新

保證，促進了人們對於民族文化在與外來思想的交流和衝突獲得新發展的信心；另一方面則以其如一座座豐碑般的學術著作，提供了研究中國文化、宗教和哲學的治史原則。今人重溫其學術成果，不唯可得治學軌則方面之啟示，更可獲轉移澆薄學風之方法。質言之，用彤在中國現代學術史的地位，正如金岳霖、馮友蘭、熊十力等人在中國現代哲學史上的地位一樣，可超不可越。一切試圖繞過他們而浪言創新、突破的嘗試都會顯得魯莽而又天真，只有在吸收、消化的基礎上，才有可能求得超勝和突破。正如健在的季羨林先生所言，此非一家之私言，而是學者之公論。但願有更多的現代學人能站在這位本世紀學術大師的肩上！

湯用彤學術年表

1893年，癸巳

陰曆六月二十一日出生，字錫予。

父湯霖，字雨三，晚年號頤園老人，湖北省黃梅縣孔壟鎮湯大墩人。《黃梅縣志》謂其於光緒十五年成進士，平蕃（今甘肅莊浪）知縣，未詳何年署平蕃。母梁氏，兄用彬。

1897年，丁酉，四歲

本年，父湯霖知渭源縣。素喜漢易，生平最愛讀《桃花扇》中之〈哀江南〉及庾信之〈哀江南賦〉，常終日吟誦，寄其傷時之情。公耳濡目染，三歲即能背誦〈哀江南〉，父母異之。明年，雨三公丟官，先後設教館於蘭州、北京。公曾受學於父親所設之教館，「幼承庭訓，早覽乙部」，於歷史興趣尤濃。成年嘗感念「先父雨三公教人，雖諄諄於立身行己之大端，而啟發愚蒙，則常述前言往行以相告誡。」❶

1908年，戊申，十五歲

入北京順天學校，與梁漱溟、張申府等同校，嘗與梁漱溟共讀印度哲學之書及佛教經典。

1909年，己酉，十六歲

---

❶ 湯用彤《漢魏兩晉南北朝佛教史·跋》，1938年元旦識於南岳。

本年，兄用彬自譯學館畢業，獎舉人。後升入國立分科大學，獲文學士學位。畢業後從事軍政活動，累官至民國第一、二屆眾議院議員、國史館協修、國務院國史編纂處處長。有《燕塵拾遺》、《新學名跡考》、《北洋軍志》等多種著作。

1911年，辛亥，十八歲

六月，公與兄用彬及雨三公弟子二十餘人於北京萬牲園為父親慶六十一壽辰。雨三公門人固原吳本鈞繪有「頤園老人生日讌遊圖」。雨三公於自跋中以「學不足以成名，官不足以立業」為憾，並示弟子兒輩以「事不避難，義不逃責，素位而行」等「立身行己之大要」，告誡弟子兒輩「毋戚戚於功名，毋孜孜於逸樂。」公頗珍惜此圖。後此，曾請歐陽漸、柳詒徵題詩於上。

七月十三日，雨三公去世。

十月，武昌新軍起義，辛亥革命成功。

本年，公與吳宓分別從北京順天學校、西安宏道學校考入清華學校，二人後成摯友。清華學校為八年制留美預備學校，其學制、教材、師資多採自美國，畢業生可直接進入美國本土各大學之三年級。

1912年，壬子，十九歲

此頃，公已立志於學術研究。雖終日接受洋化教育。卻「寄心玄遠之學，居恆愛讀內典。」❷

八月，與吳宓合著長篇章回體小說《崆峒片羽錄》，擬撰三十回，完成緣起及前三回。全書大旨，在寫「二人之經歷，及對於人生道德之感想。書中主人為黃毅弟兄及其妹黃英，皆理

---

❷ 同❶。

想人物。此稿從未刊布。」❸後不幸為吳宓家人丟失。

1913年，癸丑，二十歲

自前年始迄本年，公列入清華國文特別班研習國文典籍。據吳宓記載：「1911至1913年，清華學校把國文較好，愛讀國學書籍的學生七、八人選出，特開一班，派學問淵博、有資格、有名望的國文教員姚茫父、饒麓樵諸先生來講授。此特別班的學生，有何傳騮（高等科），有劉樸、湯用彤、吳宓、聞一多……於是互相督促、切蹉，共同勤讀。」❹

吳宓贈詩於公❺。

1914年，甲寅，二十一歲

仍在清華學習。

自本年九月至明年一月將長文〈理學讞言〉（凡兩萬三千字）連續刊布於《清華週刊》第十三至二十九期，立論以為「理學者，中國之良藥也，中國之針砭也，中國四千年之真文化真精神也。」全文於朱陸之學之精神闡發尤多。

九月至十月，於《清華週刊》第十三、十五、十六期連載短篇實事〈孤鰲泣〉。

十月，發表〈理論之功用〉於《清華週刊》第十五期。

十一月，刊布〈新不朽論〉於《清華週刊》第二十期。

十二月至明年一月，連載〈植物之心理〉於《清華週刊》第二十七至二十九期。

1915年，乙卯，二十二歲

---

❸　轉引自吳學昭文〈吳宓與湯用彤〉，收入前揭《國故新知》一書。

❹　吳宓1970年3月30日交待稿，見上引吳學昭文。

❺　見《吳宓詩集》卷二〈示錫予〉。

二月，於《清華週刊》第三十、三十一期發表〈快樂與痛苦〉，此篇為未完稿。

冬，公與吳宓等人創辦「天人學會」，「此會用意，即欲得若干性情德智學術事功之朋友，相助相慰，誼若兄弟，以共行其所志」；「會之大旨，除共事犧牲，益國益群而外，則欲融合新舊，攝精立極，造成一種學說，以影響社會，改良群治」❻。

本年，吳宓贈公以詩文〈偶成示錫予〉❼。

1916年，丙辰，二十三歲

二月至三月，發表〈談助〉一文於《清華週刊》第六十五、六十六、六十八、七十期，闡述文學觀。

五月，於《清華週刊》第七十五期發表書評四篇及短文〈說衣食〉。

夏，畢業於清華學校高等科，並考取官費留美，因治療痧眼未能成行。

本年與黃岡張敬平結婚，妻兄張大年，亦民初國會議員，與兄用彬交誼甚篤。

任清華學校國文課教師。錢穆嘆曰：「其時校中缺一國文課教師，即命錫予以學生身分充任，其時錫予之國學基礎已可想見。」❽

任《清華週刊》總編輯。

本年吳宓入美國弗吉尼亞州立大學學習文學。

---

❻　見上引吳學昭文。

❼　同❺。

❽　錢穆〈憶錫予〉，載《燕園論學集》。

1917年，丁巳，二十四歲

夏，赴美留學，入明尼蘇達（Minnesota）州漢姆林（Hamline）大學哲學系學習。自入學起，主要選修哲學、普通心理學、發生心理學，完成的課外論文依次是四篇、四篇、二篇，成績均在九十七分以上。

本年長子一雄出生。

1919年，己未，二十六歲

「五四」運動爆發。

六月十九日，乘火車抵達波士頓，入哈佛大學研究院，仍主修哲學。嘗與陳寅恪同時師從Lanman教授學習梵文、巴利文。公初入哈佛，與梅光迪同住。秋學季開學前遷至Standish Hall，與吳宓、顧泰來、李達同住。

六月三十日，與吳宓談論婚姻，謂「婚事宜對症下藥」，「知足者乃有家庭之樂」。七月十四日晚，公與陳寅恪由吳宓導引，拜見白璧德教授（Irving Babbitt，1865－1933年）。吳宓跟隨梅光迪奉白氏為師，自述當日「白師述其往日為學之閱歷，又與陳君究論佛理」❾。白氏為當時頗具影響之文學批評家，博學深思。其學說之核心則是被視作現代保守主義的新人文主義。此種新人文主義認為將「人文」（Humanitas）釋為泛愛是一大謬誤，唯規訓與紀律方為其真義。故其立論反對自培根以來的科學主義和自盧梭以來的浪漫主義，主張以人性中較高之自我遏制本能衝動之自我，強調自律與克制。而此種內在克制又有賴於從傳統中求取立身行事之規範，即永恆而普遍之標準，以此集一切時代之智慧對抗當代崇尚功利的智慧。因而，

---

❾　吳宓1919年7月14日日記，見吳學昭《吳宓與陳寅恪》，第20頁。

此種標準具有超越時空的國際性。白氏堅信，中西文化傳統「在人文方面尤互為表裏，形成我們可謂之集成的智慧的東西」，其對孔子思想尤為贊佩。其學說之宗旨可概述如下：必須先能洞悉人類各種文化中普遍文化之精華，涵養本身使成一有德守之人文學者，然後從事專門研究，並會通各種文化中普遍永恆之人文價值或精粹，建立與頹敗的近代文明相抗衡的文化體系。中國人則必須深入中西文化並擷採其中之精華而加以施行，以求救亡圖存，又不蹈西方之覆轍，並為解決全球之人文困境作出新貢獻❿。

白氏之論日後成為《學衡》派之理論來源。此前，公於文化思想方面有頗多觀念與白氏契合；此後，公之治學領域、方法、態度及文化理想、觀念多受白氏影響，一如《學衡》諸公如吳宓、梅光迪等。

暑假期間，與吳宓同留哈佛校園，進暑校⓫。此頃，公與陳寅恪、吳宓被譽為「哈佛三傑」。

十月，梅光迪學成歸國，赴南開大學任教，公與吳宓至車站為其送行⓬。

1920年，庚申，二十七歲

仍在哈佛學習。

暑期，赴白銀灣（Silver Bay）出席基督教青年學生會議，並入康乃爾大學暑期學校。八月十七日，與陳寅恪自紐約歸哈佛⓭。

---

❿　沈松僑對白氏學說多有所述，見其所著《學衡派與五四時期的反新文化運動》第3章第1節，國立臺灣大學出版委員會，1984年初版。

⓫　見吳學昭《吳宓與陳寅恪》，第20頁。

⓬　同⓫。

歸後為吳宓講授印度哲學與佛教。

讀內典甚勤，「殊多進益」**⓮**。

1921年，辛酉，二十八歲

二月，吳宓載：「白師謂於中國事，至切關心。東西各國之儒者（Humanitas）應聯為一氣，協力行事，則淑世易俗之功或可冀成。故渠於中國學生在此者，如張（鑫海）、湯（錫予）、樓（光來）、陳（寅恪）及宓等，期望至殷云云。」**⓯**

五月，梅光迪自南京國立東南大學致吳宓以掛號快函，聘其為該校英語兼英國文學教授，並邀其董理擬由中華書局印行的《學衡》雜誌。吳宓回電欣然應聘，並將其決定告知公與陳寅恪。

六月，吳宓離哈佛回國。

九月，白璧德在波士頓美東中國同學年會上，以「中西人文教育談」為題發表演講。白氏針對中國之新文化運動，有感而發。其人雖同情新文化運動反壓迫、求發展之動機，然斷言其偏弊甚多。認為在「中國求進步時，萬不宜效法歐西之將盆中小兒隨浴水而傾棄之。……雖可力攻形式主義之非，同時必須審慎保存其偉大之舊文明之精魂也。」**⓰**此次年會，公自當列席。

1922年，壬戌，二十九歲。

一月，梅光迪、劉伯明、吳宓、胡先驌等人於南京東南大學創

⓭ 同 **⓫** 。

⓮ 吳宓1919年12月10日日記，見吳學昭〈吳宓與湯用彤〉。

⓯ 見《吳宓與陳寅恪》，第22頁。

⓰ 轉引自前揭沈松僑書，第133頁。

辦《學衡》雜誌，其宗旨為：「論究學術，闡求真理，昌明國粹，融化新知。以中正之眼光，行批評之職事，無偏無黨，不激不隨。」❶公回國前，吳宓郵寄《學衡》各期至哈佛寓所。二月九日，《晨報副刊》登載風聲（魯迅）之雜文〈估學衡〉，抨擊《學衡》諸公反對新文化運動之宗旨。

夏，獲哈佛大學哲學碩士學位，旋即歸國。由梅光迪、吳宓推薦，應東南大學副校長兼哲學系主任劉伯明之邀，出任哲學系教授。

十月十七日，支那內學院開學於南京公園路，歐陽竟無始講〈唯識抉擇談〉，一時學人雲集。梁啟超赴金陵受業兼旬，張君勱亦負書問學。錢穆載：「錫予在中大（按東南大學為中央大學之前身），曾赴歐陽竟無支那內學院聽佛學，熊十力、蒙文通皆內學院同時聽講之友。」

十二月，〈評近人之文化研究〉發表於《學衡》第十二期，成為《學衡》社員。

1923年，癸亥，三十歲

本年兼任支那內學院巴利文導師，並授「釋迦時代之外道」及「金七十論解說」兩課。〈釋迦時代之外道〉發表於《內學》（支那內學院年刊）第一輯。

〈叔本華之天才主義〉發表於《文哲學報》第三期。

五月、七月，譯文〈亞里士多德哲學大綱〉發表於《學衡》第十七、十九期。

十二月，譯文〈希臘之宗教〉發表於《學衡》第二十四期。

年底，劉伯明病逝。

---

❶　〈「學衡」雜誌簡章〉，見該雜誌各期卷首。

1924年，甲子，三十一歲

四、五月之交，東南大學裁併西洋文學系，《學衡》諸友梅光迪（赴美講學）、樓光來、李思純、吳宓（赴瀋陽東北大學）先後散之四方。

〈佛教上座部九心輪略釋〉發表於《學衡》第二十六期。

〈印度哲學之起源〉發表於《學衡》第三十期。

1925年，乙丑，三十二歲

仍執教於東南大學哲學系，並任系主任。清華學校改為國立清華大學，附設留美預備部及國學研究院。吳宓赴北京主持清華國學研究院籌建工作，聘梁啟超、王國維、趙元任、陳寅恪為研究院教授，此四人被尊稱為清華四大導師。

〈釋迦時代之外道〉發表於《學衡》第三十九期。

本年因國民黨與院系之間的勢力鬥爭引發東南大學學潮。

1926年，丙寅，三十三歲

夏，轉任天津南開大學哲學系教授。

本年，吳宓欲薦公出任清華國學院哲學教授，未能如願。

1927年，丁卯，三十四歲

農曆正月十五日，次子一介生於天津。

六月二日，王國維自沈於頤和園昆明湖，生前曾為《學衡》撰文二十篇。陳寅恪、吳宓均作有挽詩、挽詞。

夏，赴南京，任中央大學哲學系教授、系主任。

熊十力來中大休養，與公共遊處。

本年，因北伐戰爭，《學衡》停刊一年。

十一月四日，《學衡》派健將胡先驌至清華晤吳宓，言談間於吳宓責言甚多，主張停辦《學衡》。十七日，吳宓「又接湯用

彤函，謂署中南京同人本以文學院院長推宓，而宓不惟不來，且又函景昌極云云。該函為同人傳觀，致深怪宓之不情云云。」⑱此蓋《學衡》社員內隙之始。

十一月二十一日，中華書局致函吳宓，決定續辦《學衡》（改年出六期），吳宓急函奉天景昌極及南京柳詒徵、湯用彤等社員，報告續辦立約，並索文稿。

1928年，戊辰，三十五歲

元月，《學衡》復刊。

〈南傳念安般經〉發表於《內學》第四輯。

七月十六日，致書胡適，與論禪宗。胡適於七月二十一日覆信，稱公所著《中國佛教史略》中論禪宗一章，大體都很精確，佩服之至，並示以其所著禪宗史稿本之大綱。

女一平出生。

1929年，己巳，三十六歲

仍執教於中央大學。

〈印度哲學史——緒論〉發表於《國立中央大學半月刊》第一期。

本年初，梁啟超病逝，清華國學研究院失去王、梁兩大導師，秋，宣布停辦。

九月，吳宓決意與陳心一女士離婚。公與陳寅恪及《學衡》諸友力阻之，公嘗謂：「離婚之事，在宓萬不可行，且必痛苦。」⑲其旨蓋在維護《學衡》社員在道德方面之呼籲，以俾為人與為學不相隔裂。

---

⑱ 事見《吳宓與陳寅恪》，第63頁。

⑲ 同上書，第76頁。

本年編成講義《印度思想史稿》，緒論之外分十四章；並成油印講義《隋唐佛教史稿》。

1930年，庚午，三十七歲

元月十七日，有講演一篇發表於《中央大學日刊》，論及熊十力之《新唯識論》及其思想演變。

二月，歐陽竟無題詩於「頤園老人生日讌遊圖」，詩曰：「吾豈昔人吾猶昔，此心息息畫工師，何妨幻住重留幻，樓閣如今盡孝思」，題署宜黃歐陽漸。

四月，〈讀慧皎「高僧傳」札記〉發表於《史學雜誌》第二卷第四期，《國立中央大學半月刊》第八期。

夏，北京大學文學院長胡適用英庚退款、以研究教授名義請公至北大哲學系任教。住南池子緞庫胡同三號。每學期兩門課程，中外並授，或中國佛教史、印度哲學，或歐洲哲學（大陸理性主義、英國經驗主義）、哲學概論。時，張頤主持哲學系。

錢穆亦於本年轉任北大教授，始與訂交。公嘗告錢穆：在北大任教主要授漢魏兩晉南北朝佛教史一課。此課在中央大學已任教有年，撰有講義，但心感不滿，須從頭撰寫。

本年，《學衡》再度停刊一年。

1931年，辛未，三十八歲

元月，《學衡》復刊，五月印行第七十五期後三度停刊，此後不定期出版。

本年，公薦蒙文通來北大任教。

〈唐太宗與佛教〉發表於《學衡》第七十五期。

〈唐賢首國師墨寶跋〉及〈矢吹慶輝「三階教之研究」〉發表於《史學雜誌》第二卷第五期。

〈攝山之三論宗史略考〉發表於《史學雜誌》第二卷第六期。

修改講義《隋唐佛教史稿》，並成鉛印本。

1932年，壬申，三十九歲

熊十力自杭州返北京，在北大講授唯識學，與公常相往來。

〈竺道生與涅槃學〉發表於《國學季刊》三卷一號。

秋冬，《學衡》雜誌社在南京諸人提議與中華書局解約，改由南京鍾山書局印行。吳宓力持反對，社內不和更甚。

1933年，癸酉，四十歲

發表〈釋道安時代之般若學述略〉於《哲學論叢》五月號。

七月十五日，《學衡》之精神導師白璧德在美國去世。

七月，《學衡》出版第七十九期後，永久停刊。

秋，接熊十力來書一通：「看《大智度論》，鎮日不起坐。思維空義，豁然廓然，如有所失（如拔雲霧），如有所得（如見青天）。起坐，覺身輕如遊仙。」

此頃，常相聚者有：熊十力、蒙文通、錢穆、梁漱溟、林宰平等。熊蒙二人常就佛學、理學爭辯不休，梁熊常談及政事，亦有爭議。獨公「每沈默不發一語」（錢穆語），絕非無學問無思想，性喜不爭使然也。錢穆贊其為「柳下惠聖之和者」。

1934年，甲戌，四十一歲

指導王維誠完成學位論文〈老子化胡說考證〉，並於《國學季刊》四卷二號發表〈王維誠「老子化胡說考證」審查書〉。

《大公報》三月十七日發表〈評「唐中期淨土教」〉。

本年起，任北大哲學系主任。

1935年，乙亥，四十二歲

一月十日，上海十教授發表《中國本位文化建設宣言書》，引發

東西文化大辯論。此頃，公所主持之北大哲學系已形成重視哲學史與佛教思想之系風，迥異於清華重邏輯之風氣。公兼授中、印、歐哲學史，熊十力、周叔迦授中國佛教思想，馬敘倫以法相唯識學釋莊周。

四月，陳寅恪自清華西院來明信片，語及《僧傳》之法和，並囑公代借《太平經》。

十四日，公覆書陳寅恪，論及《太平經》傳授之記載等[20]。陳寅恪接書後再覆書，惜不存。

四月十三日，中國哲學會第一屆年會在北平召開，公與金岳霖、馮友蘭當選為哲學會常任理事。

〈讀「太平經」所見〉發表於《國學季刊》五卷一號。

〈釋法瑤〉發表於《國學季刊》五卷四號。

五月，上海中華書局印行《吳宓詩集》，集中收有吳宓贈公詩文多篇，並收有〈談助〉一文之局部，分別見卷二、卷末。

1936年，丙子，四十三歲

四月初四日，中國哲學會第二屆年會在北平舉行，公出席會議，並宣讀論文〈關於「肇論」〉。

Harvard Journal of Asiatic Studies一卷一號發表The Editions of the Ssû-Shi-Èrh-Chang-Chin，Trans. by J. R. Ware.《哲學評論》第七卷第一期發表〈漢魏佛教的兩大系統〉（第一屆中國哲學年會報告摘要）。

1937年，丁丑，四十四歲

一月十七日，胡適為公校閱《漢魏兩晉南北朝佛教史》稿本第

---

[20] 覆書日期為4月14日，不詳何年，姑繫於本年。全書內容見蔣天樞《陳寅恪先生編年事輯》，第88—89頁。上海古籍出版社，1981年版。

一冊，贊此書極好，稱「錫予與陳寅恪兩君為今日治此學最勤的，又最有成績的。錫予訓練極精，工具也好，方法又細密，故此書為最有權威之作」。唯不同意公否定佛教主要從海道來中國之說。是日，胡適致書商務印書館王雲五，推薦出版該「權威之作」，又以長信致公商討書中個別論點。明日，胡適與公暢談。公自認膽小，只能作小心之求證，不能作大膽之假設。胡適以此為公之謙詞，於日記中贊「錫予的書極小心，處處注重證據，無理之說雖有理亦不敢用，這是最可效法的態度」。公於交談中坦承：「頗有一個私見，就是不願意說什麼好東西都是從外國來的。」公治印度哲學、中國佛教卓有成就，故胡適戲言道：「我也有一個私見，就是說什麼壞東西都是從印度來的。」二人大笑❷。然於此亦可見二人治學方法及文化觀之不同。

三月九日，與白璧德齊名同道的美國人文主義大師摩爾（Paul Elmer More）去世。

農曆五月初二，幼子一玄出生。

〈中國佛教史零篇〉發表於《燕京學報》第二十二期。

是夏，公陪同母親消暑於牯嶺，與錢穆同遊匡廬佳勝，讀書著文。不久，盧溝橋事變發生。「時當喪亂，猶孜孜於自學，結廬仙境，緬懷往哲」，頗感「自愧無地」❷。集《大林書評》，凡五篇：〈評「考證法顯傳」〉、〈唐賢首國師墨寶跋〉、〈矢吹慶輝「三階教之研究」跋〉、〈評日譯「梁高僧傳」〉、〈評「小乘佛教概論」〉，前三篇載《微妙聲》第三期，後兩篇載《微妙聲》

---

❷ 胡適日記，載1985年8月1日台灣《聯合報》。

❷ 見《湯用彤學術論文集‧大林書評序》。

第八期。

與湯鄉銘、周叔迦任《微妙聲》編委。

年底，輾轉至長沙臨時大學，因文學院設在南岳衡山，旋轉赴南岳。

1938年，戊寅，四十五歲

元旦，於南岳擲鉢峰下撰《漢魏兩晉南北朝佛教史・跋》，其中有言曰：「十餘年來，教學南北，嘗以中國佛教史授學者。講義積年，匯成卷帙……乃以其一部付梓人。」 是書為公之傳世名作，於本年由商務印書館印行。

一月，取道廣西，隨臨大轉赴雲南西南聯合大學，同行者有賀麟等人。至昆明，暫住迤西、全蜀兩會館後院樓下大廳。四月，赴聯大文學院，與賀麟、吳宓、浦江清及子一雄同住校外西式二層小樓。八月一日放暑假，至十一月底止。八月底，蒙自聯大文學院遷至昆明。公與錢穆、姚從吾、容肇祖、沈有鼎、賀麟、吳宓仍留蒙自讀書。十月二十九日，諸先生推公為赴昆明旅行團團長，同赴昆明。

十二月十七日，公與蔣夢麟、錢穆、趙乃搏、鄭天挺、羅常培、容肇祖等人致電中國駐美大使胡適，賀其四十七壽辰。殷望胡適「在轉移國運之後功成身退」，重回北大。

本年仍任北大哲學系主任，兼北大文科研究所所長。

1939年，己卯，四十六歲

前此，有兩箱《大正大藏經》丟失於北京至昆明運途中，手頭缺乏佛教資料，故更加留意於魏晉玄學之研究。

〈讀「人物志」〉 發表於昆明《益世報》讀書雙週刊第一一九至一二一期。

1940年，庚辰，四十七歲

此頃，指導王明研究道教。後此，王明成《「太平經」合校》，成為研究道教必讀資料。陳寅恪本年以新著《秦婦吟校箋》贈公。對魏晉玄學之研究頗有進展。

〈讀劉劭「人物志」〉發表於《圖書季刊》新二卷一期。

魏晉玄學研究兩篇：〈魏晉玄學流略論〉、〈向郭義之莊周與孔子〉刊載於《國立北京大學四十週年紀念論文集》。

本年，《漢魏兩晉南北朝佛教史》獲抗戰時期教育部學術研究一等獎（哲學類），陳寅恪《唐代政治史述論稿》獲社會科學類一等獎。

十二月十七日，與姚從吾、鄭天挺、羅常培連署致書胡適，為振興北大學術，提出四項建議：設法使大學本科文學院教師與研究所融合為一，促進其研究之興趣；聘請國內學者充研究所專任導師，除自行研究外，負指導學生之責；在現狀之下酌量舉辦少數學術事業，如重要典籍之校訂，古昔名著之輯佚，敦煌附近文物之覆查等；研究所學生應先令其讀基本書籍，再作專題研究，而優良學生於畢業後，學校應為之謀繼續深造之機會❷❸。

1941年，辛巳，四十八歲

一月，皖南事變發生。受此影響，聯大習哲學者散去若干人，公慰留馮契等人。

1942年，壬午，四十九歲

與陳寅恪、吳宓等人同列第一批教育部部聘教授。

〈王弼大衍義略釋〉發表於《清華學報》第十三卷第二期。

---

❷❸ 見《胡適來往書信選》中冊，第502—504頁，中華書局，1979年版。

1943年，癸未，五十歲

正月十九日致書胡適，言「北大南遷以來，其固有之精神雖
仍未衰，而為時勢所迫，學校內部不免日嫌空虛。以文科而
論……學校財政支絀，事業無由發展，北大有名之『自由研
究』漸趨不振，同人精神無所寄托……夫大學之地位，首賴
其在學術上之有所樹立。北大同人若不及時努力，籌募經費，
力謀建樹，將來在學術上之地位必見低落」。信中談及向達赴
西北考察之情況，因經費緊缺，極望得到胡適之幫助；又告胡
適，「敦煌文物調查不能再緩」❷。

〈文化思想之衝突與調和〉發表於《學術季刊》第一卷第二期。

〈王弼聖人有情義〉發表於《學術季刊》第一卷第三期。

〈王弼之「周易」、「論語」新義〉發表於《圖書季刊》新四卷
一、二合刊。

〈向郭義之莊周與孔子〉發表於《哲學評論》第八卷第四期。

1944年，甲申，五十一歲

〈隋唐佛教之特點〉發表於《圖書月刊》第三卷第三、四期。

1945年，乙酉，五十二歲

《印度哲學史略》由重慶獨立出版社印行，本書由1929年講義
修改而成，係「掇拾東西方學者的研究成就加以翻譯資料和
佛教資料編撰而成」。

八月，日本投降，抗戰勝利。

九月六日，致書胡適，喜其即將出長北大，並切望胡適早日從
美國返校，亦望胡適在國外為北大羅致人才，為北大「加入新
的血脈」❷。

---

❷ 同上書，中冊，第553—554頁。

西南聯大時期，公含辛茹苦，以民族文化之繼承、弘揚為使命，教學、著述未嘗間斷。雖因貧苦艱難而失長子一雄、愛女一平（皆病逝於昆明）， 心靈遭受劇創，然矢志不移，為民族文化之復興、建設屢獻碩果，在學術界奠定了令人矚目的崇高地位，並培養了一批學界新人。

1946年，丙戌，五十三歲

六月，因公至重慶，其間由賀麟暫代哲學心理學系主任。七月，返回北平。

七月二十九日，公與傅斯年、鄭天挺赴機場迎接自美國經上海歸來的新任北大校長胡適。

〈謝靈運「辨宗論」書後〉發表於天津《大公報》十月二十三日《文史週刊》第二期。

十二月二十四日，美國士兵強姦北大女生沈崇，引發學潮。在南京開會的胡適致電傅斯年與公等，告處理意見。

1947，丁亥，五十四歲

春，結束魏晉玄學一課，隨即授英國經驗主義一課。

此頃，仍任哲學系主任兼文學院院長。校長胡適熱衷於政治活動，常因公去南京，諸多校務均常委託公與傅斯年協理。公以是常覺身心疲憊。

夏，應加利弗尼亞大學之請赴美講學，授「漢唐思想史」一年，撰有英文講義。

本年於中央研究院第一屆院士會議上當選為院士，兼任評議員。

任史語所駐北平辦事處主任。

---

❷⑤ 同上書，下冊，第33—34頁。

Wangpi's New Interpretation of the I Ching and Lun Yu
  (Translation and Notes by Walter Liebenthal)，*Harvard
Journal of Asiatic Studies*，Volume 10，No. 2.

本年，曾與饒毓泰、鄭天挺連署密電教育部長朱家驊，力持反
對胡適出任國府委員。稱「此事倘經實現，不惟妨礙北大前
途，又與大學組織法不合」，故請朱氏「力為挽回」**㉖**。

1948年，戊子，五十五歲

夏，婉拒哥倫比亞大學講學之邀，決定回國。九月返北平。
十二月十四日，公與鄭天挺接胡適便函，云：「今日今午連接
政府幾個電報，要我即南去。我就毫無準備地走了。一切事
只好拜託你們幾位同事維持了。我雖在遠，決不忘掉北
大。」**㉗**

未幾，胡適來電促公南下，國民黨政府且派人送來兩張機票，
勸公南下。公弗允。

1949年，己丑，五十六歲

一月，解放軍進駐北平。
被推選為北京大學校務委員會主席（時，北大無校長）。
本年，周恩來曾赴北大於子民堂與公及北大諸教授座談。公甚
佩服其人之氣度與學識。

1951年，辛卯，五十八歲

本年始不再授課。

1952年，壬辰，五十九歲

全國院系調整，北大遷至西郊，馬寅初任校長，江隆基任主管

㉖ 同上書，下冊，第193頁。
㉗ 見白吉庵著《胡適傳》，第453頁，人民出版社，1993年2月第1版。

教務、教改之副校長。公出任主管基建、財政之副校長。雖學非所用，仍勤懇工作。助手為張龍翔。

1953年，癸巳，六十歲

中國科學院成立，公任歷史考古專門委員會委員。

1954年，甲午，六十一歲

本年，曾出席由《人民日報》主辦的胡適批判會議，歸後即患腦溢血。病甚重，長期臥床。此後學術活動或撰寫文章多由任繼愈助理。

1955年，乙未，六十二歲

《漢魏兩晉南北朝佛教史》由中華書局重印。

1956年，丙申，六十三歲

哲學社會科學部成立，任學部委員，《歷史研究》、《哲學研究》編委。

1957年，丁酉，六十四歲

《魏晉玄學論稿》由人民出版社印行。

五月十七日，向中國科學院學部委員會第二次全體會議遞呈書面發言。此發言稿由助手筆錄而成。發言批評了科學院、高等院校及生產部門相互隔離的現象，並提出具體意見。發言還批評了對一些專家學者如蒙文通、鍾泰、景昌極等人不重用的現象，主張量才重用之；倡導整理出版重要文化典籍如《道藏》、《太平御覽》、《大藏經》；發言還反對學術界對外閉關，主張恢復教授休假制度，派他們出去考察研究，加強與國際文化、學術界的交流和聯繫。

1960年，庚子，六十七歲

《印度哲學史略》由中華書局重印。

1961年，辛丑，六十八歲

此頃，已不能撰寫長文章，每天遵醫囑只能工作一兩個小時。但仍堅持治學，撰寫短文。

〈康復札記四則・「妖賊」李弘・「雲中音誦新科之誡」・何謂「俗講」・佛與菩薩〉發表於《新建設》六月號。

〈針灸・印度古醫書〉發表於《新建設》七月號。

〈讀一點佛書的「音義」〉發表於十月十九日《光明日報》。

1962年，壬寅，六十九歲

《魏晉玄學論稿》由中華書局再版。

《往日雜稿》由中華書局印行。

〈論中國佛教無「十宗」〉發表於《哲學研究》第三期。

〈關於慧深〉發表於十月十四日《文匯報》。

〈從一切道經說到武則天〉發表於十一月二十一日《光明日報》。

1963年，癸卯，七十歲

五月一日晚，上天安門城樓觀賞焰火，由周恩來導見毛澤東。毛詢問公之身體狀況，囑公量力而行寫短文，並言其閱讀過公所撰全部文章。

《漢魏兩晉南北朝佛教史》由中華書局再版重印。

〈給巨贊的信（關於東漢佛教的幾個問題的討論）〉發表於《現代佛學》第二期。

〈中國佛教宗派補論〉發表於《北京大學人文科學學報》第五期。

1964年，甲辰，七十一歲

〈讀「道藏」札記〉發表於《歷史研究》第三期。

三月，因心臟病住進醫院治療。

五月一日，病逝。

後　記

對湯用彤先生之道德文章，筆者可謂心儀已久。受其《魏晉玄學論稿》一書之啟發，余於大學畢業前曾以「論言意之辨在魏晉玄學中的方法論意義」為題撰寫學士論文。然彼時於用彤先生之學問，尚不能望其涯略，甚且談不上一知半解。做研究生時，余又受業師一介先生之命，貿然操筆，以「文化之研究乃真理之探求」為題，紹述用彤先生之思想、學術。該文收入《北大校長與中國文化》(三聯書店，1988年版)，是專為北大校慶九十周年而作的。今日思之，不免汗顏。蓋彼時徒有一腔崇敬之情，而於用彤先生之思想、學術仍無全面、深入之理解和分析，淺陋自亦難免。

逮至博士班畢業之後，余就職於中國社會科學院哲學研究所，意欲窺探二十世紀上半葉中國之思想史、學術史，從當時思想大師、學術大師之著述中求取進道之資源乃至治學之規範。乃於1992年以「《學衡》派與新文化運動」為課題，申請中華青年學術基金項目之研究資助，竟如願以償。於是著手編輯《國故新知──《學衡》派重要論文選輯》(已交中國廣播電視出版社印行)，並以此為基礎，接續對《學衡》派重要成員用彤先生之思想、學術的研究。個中甘苦，一言難盡。每與人道及《湯用彤》一書之寫作，則言必稱難。蓋用彤先生之學既博且深，其於中西印之哲學、宗教、文化均能深

入其堂奧，得其神髓，造詣極深。藐予小子，既不能望其涯略，亦難以評其得失。雖然，仍知難而進，力圖將用彤先生之思想、學術置於「內感民族文化之衰頹，外受世界思潮之激盪」的大背景中，考察其變遷發展之跡，評述其具體研究之價值，把握其治學方法、原則之內核，分析其文化、學術思想之得失。凡此，雖仍難免淺陋，然自覺未曾懈怠。倘有拋磚引玉之用，則苦亦有樂矣。

是書之成，既賴湯師一介先生之督促，亦得益於一介師與師母樂黛雲教授所提供之珍貴資料。在此深致謝意。而此書之能列入《世界哲學家叢書》，則應深謝傅偉勳、韋政通兩位先生。社科院哲學所蒙培元先生於余督責甚勤，吾妻王麗麗碩士亦給予大力協助，統此申謝。

孫尚揚

1995年6月6日於鏡春園

參考書目

（一） 湯用彤著作

1. 《漢魏兩晉南北朝佛教史》，中華書局，1988年版。

2. 《隋唐佛教史稿》，中華書局，1982年版。

3. 《湯用彤學術論文集》，中華書局，1983年版。

4. 《理學・佛學・玄學》，北京大學出版社，1991年版。

5. 《印度哲學史略》，中華書局，1988年版。

6. 《高僧傳》（校注），中華書局，1992年版。

7. 《漢文佛經中的印度哲學史料》，商務印書館，1994年版。

（二） 湯用彤遺著（尚未整理出版）

1. *Theses Written in Hamline University*，1918—1919，6.

2. *Theses Written in Harvard University*，1919，7—1922.

3. *The History of Chinese Thought from Han to Sui Dynasty*，1947.

4. 《哲學概論》（講義）。

（三） 其他著作

1. *Literature and the American College*, Irving Babbitt, Houghton Mifflin Company, 1908.

2.《學衡》雜誌各期，吳宓主編，1922—1933年。

3.《金明館叢稿初編》、《二編》，陳寅恪著，上海古籍出版社，1982年版。

4.《師友雜憶》，錢穆著，岳麓書社，1986年版。

5.《胡適的日記》，中華書局，1985年版。

6.《胡適來往書信選》，中華書局，1979年版。

7.《胡適說禪》，東方出版社，1993年版。

8.《三松堂自序》，馮友蘭著，三聯書店，1984年版。

9.《中國哲學簡史》，馮友蘭著，北京大學出版社，1985年版。

10.《五十年來的中國哲學》，賀麟著，遼寧教育出版社，1989年版。

11.《燕園論學集——湯用彤先生九十誕辰紀念》，北京大學出版社，1984年版。

12.《國故新知：中國傳統文化的再詮釋——湯用彤先生誕辰百週年紀念文集》，湯一介編，北京大學出版社，1993年版。

13.《吳宓與陳寅恪》，吳學昭著，清華大學出版社，1992年版。

14.《胡適傳》，白吉庵著，人民出版社，1993年版。

15.《五四：文化的闡釋與評價》（論文集），山西人民出版社，1989年版。

16.《世界範圍內的反現代化思潮——論文化守成主義》，艾愷著，貴州人民出版社，1991年版。

17.《歷史的觀念》，柯林武德著，中國社會科學出版社，1986年版。

18. 《啟蒙哲學》，E. 卡西勒著，山東人民出版社，1988年版。

19. 《新史學》，魯賓孫著，商務印書館，1989年版。

20. 《史學，文化中的文化》，張廣智、張廣勇著，浙江人民出版社，1990年版。

21. 《梁任公近著第一輯》中卷，梁啟超著，商務印書館，1923年版。

22. 《中國佛學源流略講》，呂澂著，中華書局，1988年版。

23. 《顧頡剛古史論文集》，中華書局，1993年版。

24. 《哲學史教程》，文德爾班著，商務印書館，1989年版。

25. 《印度哲學史》，黃心川著，商務印書館，1989年版。

26. 《從文學革命到革命文學》，侯健著，中外文學月刊社，1974年版。

27. 《中國現代思想史論》，李澤厚著，東方出版社，1987年版。

28. 《解釋學與人文科學》，保羅‧利科爾著，河北人民出版社，1987年版。

29. 《魯迅全集》卷一，人民出版社，1982年版。

30. *The Last Confucian*，Guy S. Alitto，University of California Press，1986.

31. 《黃梅縣志》，湖北人民出版社，1985年版。

32. 《學衡派與五四時期的反新文化運動》，沈松僑著，臺灣大學出版委員會，1984年。

索　引

五劃

十二劃

十三劃

世界哲學家叢書（一）

書　　　　　　　名	作　　　者	出　版　狀　況
孔　　　　　　　子	韋　政　通	排　　印　　中
孟　　　　　　　子	黃　俊　傑	已　　出　　版
荀　　　　　　　子	趙　士　林	撰　　稿　　中
老　　　　　　　子	劉　笑　敢	撰　　稿　　中
莊　　　　　　　子	吳　光　明	已　　出　　版
墨　　　　　　　子	王　讚　源	排　　印　　中
公　孫　龍　子	馮　耀　明	撰　　稿　　中
韓　非　子	李　甦　平	撰　　稿　　中
淮　南　子	李　　　增	已　　出　　版
董　仲　舒	韋　政　通	已　　出　　版
揚　　　　　　　雄	陳　福　濱	已　　出　　版
王　　　　　　　充	林　麗　雪	已　　出　　版
王　　　　　　　弼	林　麗　真	已　　出　　版
郭　　　　　　　象	湯　一　介	撰　　稿　　中
阮　　　　　　　籍	辛　　　旗	已　　出　　版
嵇　　　　　　　康	莊　萬　壽	撰　　稿　　中
劉　　　　　　　勰	劉　綱　紀	已　　出　　版
周　敦　頤	陳　郁　夫	已　　出　　版
邵　　　　　　　雍	趙　玲　玲	撰　　稿　　中
張　　　　　　　載	黃　秀　璣	已　　出　　版
李　　　　　　　覯	謝　善　元	已　　出　　版
楊　　　　　　　簡	鄭　曉　江 李　承　貴	排　　印　　中
王　安　石	王　明　蓀	已　　出　　版
程　顥、程　頤	李　日　章	已　　出　　版
胡　　　　　　　宏	王　立　新	已　　出　　版

世界哲學家叢書 (二)

書　　　　　名	作　　　者	出　版　狀　況
朱　　　　　熹	陳　榮　捷	已　　出　　版
陸　　象　　山	曾　春　海	已　　出　　版
陳　　白　　沙	姜　允　明	撰　　稿　　中
王　　廷　　相	葛　榮　晉	已　　出　　版
王　　陽　　明	秦　家　懿	已　　出　　版
李　　卓　　吾	劉　季　倫	撰　　稿　　中
方　　以　　智	劉　君　燦	已　　出　　版
朱　　舜　　水	李　甦　平	已　　出　　版
王　　船　　山	張　立　文	撰　　稿　　中
真　　德　　秀	朱　榮　貴	撰　　稿　　中
劉　　蕺　　山	張　永　儁	撰　　稿　　中
黃　　宗　　羲	吳　　　光	撰　　稿　　中
顧　　炎　　武	葛　榮　晉	撰　　稿　　中
顏　　　　　元	楊　慧　傑	撰　　稿　　中
戴　　　　　震	張　立　文	已　　出　　版
竺　　道　　生	陳　沛　然	已　　出　　版
真　　　　　諦	孫　富　支	撰　　稿　　中
慧　　　　　遠	區　結　成	已　　出　　版
僧　　　　　肇	李　潤　生	已　　出　　版
智　　　　　顗	霍　韜　晦	撰　　稿　　中
吉　　　　　藏	楊　惠　南	已　　出　　版
玄　　　　　奘	馬　少　雄	撰　　稿　　中
法　　　　　藏	方　立　天	已　　出　　版
惠　　　　　能	楊　惠　南	已　　出　　版
澄　　　　　觀	方　立　天	撰　　稿　　中

世界哲學家叢書 (三)

書　　　　　　名	作　　者	出　版　狀　況
宗　　　　　　密	冉　雲　華	已　　出　　版
永　明　延　壽	冉　雲　華	撰　　稿　　中
湛　　　　　　然	賴　永　海	已　　出　　版
知　　　　　　禮	釋　慧　岳	已　　出　　版
大　慧　宗　杲	林　義　正	撰　　稿　　中
袾　　　　　　宏	于　君　方	撰　　稿　　中
憨　山　德　清	江　燦　騰	撰　　稿　　中
智　　　　　　旭	熊　　琬	撰　　稿　　中
嚴　　　　　　復	王　中　江	撰　　稿　　中
康　有　為	汪　榮　祖	撰　　稿　　中
譚　嗣　同	包　遵　信	撰　　稿　　中
章　太　炎	姜　義　華	已　　出　　版
熊　十　力	景　海　峰	已　　出　　版
梁　漱　溟	王　宗　昱	已　　出　　版
胡　　　　　　適	耿　雲　志	撰　　稿　　中
殷　海　光	章　　清	排　　印　　中
金　岳　霖	胡　　軍	已　　出　　版
張　東　蓀	張　耀　南	撰　　稿　　中
馮　友　蘭	殷　　鼎	已　　出　　版
唐　君　毅	劉　國　強	撰　　稿　　中
牟　宗　三	鄭　家　棟	撰　　稿　　中
宗　白　華	葉　　朗	撰　　稿　　中
湯　用　彤	孫　尚　揚	已　　出　　版
賀　　　　　　麟	張　學　智	已　　出　　版
印　　　　　　順	林朝成 陳水淵	撰　　稿　　中

世界哲學家叢書 (四)

書　　　　　　　名	作　　者	出　版　狀　況
龍　　　　　　樹	萬　金　川	撰　稿　中
世　　　　　親	釋　依　昱	撰　稿　中
商　　羯　　羅	江　亦　麗	排　印　中
維　韋　卡　南　達	馬　小　鶴	撰　稿　中
泰　　戈　　爾	宮　　靜	已　出　版
奧羅賓多・高士	朱　明　忠	已　出　版
甘　　　　　地	馬　小　鶴	已　出　版
尼　　赫　　魯	朱　明　忠	撰　稿　中
拉達克里希南	宮　　靜	排　印　中
元　　　　　曉	李　箕　永	撰　稿　中
休　　　　　靜	金　煐　泰	撰　稿　中
知　　　　　訥	韓　基　斗	撰　稿　中
李　　栗　　谷	宋　錫　球	已　出　版
李　　退　　溪	尹　絲　淳	撰　稿　中
空　　　　　海	魏　常　海	已　出　版
道　　　　　元	傅　偉　勳	已　出　版
伊　藤　仁　齋	田　原　剛	撰　稿　中
山　鹿　素　行	劉　梅　琴	已　出　版
山　崎　闇　齋	岡田武彥	已　出　版
三　宅　尚　齋	海老田輝巳	已　出　版
中　江　藤　樹	木村光德	撰　稿　中
貝　原　益　軒	岡田武彥	已　出　版
荻　生　徂　徠	劉　梅　琴	撰　稿　中
安　藤　昌　益	王　守　華	撰　稿　中
富　永　仲　基	陶　德　民	撰　稿　中

世界哲學家叢書（五）

書　　　　　名	作　　者	出　版　狀　況
石　田　梅　岩	李　甦　平	撰　　稿　　中
楠　本　端　山	岡　田　武　彥	已　　出　　版
吉　田　松　陰	山　口　宗　之	已　　出　　版
福　澤　諭　吉	卞　崇　道	撰　　稿　　中
岡　倉　天　心	魏　常　海	撰　　稿　　中
中　江　兆　民	畢　小　輝	撰　　稿　　中
西　田　幾　多　郎	廖　仁　義	撰　　稿　　中
和　辻　哲　郎	王　中　田	撰　　稿　　中
三　木　清	卞　崇　道	撰　　稿　　中
柳　田　謙　十　郎	趙　乃　章	撰　　稿　　中
柏　拉　圖	傅　佩　榮	撰　　稿　　中
亞　里　斯　多　德	曾　仰　如	已　　出　　版
伊　壁　鳩　魯	楊　　適	排　　印　　中
愛　比　克　泰　德	楊　　適	撰　　稿　　中
柏　羅　丁	趙　敦　華	撰　　稿　　中
聖　奧　古　斯　丁	黃　維　潤	撰　　稿　　中
安　瑟　倫	趙　敦　華	撰　　稿　　中
安　薩　里	華　　濤	撰　　稿　　中
伊　本・赫　勒　敦	馬　小　鶴	已　　出　　版
聖　多　瑪　斯	黃　美　貞	撰　　稿　　中
尼　古　拉・庫　薩	李　秋　零	排　　印　　中
笛　卡　兒	孫　振　青	已　　出　　版
蒙　田	郭　宏　安	撰　　稿　　中
斯　賓　諾　莎	洪　漢　鼎	已　　出　　版
萊　布　尼　茨	陳　修　齋	已　　出　　版

世界哲學家叢書（六）

書　　　　　名	作　　　者	出　版　狀　況
牛　　　　　頓	吳　以　義	撰　　稿　　中
培　　　　　根	余　麗　嫦	撰　　稿　　中
托馬斯・霍布斯	余　麗　嫦	已　　出　　版
洛　　　　　克	謝　啓　武	排　　印　　中
巴　克　　萊	蔡　信　安	已　　出　　版
休　　　　　謨	李　瑞　全	已　　出　　版
托馬斯・銳德	倪　培　民	排　　印　　中
梅　里　　葉	李　鳳　鳴	撰　　稿　　中
狄　德　　羅	李　鳳　鳴	撰　　稿　　中
伏　爾　　泰	李　鳳　鳴	已　　出　　版
孟　德　斯　鳩	侯　鴻　勳	已　　出　　版
盧　　　　　梭	江　金　太	撰　　稿　　中
帕　斯　　卡	吳　國　盛	撰　　稿　　中
達　爾　　文	王　道　遠	撰　　稿　　中
施萊爾馬赫	鄧　安　慶	撰　　稿　　中
康　　　　　德	關　子　尹	撰　　稿　　中
費　希　　特	洪　漢　鼎	已　　出　　版
謝　　　　　林	鄧　安　慶	已　　出　　版
黑　格　　爾	徐　文　瑞	撰　　稿　　中
叔　本　　華	鄧　安　慶	撰　　稿　　中
祁　克　　果	陳　俊　輝	已　　出　　版
尼　　　　　采	商　戈　令	撰　　稿　　中
彭　加　　勒	李　醒　民	已　　出　　版
馬　　　　　赫	李　醒　民	已　　出　　版
迪　　　　　昂	李　醒　民	排　　印　　中

世界哲學家叢書（七）

書　　　　　名	作　　者	出　版　狀　況
費　爾　巴　哈	周　文　彬	撰　　稿　　中
恩　　格　　斯	李　步　樓	排　　印　　中
馬　　克　　斯	洪　鎌　德	撰　　稿　　中
普　列　哈　諾　夫	武　雅　琴	撰　　稿　　中
約　翰　彌　爾	張　明　貴	已　　出　　版
狄　　爾　　泰	張　旺　山	已　　出　　版
弗　洛　伊　德	陳　小　文	已　　出　　版
阿　　德　　勒	韓　水　法	撰　　稿　　中
史　賓　格　勒	商　戈　令	已　　出　　版
布　倫　坦　諾	李　　河	撰　　稿　　中
韋　　　　　伯	韓　水　法	撰　　稿　　中
卡　　西　　勒	江　日　新	撰　　稿　　中
沙　　　　　特	杜　小　真	撰　　稿　　中
雅　　斯　　培	黃　　藿	已　　出　　版
胡　　塞　　爾	蔡　美　麗	已　　出　　版
馬克斯・謝勒	江　日　新	已　　出　　版
海　　德　　格	項　退　結	已　　出　　版
阿　　倫　　特	尚　新　建	撰　　稿　　中
高　　達　　美	嚴　　平	排　　印　　中
漢　娜　鄂　蘭	蔡　英　文	撰　　稿　　中
盧　　卡　　契	謝　勝　義	撰　　稿　　中
阿　多　爾　諾	章　國　鋒	撰　　稿　　中
馬　爾　庫　斯	鄭　　湧	撰　　稿　　中
弗　　洛　　姆	姚　介　厚	撰　　稿　　中
哈　伯　馬　斯	李　英　明	已　　出　　版

世界哲學家叢書（八）

書　　　　名	作　　者	出　版　狀　況
榮　　　　格	劉　耀　中	已　　出　　版
柏　　格　　森	尚　建　新	撰　　稿　　中
皮　　亞　　傑	杜　麗　燕	已　　出　　版
別　爾　嘉　耶　夫	雷　永　生	撰　　稿　　中
索　洛　維　約　夫	徐　鳳　林	已　　出　　版
馬　　賽　　爾	陸　達　誠	已　　出　　版
梅　露　·　彭　迪	岑　溢　成	撰　　稿　　中
阿　爾　都　塞	徐　崇　溫	撰　　稿　　中
葛　　蘭　　西	李　超　杰	撰　　稿　　中
列　　維　　納	葉　秀　山	撰　　稿　　中
德　　希　　達	張　正　平	撰　　稿　　中
呂　　格　　爾	沈　清　松	撰　　稿　　中
富　　　　科	于　奇　智	撰　　稿　　中
克　　羅　　齊	劉　綱　紀	撰　　稿　　中
布　拉　德　雷	張　家　龍	撰　　稿　　中
懷　　特　　海	陳　奎　德	已　　出　　版
愛　因　斯　坦	李　醒　民	撰　　稿　　中
玻　　　　爾	戈　　革	已　　出　　版
卡　　納　　普	林　正　弘	撰　　稿　　中
卡　爾　·　巴　柏	莊　文　瑞	撰　　稿　　中
坎　　培　　爾	冀　建　中	撰　　稿　　中
羅　　　　素	陳　奇　偉	撰　　稿　　中
穆　　　　爾	楊　樹　同	撰　　稿　　中
弗　　雷　　格	王　　路	已　　出　　版
石　　里　　克	韓　林　合	已　　出　　版

世界哲學家叢書（九）

書　　　　　　名	作　　者	出　版　狀　況
維　根　斯　坦	范　光　棣	已　　出　　版
艾　　耶　　爾	張　家　龍	已　　出　　版
賴　　　　　爾	劉　建　榮	撰　　稿　　中
奧　　斯　　丁	劉　福　增	已　　出　　版
史　　陶　　生	謝　仲　明	撰　　稿　　中
馮　·　賴　特	陳　　波	撰　　稿　　中
帕　爾　費　特	戴　　華	撰　　稿　　中
梭　　　　　羅	張　祥　龍	撰　　稿　　中
愛　　默　　生	陳　　波	撰　　稿　　中
魯　　一　　士	黃　秀　璣	已　　出　　版
珀　　爾　　斯	朱　建　民	撰　　稿　　中
詹　　姆　　斯	朱　建　民	撰　　稿　　中
杜　　　　　威	葉　新　雲	撰　　稿　　中
蒯　　　　　因	陳　　波	已　　出　　版
帕　　特　　南	張　尚　水	撰　　稿　　中
庫　　　　　恩	吳　以　義	排　　印　　中
費　耶　若　本	苑　舉　正	撰　　稿　　中
拉　卡　托　斯	胡　新　和	撰　　稿　　中
洛　　爾　　斯	石　元　康	已　　出　　版
諾　　錫　　克	石　元　康	撰　　稿　　中
海　　耶　　克	陳　奎　德	撰　　稿　　中
羅　　　　　蒂	范　　進	撰　　稿　　中
喬　姆　斯　基	韓　林　合	排　　印　　中
馬　克　弗　森	許　國　賢	已　　出　　版
希　　　　　克	劉　若　韶	撰　　稿　　中

世界哲學家叢書（十）

書　　　　　名	作　　者	出　版　狀　況
尼　　布　　爾	卓　新　平	已　　出　　版
默　　　　　燈	李　紹　崑	撰　　稿　　中
馬　丁・布　伯	張　賢　勇	撰　　稿　　中
蒂　　里　　希	何　光　滬	撰　　稿　　中
德　　日　　進	陳　澤　民	撰　　稿　　中
朋　諤　斐　爾	卓　新　平	撰　　稿　　中